U0730101

非洲译丛

“十二五”国家重点出版物出版规划项目

博茨瓦纳的风俗与文化

[美] 詹姆斯·丹博（JAMES DENBOW）
[博茨瓦纳] 芬尤·C·赛博（PHENYO C. THEBE） 著

丁岩妍　译

民主与建设出版社

图书在版编目（CIP）数据

博茨瓦纳的风俗与文化 /（美）丹博，（博茨瓦纳）赛博著；丁岩妍译．—北京：民主与建设出版社，2015.10

ISBN 978-7-5139-0837-5

Ⅰ．①博…　Ⅱ．①丹…　②赛…　③丁…　Ⅲ．①博茨瓦纳—概况　Ⅳ．①K947.6

中国版本图书馆 CIP 数据核字（2015）第 245784 号

版权登记号：01–2015–7282

博茨瓦纳的风俗与文化

出 版 人　许久文
著　　者　（美）詹姆斯·丹博　（博茨瓦纳）芬尤·C·赛博
责任编辑　李保华
整体设计　逸品文化
出版发行　民主与建设出版社有限责任公司
电　　话　（010）59419778　59417745
社　　址　北京市朝阳区阜通东大街融科望京中心 B 座 601 室
邮　　编　100102
印　　刷　北京明月印务有限责任公司
版　　次　2015 年 12 月第 1 版　2015 年 12 月第 1 次印刷
开　　本　880 × 1230mm　　1/32
印　　张　12
字　　数　238 千字
书　　号　ISBN 978-7-5139-0837-5
定　　价　48.00 元

注：如有印、装质量问题，请与出版社联系。

《非洲译丛》编辑委员会

中央财经大学中国海外发展研究中心资助

出版说明

中国与非洲相距遥远，但自古以来，两地人民就有了从间接到直接、从稀疏到紧密的联系，这种联系增进了两地人民的沟通与了解，为两地的发展不断发挥着作用。特别是20世纪中叶以来，因为共同的命运，中国和非洲都走上了反殖民主义革命与争取民族独立的道路，中非之间相互同情，相互支持，结下了深厚的友谊。迈入新世纪以来，随着我国经济的发展，中非经贸关系日益深入，及时了解非洲的政治、经济、法律、文化的情况当然也就具有十分重要的现实意义。

有感于此，我社组织翻译出版这套《非洲译丛》，所收书目比较全面地反映了非洲大陆的政经概貌以及过去我们很少涉及的一些重要国家的情况，涵盖多个语种，具有较强的系统性和学术性，意在填补我国对非洲研究的空白，对于相关学术单位和社会各界了解非洲，开展对非洲的研究与合作有所帮助。

译丛由北京大学、中央财经大学、浙江师范大学、湘潭大学等国内非洲研究的重镇以及国家开发银行、中非基金等单位组织，由非洲研究专家学者遴选近期国外有关非洲的政治、经济、法律等方面有较大影响、学术水准较高的论著，汇为一编，涵盖政治、经济、法律等七个方面的内容，共约 100 种图书。

对于出版大型丛书，我社经验颇乏，工作中肯定存在着一些不足，期待社会各界鼎力支持，共襄盛举，以期为中非合作做出贡献。

民主与建设出版社

2014 年 8 月

版权声明

作者与出版社向准许使用下述资料的作者与出版社致以诚挚谢意：

●《黑暗之心的精神》（*Mind in the Heart of Darkness*）霍伊特·阿尔弗森（Hoyt Alverson）著。耶鲁大学出版社（Yale University Press）拥有1978年版权，霍伊特·阿尔弗森1993年续签。获得作者霍伊特·阿尔弗森许可重新印刷。

●“戏法大师的歌词：喀拉哈里桑人的拇指琴音乐（Song Text by the Master of Tricks：Kalahari San Thumb Piano Music），”博茨瓦纳笔记与记录（*Botswana Notes and Records*）7，梅甘·毕塞尔（Megan Biesele）.1975年版权属于博茨瓦纳社会杂志社（the Botswana Society）。获其授权重新印刷。

●《论启示与革命：一个南部非洲边界的现代性辩证法》（*Of Revelation and Revolution：The Dialectics of Mordernity on a South African Frontier*），第一卷，第二卷，约翰●科马洛夫和珍·科马洛夫（*John and Jean Comaroff*）著。第一卷1991年版权与第二卷1997年版权属于芝加哥大学出版社（University of Chicago Press）。获得芝加哥大学出版社与科马洛夫夫妇授权重新印刷。

•获权于2000年重新出版尤尼提·道（Unity Dow）所著《遥远与超越》（*Far and Beyon'*），原版由三齿稃出版社（Spinifex Press）出版。鲁特阿姨出版社（Aunt Lute Press）拥有此书的北美版权。获得三齿稃出版社与鲁特阿姨出版社的授权重新印刷。

•获权重新出版尤尼提·道（Unity Dow）所著《欺诈的真相》（*Juggling Truths*）（2003），原版由三齿稃出版社（Spinifex Press）出版。

•《在婚姻里：一个非洲社区的性别与正义》（*In the Shadow of Marriage: Gender and Justice in an African Community*），安妮·格里菲斯（Anne Griffiths）著。芝加哥大学出版社（University of Chicago Press）拥有1997年版权。由芝加哥大学出版社授权重新印刷。

•《恩格瓦亚—塞茨瓦纳》（*Ngwao ya Setswana*）凯歌莫索·莫加匹（Kgomotso Mogapi）著。1986版版权属于凯歌莫索·莫加匹所有。经作者凯歌莫索·莫加匹和曼珀迪出版社（Mmampodi Press）授权重新印刷。

•《茨瓦纳酋长们的赞美诗》（*Praise-poems of Tswana Chiefs*），伊萨克·沙佩拉（Isacc Shapera）著。牛津大学出版社（Oxford University Press）拥有1965年版版权。由牛津大学出版社授权重新印刷。

致　谢

如果没有美国和非洲的很多朋友的专业知识和鼓励，本书将无法完成。首先，我们要感谢托因·法罗拉教授建议我们开展这个研究项目，给予我们有益的帮助并不时督促我们的实际进展。我们也同样对温迪·施瑙费尔（Wendi Schnaufer）表示感谢，她总是在项目进展缓慢时展现出耐心，在需要时提供她的鼓励和建议。

没有莫若格瓦·莫索斯万（Morongwa Mosothwane）的宝贵帮助，本书终将无法完成。她在本书写作的过程中付出了大量闲暇时光来阅读评论。她还提供了不少照片并对重要问题做出了必需的女性主义角度的评论。从很多角度来讲，她与我妻子乔斯林·丹博（Jocelyne Denbow）一样是本书的一个静默的参与者。陪伴我三十六年的妻子逐章阅读本书并参与编辑，为许多章节提供了宝贵的评论和洞见。

詹姆斯·丹博在此还要感谢鳄鱼池的艾勒克·坎贝尔与朱迪·坎贝尔（Alec and Judy Campbell）夫妇以及哈博内罗[①]的

① 译者注：哈博内罗是博茨瓦纳首都。

麦克·梅恩与克斯坦·梅恩（Mike and Kirsten Main）夫妇的友情与支持。他们在几十年间与我进行有益的对话，提供知识也延续友谊。麦克从他大量的收藏中慷慨地为我提供照片，还有部分照片来自我的女儿，詹妮弗·丹博（Jennifer Denbow）。我要为他们的慷慨表示感谢。诺诺佛·玛提比蒂（Nonofho Mathibidi），菲利普·赛格迪卡（Philip Segadika），和近期在博茨瓦纳国家博物馆工作的艾利克斯·马斯卡（Alex Matseka）应该接受我的诚挚谢意。他们曾在不同情形下与我共同工作，他们总是乐于为我进行翻译，提出友好的建议并在需要时提供支持。我还要感谢希尔迪·亨德里克森（Hildi Hendrickson）为我通读第五章草稿并作出评价，感谢艾迪·威尔姆森（Ed Wilmsen）对手稿提出的意见。

我要特别感谢博苏茨维[①]（Bosutswe）的所有人，他们常年欢快地与我分享他们宝贵的水、柴火和友谊。从很多角度来看，他们构成了我的第二个家庭，让我分享他们对孩子的喜悦，烦恼，故事和欢乐。听到你们的声音，偶尔是歌声响起回荡在清晨的山谷，真是令人愉悦。我还要特别感谢埃拉特茨维的“凯撒”芒格维迪（Mangwedi），博苏茨维的科茨戴勒（Ketsidile）和他的妻子莱塞格（Lesego），斯拜罗王后（Queen Seabelo），还有班瑟勒（Benthole）的“C4”班特勒（Bantole）。最后，我要向博茨瓦纳大学的学生们致以深深的

① 译者注：博苏茨维是一个深入分化的图茨维（Toutswe）文化遗址的名称，它位于莫特洛乌采（Motloutse）河（赞比西河支流）边，在博茨瓦纳的喀拉哈里沙漠（Kalahari Desert）的东部边缘。

谢意，因为他们永不枯竭的热情，使我的博茨瓦纳经历成为如此的一种享受。特别是，嘎扎·凯特霍洛维茨维（Gadza Keatlholwtswe），萨托·马萨瓦（Thato Masarwa），奥鲍依·卡拉克（O'Boy Kalake），和劳伦斯·玛索嘎（Lawrence Masoga）。*Ke a leboga thata*。

芬尤·C·赛博（Phenyo Thebe）在此要将其感激之情献与他的妻子萨托（Thato）和女儿劳恩娜（Laone），她们在他埋头书稿写作之时给予他感情支持与理解。另外，他还要感谢母亲凯茨维勒斯·赛博（Ketsweletse Thebe）和他的继父提卡拉·埃利亚斯·摩拉瓦·赛博（Tichara Elias Mmolawa Thebe），他们两人一直是他生命中的灵感之源。他还希望能够感谢以各种形式帮助他的博茨瓦纳大家庭，并向给予他支持和鼓励的博茨瓦纳国家博物馆的馆长和工作人员致谢。他还要特别感谢与柏琳娜·莫茨瓦库莫（Berlinah Motswakhumo）和萨拉兰纳“希腊”法拉第（Salalenna“Greek” Phaladi）进行的有益的讨论和他们的批评。

最后，博茨瓦纳文化和习俗充满激情的博茨瓦纳儿女们——我们感谢你们所有人，有名或无名的人们！*Le ka moso bagaetsho*。

编年表

40 000 年前

中石器时代，狩猎者和采集者占领措迪洛山（Tsodilo），和马卡迪卡迪（Makgadikgadi）古湖岸边。

20 000 年前

石器时代后期（LSA）的族群占领了这个国家存在永久水资源供给的大部分地区。

公元 200 年

少数后石器时代族群捕获了牛群，可能还有山羊和绵羊。

350 年

铁器时代初期的农牧民搬迁到国家的东部边境。

700 年

最早的农牧民占领博茨瓦纳的西北部和措迪洛山区（Tsodilo）。

900 年

长距离贸易网络横贯喀拉哈里（Kalahari）沙漠远至措迪洛山（Tsodilo），连接了东部拥有大规模牛群的酋长领地和西北部的镜铁矿。

1000 年

国家的东北部形成中央集权化的酋长领地，管理着海边的斯瓦西里集市上的象牙和其他商品贸易。

1200 年

内地的金矿采掘增强了长距离贸易对早期王国的重要性。

1300 年

许多博茨瓦纳东北部的定居地落入大津巴布韦王朝的控制之中。开采铁、紫铜、青铜和黄金成为博茨瓦纳精英的象征。在恩加米兰（Ngamiland），对贸易路线所做的政治上的重新规划，连同环境变化，可能是导致措迪洛山地区早期酋长领地瓦解的原因。

1500 年

津巴布韦西南部卡米（Khami）王朝的崛起导致了博茨瓦纳东北部多地的政治经济关系发生变化。现在讲卡兰加语（Kalanga）的族群就是这些早期酋长领地的后裔，呈三角形的领地从弗朗西斯敦（Francistown）到马哈拉佩（Mahalapye），再到马卡迪卡迪（Makgadikgadi）盆地。

1700 年

今日的博茨瓦纳族群在历史记载中被认为是从昆纳人（Kwena）中独立出来的恩瓦凯策人（Ngwaketswe）和恩瓦托人（Ngwato）。其他南部非洲的民族据说也成为博茨瓦纳东南部的主要民族：罗龙人（Rolong）、卡特拉人（Kgatla），和特罗夸人（Tlaro）。

1800 年

巴塔瓦纳部族（Batawana）从班戈瓦托（Bangwato）部族

中分离出来，并在博茨瓦纳西北部定居。

1820 ~1850 年

姆菲卡尼（Mfecane）［蒂法卡尼 Difaqane］——一次阶段性战争——搅乱了包括博茨瓦纳在内的南部非洲大部分地区。尤其是恩德贝莱人（Ndebele）和科洛洛人（Kololo）发动的突袭引发动荡。

1845 年

大卫·利文斯通在科勒彭（Kolobeng）设立了一个传教站，开启了欧洲探险家19世纪50年代至80年代的火车探险之旅。横穿博茨瓦纳，通往海边的主要贸易路线满载着象牙、鸵鸟羽毛、橡胶和其他非洲草原产品，将其输送到世界市场。

1867 年

欧洲人在南部非洲最早开始金矿采掘就是在弗朗西斯敦（Francistown）地区。

1885 年

博茨瓦纳作为贝专纳兰（Bechuanaland）地区的一部分成为英国保护领地。

1890 年

保护领地向北扩展，将南纬22度以北的塔瓦纳（Tawana）地区和乔贝（Chobe）地区也包括在内。

1895 年

三位茨瓦纳国王（恩瓦凯策人［Ngwaketswe］的包瑟恩一世，昆纳人［Kwena］的赛贝尔一世，和恩瓦托人［Ngwato］的卡玛三世）与埃德温·劳埃德和威廉姆·C. 威洛比两位传教士一起前往英格兰抗议塞西尔·罗德斯试图将贝专纳兰（Bechuanaland）地区并入英国南非公司。

1896 年

灾难性的詹姆森突袭席卷整个博茨瓦纳。它试图帮助讲英语的殖民者推翻约翰内斯堡保罗·克鲁格的非洲人主导的政府。一场持续的牛瘟病使得博茨瓦纳的牲畜大量死亡，也杀死了大约75%的野生动物。

1899 年

征收棚屋税（Hut tax）迫使博茨瓦纳以抵销英国保护领地花费的方式进入到欧洲经济体系中。

1910 年

南非联盟。联盟法案认可将最高委员会领地（博茨瓦纳，莱索托和斯威士兰）并入南非，但最后并没有真正实施。然而南非关税联盟的建立使其与南非的经济实现一体化。由于弱小的参与者只能获得整个收入的2%份额，这导致了不满情绪一直延续到独立时期。

1918 年

部分博茨瓦纳人参加第一次世界大战。

1919 年

设置本地人税，用以偿还保护领地政府持续上涨的费用。

1919 ~1920 年

成立非洲人顾问委员会和欧洲人顾问委员会分别处理博茨瓦纳人和欧洲居民的相关事务。

1934 ~1938 年

通过第74和75号公告，英国政府试图通过消减权威的方式来限制当地酋长的权力，包括他们对当地税收的支配权以及对失散牛群的控制和出售权。

1940 ~ 1945 年

部分博茨瓦纳人参加第二次世界大战。

1948 年

塞雷泽·卡玛爵士（Sir Seretse Khama）与露丝·威廉姆斯结婚。

1950 年

作为恩瓦托人（Ngwato）的最高首领，塞雷泽·卡玛被殖民政府罢免并流放。

1956 年

塞雷泽·卡玛流放归来，并开始涉足现代政治活动。

1959 年

第一个政党，贝专纳兰（Bechuanaland）联邦党由里提勒·拉德特拉迪（Leetile Raditladi）创建。赛里皮—芬克维地区（Selibe-Phikwe）的铜矿开放。

1960 年

莫特萨米·莫弗（Motsami Mpho），菲利普·马达特（Philip Matante）和卡格拉蒙·莫赛特（Kgalemang Morsete）共同组建了贝专纳兰（Bechuanaland）人民党（BPP）

1962 年

塞雷泽·卡玛在殖民政府的支持下成立博茨瓦纳民主党（BDP）。

1964 年

莫特萨米·莫弗（Motsami Mpho）从贝专纳兰人民党（BPP）中独立出来成立贝专纳兰独立党（BIP）。

1965 年

主要的反对党——博茨瓦纳民族阵线（BNP）由肯尼斯·科马（Kenneth Koma）组建。通过的地区议会法案批准建立地区和乡镇议会，以实现对传统酋长权力的进一步消减。

1966 年

博茨瓦纳宣布独立。此时，博茨瓦纳是世界上最贫困的国家之一。成立国会，遴选官员，满座的酋长，选出总统——塞雷泽·卡玛爵士。设立博茨瓦纳肉类委员会对博茨瓦纳牛肉出口市场进行统一管理。

1967 年

在奥拉帕（Orapa）地区发现钻石资源。赛里皮—芬克维（Selibe-Phikwe）地区也发现了铜矿矿床。

1968 年

部落土地法案设立地区土地委员会监管土地分配。从前，土地分配是一种尊贵的特权。

1971 年

奥拉帕（Orapa）钻石矿开始运营。

1973 年

莫鲁普莱（Morupule）矿山开始煤矿采掘，它负责供应全国发电厂的基本需求。

1975 年

制定部落土地放牧政策控制过度放牧。无意中也出现了一个通过在喀拉哈里（Kalahari）边缘地带的钻孔权就可以拥有实际上的土地的政策。

1976 年

博茨瓦纳停止使用南非货币——兰特（Rand），开始流通自己的货币——普拉（Pula）。

1977 年

塞雷泽·卡玛爵士长子伊恩塞雷泽·卡玛成立博茨瓦纳自卫军（BDF），在总司令莫法提·梅拉（Monmphati Merafhe）领导下任副总司令。军队的基本目标是保卫国家，抵抗罗得西亚，南非和纳米比亚这些白人统治政权的入侵，并对正在持续的安哥拉内战升级做出抵御。

1978 年

伊恩·史密斯领导的罗德西亚政府叛军在一次对博茨瓦纳莱绍马（Leshoma）的突袭中杀死 15 名博茨瓦纳自卫军（BDF）士兵。

1980 年

副总统可图米勒·马西雷（Kitumile Masire）爵士在首位总统塞雷泽·卡玛爵士去世后，接任总统职务。南部非洲发展合作大会成立，旨在建立南部非洲统一市场。出现长时间严重干旱促成干旱救援机制的形成。

1981 年

国民识字率到达 34%。

1982 年

就目前发现的钻石价值而言，世界上矿藏最丰富的朱瓦能（Jwaneng）钻石矿开始运营。博茨瓦纳大学从博茨瓦纳，莱索托和斯威士兰联合大学中独立出来，正式成立。

1984 年

博茨瓦纳民主党（BDP）赢得国会选举的多数席位，可图米勒·马西雷（Kitumile Masire）爵士重新被选举为总统。

1985 年

博茨瓦纳通报第一位艾滋病病例。

1985 及 1986 年

南非军队对哈博罗内（Gaborone）发动突袭，杀死 15 名声称是非洲国民大会“恐怖主义者”的平民。

1988 年

教皇约翰·保罗二世到访。

1989 年

苏打灰（Soda Ash）厂在索瓦盐池（Sowa Salt Pan）开始投产。

1991 年

尤尼提·道（Unity Dow）赢得了一场关于宪法的案例。最终，1995 年通过的公民身份法案修正案允许孩子通过母亲或父亲的出生权获得博茨瓦纳公民身份。

1994 年

博茨瓦纳民主党（BDP）获得 53% 的选票，马西雷（Masire）再次当选总统。一个 14 岁女孩在仪式上被谋杀导致了社会动荡，警察和自卫军（BDF）介入，博茨瓦纳大学短暂关闭。在高层公务员腐败现象曝光后，腐败与经济犯罪署成立。

1995 年

政府开始重新安置数千名从中部喀拉哈里（Kalahari）野

生动物保护区中撤出的萨尔瓦人（Sarwa）。传染性牛胸膜肺炎爆发迫使博茨瓦纳杀死32万头牛。成立土地审理委员会来听取因部落土地委员会土地分配而产生的抱怨。

1997年

宪法修正案将总统任期限定为2届5年任期。选举年龄从21岁调降到18岁。

1998年

博茨瓦纳民族阵线（BNP）分裂后，博茨瓦纳国大党成立。尤尼提·道（Unity Dow）被任命为第一位女性最高法院法官。

1999年

博茨瓦纳自卫军（BDF）在国会选举中赢得多数席位。可图米勒·马西雷（Kitumile Masire）爵士宣布退休后，费斯图斯·莫哈埃（Festus Mogae）被选举为博茨瓦纳总统。纳米比亚与博茨瓦纳在卡普里维地带（Caprivi Strip）小片土地归属问题上发生边境争议。连接哈博罗内（Gaborone）与纳米比亚，横跨喀拉哈里（Kalahari）的高速路建成。

2000年

博茨瓦纳识字率上升至72%。博茨瓦纳电视台开播。

2001年

措迪洛山（Tsodilo）被认定为世界遗产。

2002年

美国和平队经过五年中断重返博茨瓦纳为控制艾滋病流行提供帮助。喀拉哈里的萨尔瓦人居民将政府告上法庭，抗议所谓的强迫迁居。他们的案件由于一个技术问题而被驳回。

2003 年

第一位女性最高元首，莫萨迪·塞波克（Mosadi Seboko）就任莱特人（The Lete）的最高长官。

2004 年

总统莫哈埃（Mogae）以压倒性选举赢得第二任总统任期。博茨瓦纳 HIV 病毒感染率小幅下降，但是足以使其脱离世界 HIV 感染率最高国家行列。

2005 年

肯尼斯·古德（Kenneth Good）是一位博茨瓦纳大学政治科学教授，澳大利亚人，博茨瓦纳的长期居民。他在出版了关于博茨瓦纳民主制度功能的著作后，被以博茨瓦纳移民法案中的“不受欢迎的定居者或访客”为由驱逐出境。

货币普拉在限制进口，促进出口以及抵制通货膨胀的行动中贬值 12%。之前的 2004 年，货币贬值比例为 7.5%。

来自马翁的卡奥那·卡里奥（Kaone Kario）荣获诺基亚的“非洲面孔”头衔。

博茨瓦纳政府官员将大部分剩余的巴茨瓦纳人居民搬出中部喀拉哈里野生动物保护区。

序　言

大量沉积的宝石级钻石资源使得博茨瓦纳成为在人均意义上最富有的非洲国家。尽管钻石和矿产，连同畜牧业与旅游业一起构成了这个国家的经济基础，但是真正让博茨瓦纳区别于大多数非洲国家的是其长期的民主传统，对民族种族差异的尊重以及媒体的新闻自由。要使少数族裔有能力发出自己的声音，同时也需要在国家政府层面能够达成共识，每个国家都试图在两者之间保持一种平衡。尽管没有一个国家在此问题上堪称完美，但是与非洲其他地区相比，博茨瓦纳国内的政治对话形式与西方世界更为相似。那里没有政变，没有对反对政党血腥的军事镇压，也没有因为资源管理不当而导致的大规模死亡。非洲很多地方饥荒与苦难一再发生的根本原因也在于这种资源管理不当。尽管博茨瓦纳也存在着包括干旱在内的生态灾难问题，尽管文化背景存在很大差异，但是博茨瓦纳人共同克服困难的精神和意志正是这个国家如此令人振奋的原因所在。

一些人将博茨瓦纳在经济和政治上的成功归结于他们种族多样性的匮乏。这一说法在某种意义上来讲的确是事实，但是我们希望本书能够真实地展现出博茨瓦纳人的文化、习俗和语言是多么丰富多彩。对我们而言，要将这种丰富的多样性化简成为一本易于阅读的文本本身就是一次令人诚惶诚恐的经历。同时，这也可能不可避免地使人更容易察觉到有所遗漏。我们将大部分细致的讨论和案例集中于茨瓦纳人身上，我们的知识和经验所及的其他民族的习俗和活动也会尽可能纳入其中。我们这样做的目的并不是忽视任何一个特定民族，而是为了给陌生的读者提供一个尽可能容易阅读的文本。舞蹈、宗教、治疗、社会和谐以及社会心理健康之间具有相互交错的复杂关系，要将它们分别放置在诸如宗教、舞蹈或性别和人格等章节中去讨论，这使我们倍感压力。通过使用更多的具体信息和术语，我们希望打破这些限制性障碍的同时，也同时能够为那些有兴趣深入了解一个国家及其文化多样性的人们提供一个新的起点。

目录

1 简介 1

博茨瓦纳共和国有着面积与德克萨斯州和法国相当的231 803平方英里的国土面积。全国仅有160万人口使其成为非洲人口最为稀疏的国家之一。首都哈博罗内（Gaborone）①坐落在博茨瓦纳东南部距离南非边境不到20英里的地方，它是从1966年独立开始从零兴建的。目前这里居住着全国10%的人口，还有50%人口居住在距离首都60英里以内的区域。另外的30%人口沿着博茨瓦纳东部边境居住，聚集在马哈拉佩（Mahalapye），帕拉佩（Palapye），塞罗韦（Serowe），塞莱比—皮奎（Selebi-Phikwe）和弗朗西斯敦（Francistown）等城市周边。

尽管博茨瓦纳人口总量不大，但是它的人口增长率却位居世界前列——从1971年到1981年的十年间平均每年的人口增长率为4.7%。健康医疗和农村卫生环境的重大进步是1966年以来人口增长三倍的主要原因之一。近年来人口增长率下降

---

① 在茨瓦纳语中，书写为“g”的字母发音为“h”。在所有茨瓦纳语的拼写中都是如此。

到3%左右，主要源于家庭离开农村开始城市化进程，城市生活改变了妇女的社会经济地位增强了她们对计划生育方法的需求和获取能力。博茨瓦纳是世界上HIV/艾滋病发病率最高的地区，感染的成年人口超过35%。这导致人口增长率下降，人口预期寿命由1991年的71岁急速下降至目前的46岁。除非条件发生变化，否则高HIV感染率可能严重抵销几十年来取得的经济成果，使政府资源和财政重新分配用于艾滋病患者
2 的医疗。

博茨瓦纳也曾经是世界经济增长率最高的地区之一。从1970年代末期，最早的钻石矿山投入生产开始，国家经济财富的基础就从以畜牧为中心的农业经济转变为高度依赖钻石和其他矿产开发。目前后者占国家出口外汇收入的比重超过80%。但是农业仍然为全国超过四分之三的人口提供生计。四十年和平的议会民主制度创造了一个拥有明智财政管理和资本投资的政治环境，培育出令人瞩目的经济增长。于是，从1966年独立开始，博茨瓦纳从一个世界最贫困国家转型成为拥有世界最高持续经济增长率的中等收入国家，2001年人均国民生产总值（GDP）达到7 800美元。这些财富中的大部分被投资用来改善基础设施建设，包括以下内容：

1. 扩大全国道路系统，修建柏油路联接全国主要城市地区。

2. 将安全饮用水设施扩展至几乎所有乡镇和村庄。

3. 将医疗诊所发展至大部分的农村地区，增加主要中心地区公立和私立医院的便利性。

4. 发展全国教育系统，包括超过700所小学，200所初中、高中教育设施。

博茨瓦纳从1966年开始进行自由选举，它拥有非洲最古老的多党制民主，所有超过18岁的公民都拥有广泛的选举权。独立之后的几十年，这种政治上的稳定使其在过去的二十年（根据世界银行的统计增长率为9.2%）中保持世界最高速的经济增长率，实际GDP增长率为每年6.9%，人均GDP增长率稳定在每年大约4.3%。快速的经济增长加上明智的财政政策，使得博茨瓦纳成为撒哈拉以南地区生活水平最高的国家。政府腐败现象的低发生率对于非洲而言非同寻常，在总部设在柏林的国际透明性排名中，博茨瓦纳成为撒哈拉以南非洲地区腐败程度最低的国家，在世界90个国家中排名仅仅排在比利时之后。自从独立以来，博茨瓦纳不断将资源投资到改善国民生活的方方面面：发展全国各地的医疗健康，教育，交通和通讯基础设施。

博茨瓦纳被深受骚乱内战之苦的国家所环绕。首先，长期的罗得西亚战争不时会波及到博茨瓦纳。其次，南非的种族隔离状态以或直接或微妙的方式影响着博茨瓦纳。例如在20世纪80年代，尽管博茨瓦纳一再表明自己维持自由和中立的政治立场，但是南非国防军仍对哈博罗内发动了多次军事袭击，引爆汽车炸弹，杀害无辜的茨瓦纳人和难民。此外，南非在一战结束之后通过国联获得一个难以令人信服的授权进而统治纳米比亚，这导致了纳米比亚可相互渗透的西北边境几十年来不稳定现象普遍存在。这种情况在南非军队开始招募克瓦桑语（萨尔瓦人或布须曼族）的追踪者和向导来抵抗安哥拉军队以及纳米比亚自由军之后，开始恶化，这些跟踪者中的一些人来自博茨瓦纳的西部，更多的人在边境的两侧都有亲人。南非军队在美国政府的公然支持下实施军事行动使安哥拉南部的内战升级，伴随着同时发生的津巴布韦内战，使得难民在20世纪70年代和80年代大量涌入博茨瓦纳。弗朗西斯敦郊外的难民营不时要为来自邻国的人们提供躲避政治迫害和战争的简易避难所。

自然环境

作为一个内陆国家，博茨瓦纳位于南部非洲，横跨南回归线。它北边与津巴布韦接壤，南部和东南部与南非相邻，纳米比亚在它的西边和北边。尽管这个国家保持着大量的环境多样性，但是覆盖国土面积80%的喀拉哈里（Kalahari）沙漠（或在茨瓦纳语中称“卡拉加迪［Kgalagadi］”）还是完全干枯一片，青草，灌木覆盖的略有起伏的平原能稍稍缓解这种地理上的枯燥。相比之下，在世界上最大的三角洲——奥卡万戈三角洲（Okawango Delta）里有纸莎草环绕的咸水湖和河流，它们占据了博茨瓦纳北部6 000平方英里的土地。在奥卡万戈三角洲的东边，里那提（Linyati）和乔贝（Chobe）河流水系在维多利亚大瀑布上游就全部汇入赞比西河中。包括莫瑞米（Moremi）野生动物保护区和乔贝国家公园在内的地区是大规模的象群和其他野生动物的家园。像疟疾，血吸虫病，昏睡病之类的疾病，加上土壤的贫瘠，在历史上就一直限制这一地区的农业开发。

当我们向南行进，降雨量从北部乔贝河沿岸每年800毫米的高点逐渐降至西南边境大羚羊国家公园（Gemsbok National

Park）每年约250毫米的低点。在大羚羊国家公园，风吹形成的沙丘缓慢地迁移穿过一片散布着灌木和杂草的荒漠。沿着人口最为密集的国家东部，第三纪不断侵蚀除去了表面覆盖的喀拉哈里沙土，露出了多种底层地质上的比较肥沃和湿润的土壤。多种地层地质就包括首都哈博罗内附近一些裸露出的地球上最为古老的岩石。这些硬草场的土壤养育了博茨瓦纳全国大部分的人口。

博茨瓦纳的土壤由四种因素相互作用而形成：作为土壤来源的岩石；由于影响山脚和山谷地区的排水系统性质而存在的土地休耕期；促进或延缓母体物质风化的过往气候循环；最后还有时间。例如，在博茨瓦纳中部和东部发现的一些铁矿石和湖泊的形成反映出过去有着不同于今天的潮湿的气候条件。博茨瓦纳土壤的基本地形学单位反映出这些因素之间的相互作用。

在博茨瓦纳扩散规模最大的地形区就是沙草场。风把覆盖四分之三国土面积的红沙土和细沙吹到奥卡万戈三角洲的西部和南部，最终形成了它。在整个奥卡万戈三角洲，里那提和乔贝河系以及博泰蒂河沿岸，河流从奥卡万戈向东直到马卡迪卡迪盆地（Makgadikgadi Basin）最终蒸发，这样就形成了具有大范围冲积土的第二种地形区。马卡迪卡迪盆地也同样含有由一个大型的更新世湖泊干涸而形成的湖泊蒸发岩（lacustrine）。这个更新世湖泊四万年前的面积与维多利亚湖大体相当。由于这一地区的草场对牲畜们来讲营养含量较低，所以大部分地区都不适合农业开发。但是，苏打灰矿的开发和盆地中盐的提取创造了工作机会和一个新的城镇——索瓦镇（Sowa Town）。当地的铁路线将小镇与南北贯通的全国主要铁路线相连。主铁路线从南非经哈博罗内和弗朗西斯敦最终到达津巴布韦。

最后一个地区以硬草场闻名，富含极为多样的土壤和地形亚种。它包括比喀拉哈里沙漠的红沙土更肥沃，含水性更好的粗骨土，淋溶土和低活性淋溶土。根据主要树木植被不同，硬草场可以分为两个区域，中东部和东北部的硬草场大部分地区被可乐豆木和可乐豆木/刺槐的林地所覆盖，而东南部没有可乐豆木，被混杂的刺槐灌木草场覆盖。

饮用水的获取，连同每年降雨量以及植被覆盖量一起，塑造了博茨瓦纳当前的定居方式。国家中部地区的喀拉哈里沙漠并不是那种真正会刮起风沙的沙丘，而是地表水分稀少的“干涸的土地”。在钻井技术发明之前，地面以下几百英尺才能发现水源，饮用水只有在夏天雨季数月中季节性注满水的盆地里才能获得；动物和人在冬天有时只能靠从西瓜中压榨出的水分过活，直到下个雨季的来临。沙漠西侧的杭济（Ghanzi）和卡拉加迪（Kgalagadi）地区每年平均降雨量（少于400毫米）非常低，难以维持农业生产。即使发明了资本化运作良好的牛群永久饮水井站，这一地区的平均人口密度仍然低于0.2人/平方英里。

即使喀拉哈里几乎不下雨，细纹沙的高含水特性也能够保持地表覆盖一层草、灌木和林地，让大量成群的斑马、大羚羊、牛羚、跳羚、南非大羚羊、水牛、象、鸵鸟及其他野生动物赖以生存。那里也生活着少量的牛群和山羊。20世纪60年代建成的野生动物警戒栏现在仍可阻拦野生动物群穿过中部的喀拉哈里前往马卡迪卡迪盆地。这有助于对抗野生动物携带的口蹄疫之类的疾病爆发。这类疾病会不时威胁博茨瓦纳的牲畜。

拥有肥沃土壤和溪流的东部硬草场，养育着博茨瓦纳80%的人口——他们大部分集中生活在主要城镇——哈博罗内（Gaborone），洛巴策（Lobatse），卡内（Kanye），马哈拉佩（Mahalapye），帕拉佩（Palapye），塞罗韦（Serowe）和弗朗西斯敦（Francistown）。尽管私人拥有土地的许可最早可以追溯到殖民地时代，它们都分布在图里布洛克（Tuli Block）和靠近南非边境的狭长地带。硬草场中的大部分耕地和放牧点都是公有土地，通过国家的村庄土地委员会实施本地化管理。过度放牧，有限的土地肥量和土壤侵蚀阻碍了用少量农民生产足够食物的努力。因此，政府在20世纪70至80年代试图通过将公有地区牲畜生产商业化和私有化来提高畜牧业的可持续性。1975年，部落土地放牧政策制定并执行，在喀拉哈里，租赁的农场会试图改善并保持放牧点周围较好的农场环境。近来，根据1995年的农业法案，硬草场地区部分公用土地竖起的围墙导致了进一步的土地私有化。尽管这能够带来“良好的”农场管理，但是对于那些没有获得土地的人来说，缺乏资金和政治支持会使他们的生活受到负面影响。

民族与语言

人们在邻国南非发现了人类起源始祖，更新纪灵长动物和直立人的化石残骸，因此，在博茨瓦纳寻常可见超过人类史前200万年的石器工具也就并不是一件令人惊奇的事。我们可以确定，今天克瓦桑语族（Khoisan）的祖先在5000年前是这个国家的唯一居民。目前，博茨瓦纳是一个由20个民族组成的国家，他们所使用的语言属于非洲四大语系中的两个：克瓦桑语（Khoisan）和班图语（Bantu），属于刚果—科尔多凡语系（Congo-Kordofanian）的一个分支。

全国有80%人口将班图语族中的赛茨瓦纳语（Setswana）作为第一语言，它也是主要的国家语言；被广泛使用的英语则是政府文件中使用的官方语言。[①] 国名"博茨瓦纳"的意思是"讲赛茨瓦纳语人的土地"，显示出大多数居民实际上的母语是赛茨瓦纳方言。在博茨瓦纳，仍有超过20种方言被使用。他们分成两个语言学分支：东班图语和西班图语。西班图语的使用者生活在西北部的沙草场和奥卡万戈三角洲的西面。他们当中包括有亲属在纳米比亚和安哥拉的赫雷罗族（Herero），姆班德鲁人（Mbanderu），姆布库舒人（Mbukushu），还有住在奥卡万戈和临近纳米比亚卡普里维地带（Caprivi Strip）的叶伊人（The Yeyi）。18世纪的口头文学将居住在奥卡万戈的克瓦桑语族的叶伊农民和渔民描写为就像是"围着牛奶桶乱飞的一群苍蝇"一样从乔贝河地区向南迁移而来。近代的这一扩散或许是对安哥拉南部奴隶袭击行动所作出的回应，但是叶伊语中出现的搭嘴音（clicks）证实了他们与克瓦桑语族人之间存在长期的互动关系。人们在奥卡万戈三角洲西边措迪洛

---

① 班图语中的前缀"Ba"指的是人，它在博茨瓦纳以多种形式出现（例如：Ova-Herero，Ha-Mkubushu），今后将不再使用。但是"巴茨瓦纳"（Batswana）一词将用于指称博茨瓦纳的全体人民，并不是仅仅指称茨瓦纳民族。同理，前缀"Se"指的是博茨瓦纳多种语言中的"语言"，由于出现了多种形式（例如，Oji-Herero，Ochi-Herero，Tsi-mbukushu，I-kalanga）而不再使用。

山的考古挖掘中发现了陶器和铁质物品，这些物品的历史可以追溯到公元500至1000年，它们可以证明包括叶伊人和姆布库舒人在内的许多民族的口头文学浓缩了比目前历史记忆更长久的农牧生活的历史年代。姆布库舒人和叶伊人是博茨瓦纳少有的两个完整实行母系制度的民族。在这样的母系社会中，酋长身份通过女性继承的路线来传递，因此可以将酋长身份传给姐妹的长子。这两个民族是由农民和渔民组成，他们的酋长以通过祖先求雨的能力而闻名。

赫雷罗人和姆班德鲁人牧民散居在姆布库舒人，克瓦桑人和茨瓦纳人中间，居住范围一直延伸到奥卡瓦戈的南边和西边，直至纳米比亚境内。这两个民族的传统口头文学讲述了17世纪茨瓦纳人的牛群从南面开始袭击并造成混乱时，他们是如何从姆邦杜人（Mbandu）中分离出来的过程。目前，小群的赫雷罗人仍然散居在分布广泛的农村地区。这些地区包括沿博泰蒂（Boteti）河的拉科普斯（Rakops）附近，硬草场东部的马哈拉佩（Mahalapye），还有莫丘迪（Mochudi）附近的皮拉内（Pilane）和东南部奎嫩地区（Kweneng）的迪克戈洪（dikgatlhong）。他们在传统上实行一种双系世袭制度，这对非洲的牧民来说颇不寻常。牛是通过母系路线来继承（事实上在过去，只有女人才能挤奶），其他的信仰、权力和义务通过父系的线路传递。

在博茨瓦纳，现存讲班图语的人属于东班图语分支，从南到北，包括居住在以卡萨内（Kasane）为中心的乔贝地区的苏比亚人（the Subiya）（在茨瓦纳人中，他们的语言被称为“赛苏比亚［Sesubiya］”，但他们的自称是“契阔哈内

［Chikwahane］”）；将首府设立在马翁的恩加米兰省的塔瓦纳人（the Tawana）（茨瓦纳人的分支，恩瓦托人［Ngwato］的一个旁系）；卡兰加人（Kalanga），津巴布韦绍纳人（Shona）的亲属，集中居住在以弗朗西斯敦为中心的中部省和东北省的北部。他们使用的语言——伊卡兰加（Ikalanga）——在这个国家是除了赛茨瓦纳语和英语之外使用最广泛的语言。

在几乎所有小学最初两年的教育中，人们使用茨瓦纳语作为基本的教育媒介，同时它也是公立学校和大部分私立学校的必修课程。此外，它还是地区政府层面的主要交流媒介。在小学的高年级，中学和大学教育中，英语是教育和测试中所使用的主要语言。茨瓦纳语和索托语非常接近。两种语言都在临近的南非地区广泛使用，那里使用茨瓦纳语的人数是博茨瓦纳使用者的两倍。在口头文学传承中，主要的茨瓦纳王朝——胡鲁策人（Hurutshe），昆纳人（Kwena）和卡特拉人（Kgatla）——的起源与大约500年前南非西德兰士瓦省泡弗（Phofu）王朝的分裂有关。尽管两个年少兄弟之间的政治斗争常被提及，但是据说干旱才是这次分裂的主要原因。

恩瓦托人在讲茨瓦纳语的民族中人数最多。他们是中部省的主要民族，首府设在塞罗韦（Serowe）。一种流传很广的说法认为，真正的恩瓦托人很少，其余的是由20世纪早期或中期被茨科迪·卡玛（Tshekedi Khama）武力胁迫并入恩瓦托人的不同部落组成。例如，恩瓦托人的首府塞罗韦的人口大部分由卡拉卡人（Kalaka）或卡兰加人（Kalanga）组成。马哈拉佩（Mahalapye）居住着大量的赫雷罗人（Herero），科萨人（Xhosa）和其他一些小民族，而和其他城市相比，帕拉佩则是塔拉特人（Talaote）和茨瓦蓬人（Tswapong）的家园。

在博茨瓦纳东南部还有其他一些讲茨瓦纳语的民族包括，卡特拉人（Kgatla），首府设在卡特伦省的莫丘迪（Mochudi）；昆纳人（kwena），首府设在奎嫩省的莫莱波波莱（Molepolole）；恩瓦凯策人（Ngwaketse），首府设在南奎嫩省的卡内（Kanye）。一些更小的讲茨瓦纳语的民族包括，拉莫茨瓦（Ramotswa）的莱特人（Lete），哈博罗内郊区特洛昆（Tlokweng）的特罗夸人（Tlokwa）；在与南非交界的南部边境集中居住的罗龙人（Rolong）；胡鲁策人（Hurutshe）小规模地散居在中部省和东北省的卡兰加人（Kalanga）和恩瓦托人（Ngwato）之中。喀拉哈里人以小社区的形式散居在有放牧点的喀拉哈里沙漠之中，他们讲着一种很不同的茨瓦纳方言。这和他们的口头文学传统共同证明了，他们在博茨瓦纳讲茨瓦纳语的人们之中拥有最古老的历史。

南非荷兰语是荷兰语在当地进化后形成的一种语言，讲这种语言的人居住在博茨瓦纳西北部恩加米兰（Ngamiland）的杭济（Ghanzi）附近。在1897年，英国政府将杭济附近地区割让给塞西尔·罗德斯（Cecil Rhodes）和英属南非公司，丝毫没有考虑到当地人民的意愿。土地被分配给一小部分讲南非荷兰语的白人农民或者那些拖着牛车艰苦跋涉穿过喀拉哈里沙漠开垦出自由农场的布尔人。他们的后代至今仍生活在这一地区。

非班图—克瓦桑语族包括属于克伊（Khoi）和桑（San）两个分支的讲搭嘴音的人。尽管多种克瓦桑语都有搭嘴音的用法，将其当做辅音或单词中的许多音，从语法上说，它们彼此之间差异很大——这一表明时间跨度的暗示将不同民族的历史区分开来。讲桑语的人包括居住在博茨瓦纳西北部偏远处和跨越国界的纳米比亚和安哥拉的祖奥斯人（Zhu/oasi）或空人（！Kung）。大部分讲克瓦桑语的人属于克伊分支，他们集中居住在喀拉哈里中部和西部还有奥卡万戈三角洲，在东部硬草场普遍与班图语人混居在一起。他们中包括西部喀拉哈里和杭济省居住的纳玛人（Nama）；奥卡万戈的布加人（Buga）和安尼人（//ani）；中部喀拉哈里的哈维人（G/wi）和哈纳人（//Gana）；还有德提人（Deti），丹尼萨那人（Denesana），苏阿人（Shua）和赫茨瓦尔人（Hietshware），他们生活在从马卡迪卡迪（Makgadikgadi）向东直到中部省硬草场的地区[①]。

① 在萨尔瓦（Sarwa）语和克瓦桑（Khoisan）语以及一些班图语中，不同的辅音“嗒嘴声”的发音方法是不同的。一般来讲，克瓦桑语正确的发音方式遵循的是国际音标发音（IPA）规则，而某些班图语中的“嗒嘴音”通常标准的书写字母代码是用 Q，X 和 C 分别代表三种最常见的“搭嘴音”：侧面齿槽音或“侧边搭嘴音”在国际音标发音中被标记为//或在班图语中表示为 X，例如，Xhosa 或 Zulu（发音很像骑马的人在驱赶马匹前进时发出的声音）；齿音或“前搭嘴音”的标记为/，与字母 C 相对应，例如 *Mfecane* 中的 c；像“！*kung*”后齿槽音“!”是通过上颚做出吮吸的动作而发声的。在一些班图语中，这个音用字母“Q”来表示，例如：*Difequane*。颚搭嘴音≠没有单一的字母对应。它的发音习惯和!，Q 两个搭嘴音相似，从硬腭向舌头后部做吮吸的动作。很自然地，大多数非萨尔瓦语的人们，包括许多巴茨瓦纳人在内，发这些音都有困难，于是他们就将这些音简化成大多数人都能发出的最简单的音——侧面齿槽音或者“//”或者“X”——来代表所有“搭嘴音”。由于这个原因，博茨瓦纳地图（因为不是萨尔瓦人制作的）上的所有萨尔瓦地名都是错误的，因为它们几乎总是用字母“X”来代表所有的搭嘴音。例如，奥卡万戈东北部的 Xugana 游猎营，如果使用正确的搭嘴音拼写方式的话，实际上应该拼写为 Qogana 或者是！Ogana。

只有少量的克瓦桑人继续过着季节性的狩猎和采集生活，大多数已经被乡村牧业经济所同化，成为牧民或者劳工。尽管被轻蔑地称为布须曼人（Bushmen）的克瓦桑狩猎者和采集者几乎是在目前西方大众文化中最普遍的一个比喻，但博茨瓦纳几乎所有的民族还是要通过最大限度地利用草场资源来维持生计；因此，在这个国家中的所有人都和野生动植物有着重要的经济和文化联系。尽管如此，这些在当地被归类为“狩猎者和采集者”的人们还是会被扣上一些社会污名，即使他们和讲班图语的邻居居住在一起也不能改变现状。在博茨瓦纳东部，大多数的克伊人（Khoi）是无法从经济状况，穿着或身体特征上辨认出来，除非他们开始讲克伊语。许多种克瓦桑语言因为对克瓦桑人持续不断的偏见和歧视而正在渐渐消亡，茨瓦纳语将他们称为“萨尔瓦人”。

20 世纪 60 年代在中部喀拉哈里地区发现了丰富的钻石矿带使得奥拉帕（Orapa）和瓦嫩（Jwaneng）发展成为新的人口中心。但是，周边沙漠居住的人们很难获得很多工作机会所需的技术和培训。近来，政府倡议重新安置在喀拉哈里中部居住的讲克瓦桑语的本地人就引发了大量的讨论。从政府的观点来看，为散居在农村或欠发达地区——例如中部喀拉哈里野生动物保护区——的少数人提供类似教育和医疗之类的社区服务，是一种经济上不可行的办法，因此政府开始鼓励人们接受重新安置到稍远的地区生活，并提供少量的牛和山羊维持生计。一些国际组织对此表示抗议，认为这看起来更像是采取强迫安置手段将人们清除，为新的钻石矿开采提供空间。高层政府官员发言的表述中使用了返祖（atavistic）之类的词汇，这更进一步激起了人们对歧视的控诉。例如，总统费斯图斯·莫哈埃（Festus Mogae）曾经抱怨，“石器时代的生物怎么能生活在计算机时代？如果布须曼人希望存活下来，他们必须改变，否则他们会像渡渡鸟[①]一样灭绝。”[②] 和返祖言论存在同样问题的认识可能是，其他一些人强调萨尔瓦文化是独一无二的，一成不变和静止的：“人们在他们狩猎的土地下面发现了钻石，现代非洲灾难的根源，对总统莫哈埃来说，面对延续千年或更长时间的人类文化珍宝，他们想要的更多。”[③] 当然，实际上没有任何文化能够“延续”千年而毫无改变。

在20世纪70至90年代，反抗种族隔离制度的解放战争和战斗使得许多难民涌入博茨瓦纳，他们为躲避南非的政治压迫和种族不相容而寻找避难之所。许多人成为博茨瓦纳公民，进一步增加了这个国家的多样性和政治自由的声誉。更多的专用语言只有部分人群熟悉使用，包括像“茨奥茨塔尔（*tsotsitaal*）”这样的俚语，它是南非荷兰语与其他班图语的一种混合体。“茨奥茨”（*tsotsi*）是一个指称犯罪或盗窃的词汇，这种街头语言起源于约翰内斯堡和其他南非大城市中由年轻人组成的黑帮。20世纪80年代，茨奥茨黑帮声称要通过“重新

---

① 渡渡鸟，或作嘟嘟鸟，又称毛里求斯渡渡鸟、愚鸠、孤鸽，是仅产于印度洋毛里求斯岛上一种不会飞的鸟。这种鸟在1505年被人类发现后，仅仅200年的时间里，便由于人类的捕杀和人类活动的影响，大量减少。约在1660年代前后，彻底绝灭。

② 约翰·辛普森，“钻石是古代布希曼人的诅咒”，每日电讯报，2002年11月8日。

③ 同上（加以强调）。

分配财富”来反抗种族隔离制度。在南非工作的移民劳工返乡将这种语言散播在博茨瓦纳，一些人将此作为另外一种生活方式，他们拥有着特殊的走路，着装，舞蹈和音乐方式。法纳加罗（fanagalo）是另外一种混合型的语言，它是约翰内斯堡和比勒陀利亚的矿工所使用的混合语（lingua fanca）；它也是通过返乡移民和20世纪70至80年代为逃避种族隔离而寻找避难所的人们带入到博茨瓦纳。

人口分布

在19世纪，茨瓦纳社区有三部分定居模式，城镇周围环绕着农田，远处是放牧点和狩猎土地。两百年前，这些前殖民地城镇是非洲最大的城镇，通常有超过一万以上的居民定居于此。约翰·坎贝尔牧师是伦敦传教会委派的传教牧师，他最早在1813年进入南非腹地进行探险旅行，他这样描写这些城镇：

> 突然之间，我们看到了拉塔库（Latakkoo）的全貌，坐落在一个美丽的山谷之中。小镇被分割成许多区域，彼此之间相隔不远的距离，这使得小镇占据了大规模的土地，大约方圆五英里左右……能看到用篱笆围起来的土地，我们真是非常开心。[1]

---

① J·坎贝尔，南部非洲旅行，应伦敦传教会的邀请而进行（伦敦：弗朗西斯·威斯特里，1822）。

这些大型村庄的人口随着人们季节性的活动而波动，他们会搬到周边的卫星农场和放牧点开始种植，收获和放牧。即使在这样一个人口分布稀疏的国家里，这种对“城市”生活的历史偏爱延续至今，国家中超过百分之八十的人口生活在人口超过一万居民的城镇之中。尽管越来越多的茨瓦纳人把他们的家安置在像哈博罗内和弗朗西斯敦这样的城市地区，但是大多数人还是会在自己家乡的村庄（*ko gae*）里保留第二处住宅以维系和家乡之间的联系。城市与家乡村庄之间的联系通过婚礼（*lenyalo*）和葬礼得到进一步地加强，因为婚礼通常会在家乡的村庄里举行，而大多数人仍然希望自己死后能够在家乡安葬。

现代的城市化进程以多种多样的方式进行着，它包括在矿业中心奥拉帕（Orapa）、瓦嫩（Jwaneng）和塞莱比—皮奎（Selibe-Phikwe）修建新的城镇；现有城镇的发展，尤其是像哈博罗内，洛巴策（Lobatse）和弗朗西斯敦这样的主要中心城市；从前的村庄快速发展成为城镇，像莫莱波波莱（Molepolole）、卡内（Kanye）、塞罗韦（Serowe）和帕拉佩（Palapye）。沿着东边国境线修建的六百英里铁路线增强了运输基础设施能力，同时数字电话网络也联通了除遥远山村之外的所有地区。

与城市中心化的发展趋势相反，第二种人口发展趋势是人们开始散落地定居在从前无人居住的乡村地区。这使得开钻深井成为可能，也使放牧点可以向更干旱的地区扩展。这一乡村移民趋势的形成得益于博茨瓦纳国家道路网络的发展，从独立之初仅有的七英里柏油路到今天超过三千英里；升级碎石路并维护全长12 000英里的小路，同时沙土“小路”甚至能将最偏远的放牧点连接到国家路网之中。目前，人口超过100人的所有村庄都和全国交通运输网连通。这样，一个人就能够在维护良好的柏油路上行遍全国，横跨喀拉哈里路线从哈博罗内经杭济到达纳米比亚的戈巴比斯（Gobabis），南北线路从哈博罗内沿铁路线到弗朗西斯敦，然后向西穿过马卡迪卡迪盆地到达奥卡万戈三角洲的马翁（Maun）和沙卡韦（Shakawe），再到乔贝河的卡萨内（Kasane）。

自从独立以来，用于升级全国道路的政府支出不但反映出对改造国家经济基础设施的重视，同时也使文化价值观得到强化。随着朋友和家庭散居至广泛分布的城镇和乡村，这种移民趋势因人们频繁长距离相互访问的可能性而获得一种平衡。对年轻人来说，在长周末穿行500或600英里去其它城市探望朋友或亲戚并不是什么不同寻常的事情。良好的道路，私人公共汽车服务，无所不在的按目的地付费的搭乘，这一切都有助于在全国轻松地旅行。①

国家公务员为购买汽车或卡车对低息政府贷款产生强烈需求，这进一步证实了旅行和流动的一个文化性特点。根据美国联邦高速路管理局的数据，截止到1996年，南部非洲是拥有非洲最高汽车拥有量的地区。南非每千人登记拥有120辆汽车位居首位，其后就是博茨瓦纳每千人拥有55辆汽车。如果人们提出南非拥有大量的白人（相对富裕的）人口是有较高汽车拥有量的原因的话，那么与博茨瓦纳的非洲人拥有车辆的数字进行对比，两者的数字就更加接近。相比而言，西非的加

① 通常来讲，搭便车旅行的费用比搭乘公共交通工具要略高。

纳，尼日利亚和塞内加尔每千人拥有 9 辆汽车已经是西非最高的汽车拥有量。博茨瓦纳的摩托车事故死亡率也高居非洲大陆的榜首，每千人中有 31 人因此丧生。

城　市

除了哈博罗内和弗朗西斯敦之外，博茨瓦纳其他的大型中心城市都是由传统的茨瓦纳国的首都发展起来的：莫丘迪、莫莱波波莱、塞罗韦、卡内、帕拉佩、马翁、卡萨内和绍雄（Shoshong）。除了省府之外，其他重要城镇还有洛巴策、杭济、帕拉佩和多诺塔（Donota）。[①] 其他一些城市在殖民时期作为贸易中心而出现，在 19 世纪 90 年代沿着开普敦至索尔兹伯里（现哈拉雷）航线修建而成。作为全国第二大城市的弗朗西斯敦拥有大约90 000人口，最初是作为金矿开采的营地从 19 世纪 70 年代开始修建。首都哈博罗内则是在 20 世纪 60 年代在严格意义上的女王皇家领地上从零开始修建而成。城市以国王（*Kgosi*）哈博罗内的名字命名，他曾经带领特罗夸（Tlokwa）国（*morafe*：“国家”）在 19 世纪 80 年代来到这片土地上。在传统地区中选择这一“中立”地点作为首都可以避免倾向任何一个部落联盟（*morafe*）。选择它作为首都还因为其临近铁路线的战略位置，临近南非，同时最重要的是它靠近一个主要水源地。整个城市的设计布局围绕着殖民地岗哨的

① 像哈博罗内这样的城市正在逐渐吞噬临近的村庄，就像曾经的独立乡镇特洛昆（Tlokweng）和莫哈迪茨哈纳（Mogoditshane）一样。

遗址展开，这个遗址包括一个堡垒，一座监狱，一个邮局和外派人员的住房，这个小村庄目前已经成为了世界上发展速度最快的城市之一，目前有超过 20 万人居住于此。城市最初的设计是围绕着一个城中心有一系列同心圆，与传统乡村的布局非常相似，城市有大量占地空间很大的中心，被稠密的城市住宅和政府的高层建筑所环绕，这些建筑与独立，廉价的小住房群交错在一起，共同构成了哈博罗内在 20 世纪 60 和 70 年代发展初级阶段的特征。新的城镇也围绕着矿业勘探而迅速成长起来：塞莱比—皮奎（Selebi-Phikwe）服务于东北省的铜矿；索瓦（Sowa）城是马卡迪卡迪盆地的苏打灰厂的所在地；还有像奥拉帕和瓦嫩这样的钻石城市。所有这些城市都是来自农村的移民者选择居住的集中区域。

教 育

博茨瓦纳为年轻人设计的教育培养可以追溯到传统的入门（Initiation）学校，为女孩子设立的学校名为“博杰勒（*Bojale*）”，男孩子的名为“博格维拉（*bogwera*）”。这些学校持续数月教授年轻人成年的责任、对年长者和王权的尊重、服从的美德以及他们在社会中的权力和义务。传统教育让学生通过赞美诗歌来学习历史，通过游戏、猜谜、智力游戏和谚语的方式让学生了解什么行为是被允许的；茨瓦纳宗教信仰的基本问题和宇宙观也同样会被讨论。尽管可能是由于为男性实施割礼并进行性教育，这样的入门仪式（initiation rites）成为了茨瓦纳文化的核心，但是早期传教士将这些现象视为对他们权威的威胁，他们尽全力禁止这种对年轻人的教化，认为它是"完全肮脏的、完全欺骗性的、不正当的，也完全是亵渎上帝的、灵魂堕落的。"①

大卫·利文斯通是最早到来、可能也是最著名的传教士，他设立了最早的正式学校。19世纪40年代，他在位于目前哈博罗内以西15英里的地方科勒彭（kolobeng）的教区修建了一所小学校。作为传教计划的一部分，他和岳父罗伯特·莫法特一起将圣经翻译成赛茨瓦纳语。这一工作在1857年完成。除了在公元第一个千年之前问世的一个埃塞俄比亚语版本圣经之外，这是圣经中第一本以撒哈拉以南非洲语言翻译的版本。令人感到讽刺的是，尽管莫法特、利文斯通和其他早期传教士的社会背景让他们强调劳动胜过经文，许多茨瓦纳人还是认为早期的传教士教育过于专注于"读、写和经文而不是建造、木工或其他实际工作"。然而一个意想不到的结果却是，有相对高比例的女性接受教育。这其中部分的原因是因为父母急于讨好传教士，于是将他们的女儿送到学校，而将他们的儿子留在家中从事更多与放牧相关的实际劳动。根据一些观察者的描述，教堂对女人特别有吸引力的主要原因是"它能够使她们与丈夫获得平等地位。"② 其他的早期信众（*badumedi* 意为"同意的人"）中有极大比例来自边缘人群和弱势群体。这些

---

① 约翰·麦肯齐，橙河北的十年1859～1869（伦敦：弗兰克·卡斯，1871），第378页。

② 埃米尔·霍勒布和E·E·弗鲁尔，南非七年：在钻石土地与赞比西河之间旅行，研究和涉猎探险（1872～1879），卷Ⅰ（波士顿：霍顿·米夫林，1881），第296页。

人不仅仅包括农奴和被社会遗弃者，同样也包括次子和年轻精英这些在传统政治结构中的无权者。

随着本地的福音传教士不断被培训，教会学校也扩展至全国其他地区。茨瓦纳酋长们（*dikgosi*）之所以对传教士表示欢迎是因为他们认为传教士的到来能够保护他们免受邻近的南非布尔人的袭击。同时，酋长通常制定政策只允许一个传教会在他们的领地开展工作，因为他们（或者他们的教会顾问们）担心多元宗教将会引发潜在的分裂。从始至终，他们也一直担心教会会削弱茨瓦纳社会建立在精神和物质基础之上的传统基石。由于早期英国传教士和伦敦传教会的清教定位，直到稍后20世纪20年代天主教会在哈博罗内城外的凯勒山（Kgale hill）落成，路德教派，罗马天主教教堂才在博茨瓦纳有了立足据点。那里建成的一所小学随后成为全国第一所中学——圣约瑟夫学院。这所学校培养出大量博茨瓦纳杰出的领导者，包括前任副总统，后来的皮特·穆西（Peter Mmusi）。教会还出版了博茨瓦纳的第一份塞茨瓦纳语报纸，名为《*Mahoko a Bechwana*（博茨瓦纳新闻）》，由位于库鲁曼（Kuruman）的莫法特伦敦传教会驻地出版。①

公共教育

全国所有公民都可以免费接受最初十二年基本的学校教

① N·帕森斯，国王卡玛，皇帝乔和伟大的白人女王：非洲人眼中的维多利亚时代的英国（芝加哥：芝加哥大学出版社，1998），第244~246页。

育，从小学一年级（Standard 1）到中学五年级（Form 5）。从小学二年级开始，英语被推荐为教育语言。尽管这有助于博茨瓦纳拥有较高的识字率，但是对于那些住在偏远山村和放牧点的人们来说，实际上接受小学教育依然是一件非常困难的事情。在这些地区，父母不得不将他们的孩子送到较大规模的乡镇和村庄接受学校教育。即使是与亲戚们生活在一起，寄宿费用经常会使这些父母们对学校教育望而却步；寄宿也会使急需的劳动力离开农场和放牧点。于是农村地区依然有大量的人们无法阅读和书写。在结束了小学七年级的学习并通过一个使用英语和茨瓦纳语进行的全国考试之后，学生们会获得一个七级证明，或小学毕业考试证明。进入中学接受教育的许可从前依据学生在七级考试中的成绩而确定。近年来有提议让学生们自动通过中学三年级，政府目前已经将此设为每位学生接受教育的基本标准。

中学教育体系分为两个层次。第一个层次中的初中通常设为三年，学制完成后需要进行初中毕业考试。考试的成绩决定能否进入高级中学接受为期两年的教育。国家独立时，全国有七所中学可以提供初中和高中毕业文凭（普通教育证明）。目前全国共有 27 所进行高中教育的高级中学，每个大规模乡镇都有一所社区初中。完成中学教育后，学生们必须通过博茨瓦纳普通中学教育资格考试，这是作为进入大学学习的前提条件。

未能进入大学学习的中学毕业生也有很多接受培训的机会。这其中包括职业培训中心会提供一个为期三年的文凭，学生可以进行类型广泛的职业性，技术性，工程学和商业方面的学习。入学的必备条件包括初中毕业考试中获得最低 C 以上的成绩，外加选学领域的工作经验。全国许多地方的群众中心也提供一种额外的贸易培训，例如农业，汽车修理，建筑和木工手艺。这些课程对于那些初中成绩不足以进入高中学习的人来说尤为有益。

博茨瓦纳大学的前身是博茨瓦纳、莱索托和斯威士兰大学。它提供人文、科学、商业、社会科学、工程和法律等专业的文凭和毕业证书，文学学士学位和理学学士学位。在中等教育、图书馆学、信息科学和教育咨询等专业中提供一年的研究生文凭。硕士学位发放的领域也很广泛，包括人文学科、社会科学、科学、教育学和商科，还有工程与技术。在更高等的教育中也提供博士学位，其他领域的学位也在审议当中。大学教育在实际执行中对合乎条件的公民都是免费的，目前学生群体中的男女比例也基本相当。①

博茨瓦纳大学每年招收12 000名学生，其中包括 1000 名研究生。它为全国培养了大部分受训的技术和社会领域的劳动人口，他们创造，管理并维持着国家自独立之后一直以来的高速发展。和发生在博茨瓦纳的很多事情一样，大学的建设是一个社区计划（*ipeleng*），它的大部分资金通过类似“每人带来一头牛（*motho le motho ka kgomo*）”这样的计划，募集捐款而得来。每个能够负担的人都会被要求贡献一头牛或者等额的现金用于大学的修建和升级。一些人甚至会贡献出像高粱和玉米之类的农产品，所有这些都会被视为是博茨瓦纳大学的荣誉

① 大学学生可以从政府领取奖学金，应该在毕业后归还。但是政府对此事并没有后续的措施，因此据说没有学生将奖学金归还。

象征。

博茨瓦纳还为国民提供大量非正式的教育培训，包括1980年创始的国家识字计划。成年人的识字率目前达到大约70%，女性的统计数字比男性略高。其他的教育计划还包括开创远程教育方式使有需要的学生和公民能够获得初中文凭，普通教育文凭，还有一些能够帮助他们成为社会有用人才的特殊教育项目。在过去的十年间，政府提出一项名为“展望2016”或“博茨瓦纳远景展望计划”的新动议，计划为国民们提供一次接受继续教育的机会，或者是学术领域，或者是职业和技术领域，让他们能够全面接触互联网和其他传播媒体。[①]

资源、职业和经济

博茨瓦纳气候干旱，降雨量低而且极不稳定。因此，畜牧生产一直是农业经济中的主要部分，因为牲畜更容易从时常出现的干旱影响中恢复过来。1970年之前，畜牧业是全国经济的支柱，占博茨瓦纳出口收入的绝大部分比例。尽管目前钻石和铜是主要的出口经济产品，但是牛对全国大多数人口来说，依然是经济上重要的财富，奶，肉和皮革来源。欧洲曾经是博茨瓦纳牛肉重要的进口地区之一，随着屠宰场在洛巴策、马翁和弗朗西斯敦相继建成，进口量在20世纪70年代有所恢复。限制牛肉出口的最主要因素是不时爆发的口蹄疫，它需要采取

① 负责博茨瓦纳远景规划的博茨瓦纳总统工作团队，博茨瓦纳远景规划框架（哈博罗内：政府印制厂，1996）

强有力的措施，包括设立延伸全国不间断监控的警戒围栏去控制。农业产业也同样提供了全国最多的就业岗位，不仅是为农民和牧民，还有兽医，屠宰厂工人和经销商。不稳定的降雨量和其他经济部门提供越来越多的就业机会都对农业产生影响，有证据表明自给自足的农业经济正在逐渐减少。

随着1970年中部省开始开采钻石矿，创造财富的经济部门由从前的农牧业转向到矿产部门。采矿业目前大约占出口经济收入的70%。由“干净”的钻石产业带来的收入将博茨瓦纳从世界上最贫穷的国家之一变成这块大陆上经济最稳定的中等收入国家之一。博茨瓦纳目前是世界上最大的宝石级钻石出口国，每年出口钻石超过1700万克拉。博茨瓦纳政府和戴比尔斯开采公司共同拥有这些矿产。其他具有经济价值的矿产还包括铜、镍和苏打灰。塞罗韦地区还有大量的原煤储备，但是试图将煤经南非或纳米比亚运送到地区市场或者海外市场的做法到目前为止还不可行。目前这里的煤只运送到帕拉佩以外的莫鲁普莱（Morupule）的国家发电厂使用。

近年来的数据表明，旅游业成为矿产和畜牧之外的第三大外汇收入产业。这一收入中的大部分来自南部非洲，南非和博茨瓦纳的旅游者可以开始利用改善的道路，住宿和安全饮用水和其他基础设施，更容易的进入野生动物保护区。此外，全球定位系统（GPS）的广泛使用，使得国内外游客不需要雇佣价格昂贵的向导就能够到偏远的地区旅行。博茨瓦纳拥有几个非洲最大的国家公园和野生动物保护区。野生动物领地，公园和保护区占据了这个国家40%的土地面积。游客们能够尽情体验包括摄影，打猎和战利品狩猎（trophy safaris）等活动。观光游览的主要区域位于博茨瓦纳的北半部，包括措迪洛山（世界遗产岩石艺术遗址）、奥卡万戈三角洲（Okavango Delta）、莫雷米自然保护区（Moremi Game Reserve）、乔贝国家公园（Chobe National Park），马卡迪卡迪盐盆地和马卡迪卡迪自然保护区。规模稍小或较少人光顾的公园还有哈博罗内自然保护区、默克罗蒂自然避难所（Mokolodi Nature Sanctuary）、卡玛犀牛避难所（Khama Rhino Sanctuary）、喀拉哈里中部的库茨野生动物保护区（Khustse Game Reserve），还有位于国家西南端的长角羚国家公园（Gemsbok National Park）。除了野生动物的体验之外，博茨瓦纳拥有稳定的政治经济环境，对游客来说这里也是一个有吸引力的安全地点。目前有超过27 000人直接受雇于旅游产业，在农村其他的工作和收入来源很匮乏，旅游为农村地区提供了70%的就业机会。尽管政府承担了推广和宣传旅游产业的主要责任，但这些花销也逐渐越来越多地由私人产业所分担。像措迪洛山的岩石艺术和属于津巴布韦文化的中世纪石墙遗址这样的景点，渐渐吸引越来越多的旅游者。他们不但对文化感兴趣，同时也喜欢野生动物和自然。

政　府

传统的根源

在19世纪，茨瓦纳社会的统治通过一个名为“卡古塔（*kgotla*）”的体制执行，在那里，男人们通过讨论来决定对于社会和家庭来说重要的政治经济事务。规模较大的乡镇被分为命名为“区”的几个部分，分别代表这一区域中主要的民族和家族。在最古老的住宅前是一个中心牲畜围栏（*kraal*, *lesaka*），每个部分通常将房屋围绕着中心牲畜围栏而建。反过来，这些部分又围绕着属于酋长（*kgosi*）的最古老的“卡古塔”。“卡古塔”象征性地围有半圈粗壮笔直的树干围栏，有时围栏上会装饰着牛头骨，如果是在绍雄，就会装饰朝天犀牛的头骨。“卡古塔”的位置紧靠着中心牲畜围栏。入口处设有特别“装饰”过的火堆，目的是阻挡危险和有害的行为（例如雷击）或者那些心中怀有妒忌和怨恨的人进入卡古塔并干扰它的商议过程。在“卡古塔”这里，酋长们（*dikgosi*）可以直接就他们的商讨主题进行沟通，创造出有些许民主意味的制度，允许（在限度之内）自由发言，与此同时它也可以让酋长测试那些私下与顾问们商讨议题的公众接受程度。人们期望酋长谦逊，有同情心，勤勉同时能够在其日常生活中尊重部落习俗和惯例，就像常被引用的谚语所展现的那样：“*kgosi ke kgosi ka batho*”（字面含义：“因为人民的恩典，酋长才成为酋长”）。

过去，除了一些例外情况（新移民和某些地位较低的平民），“卡古塔”允许社会中的所有男性成员参加，座位安排按照地位和年纪排序。妇女，未成年人和未婚男性（被认为是未被完全社会化的人，被称为是 *makope*，或“黄色蝗虫”）是被排除在商议过程之外的。[①] 只有那些茨瓦纳主要民族的男

① 男人只有通过结婚生子，开始承担家庭、土地、牲畜的责任才能真正独立，他的人生才能被视为是“完整的”。

性才能够参加“卡古塔”。像卡拉卡迪人和萨尔瓦人这样的从属民族是没有权利发表意见或参与重要决定的。无论任何民族，妇女都被排除在外。即使是近些年召开的一些“传统”的卡古塔会议也拒绝女性参加。在那些男人们被移民劳工的工作机会所吸引前往南非工作的社会里，妇女是家庭实际上的领导。这些人被排除在传统的卡古塔管理系统之外，这也对社区工作的发展产生影响。尽管妇女通常就这样被剥夺在传统卡古塔中参与权力，“*ga di nke di etelewa ke manamagadi pele*（家庭和国家不能被女人领导）”这样的俗语也强化了这样的观念，但是文献中也偶有妇女摄政的记载（例如，女王恩特博加·加瑟茨维 *Ntebogang Gaseitsiwe* 曾经在 1924 至 1928 年代替恩瓦凯策 *Ngwaketse* 的巴托恩 *Bathoen* 二世执政）。

早在 19 世纪早期“卡古塔”机制就允许个人拥有大量自由来对社会事务进行讨论和批评，这可能为博茨瓦纳后来的民主制度奠定了基础。正如坎贝尔的观察：“那些公共会议中的发言就是这样自由，一些头领也会谈及酋长，说他不适合统治他们。”①

大约一个半世纪之后，1980 年副总统可图米勒·马西雷（Kitumile Masire）爵士在首位总统塞雷泽·卡玛爵士去世后，接任总统职务。一位老人在莫丘迪的卡古塔会议上就此事做出同样的批评，并通过广播传播出去。近年来还曾经发生过一个广为人知的事件，时任地方政府与土地部长因为恩瓦凯策的国王塞帕皮措四世（Seepapitso IV）“不服从指令”而将其暂时

① 坎贝尔，南部非洲旅行，第二卷，第 157 页。

停职。部落联盟要求总统马西雷前来出席卡古塔会议。在会议上，一位老人指责他是一个 *mmina phiri*（字面意思为，“使鬣狗舞蹈的人”），意为他将鬣狗作为图腾并暗示一个资历尚浅的部落联盟或出身并不高的社会等级或阶层试图解决关于一位恩瓦凯策国王的纠纷。在任何情形下，自由表达的传统权力都是被尊重的，这一权力反映在两条茨瓦纳谚语中：“*Mmualebo o a be a bua la gagwe*”（每个人都有权表达心中所想［在卡古塔（*kgotla*）会议上］）和“*Mafoko a kgosing a mantle othe*”（卡古塔会议上的发言是最美好的）。在所有这些情形下，人们尊重表达的自由，批评最高层的政府官员也不会被惩罚。另一句谚语从相反的角度浓缩了这种宽容度：“*Ntwa kgolo ke ya molomo*”（“战争的最高形式是对话”）。[①]这些谚语中的深层文化蕴涵能够解释博茨瓦纳为何能够成为世界上最为民主的国家之一。

每次卡古塔会议（或称为 *pitso*）结束的时候，全体国民会呼喊“普拉（*pula*）”，让呼喊声在整个社区回响。“普拉”意为“让雨落下”，普拉呼喊能够引起这个干旱国家居民极为强烈的共鸣，它会出现在几乎每次公共聚会和庆祝仪式上。普拉还是博茨瓦纳的主要货币单位，也是常用的敬酒用语。

独立

博茨瓦纳的统治方式在 1966 年独立时发生了很多变化，

① 在十九世纪，文献记载，战士之间的一些争议是通过念诵赞美诗的竞赛而化解的（见第三章）。

它采用了一种改良的威斯敏斯特宪法框架，建立了一个拥有强有力政府、议会和司法分支的共和国。许多开始实施的后殖民结构在对地方政府的民主化进程产生影响的同时，也削弱了像酋长群体这样传统的，非选举首领的权力。他们的权力目前主要在卡古塔会议上的本地习惯法法庭上行使。政府的行政分支包括作为国家首脑的总统，还有由国民大会或议会代表任命的部长们所组成的内阁。行政分支管理着政府的部长们和各个职能部门，并由各部门的公务员执行政府的政策。每一个政党都有自己推选出的主席，如果某一政党赢得普选，那么经过国民大会的授权，这位党主席就将自动成为博茨瓦纳的总统。总统有权利任命内阁大臣，他将是总统的常任秘书，国会的发言人，并作为常任大臣管理那些负责具体行政和发展的各部的日常事务。总统可以解散议会；他也可以任命最高法官以及博茨瓦纳自卫军的总司令。

包括总统在内的国民大会是最高立法机构。它由 40 名议员组成，他们每个人代表国家的一个选区；另外被推选的四名成员包括司法部长和发言人。选区每五至十年进行一次审核，确定是否需要根据人口重新分布进行选区边界调整。只要精神正常且没有被判处超过六个月以上的刑法，所有年龄在 18 岁以上的公民都有投票权。

在涉及到部落和习俗传统事务时，国会必须与另外一个代表传统利益的机构——*Ntlo ya Dikgosi*（酋长议会）进行协商。它最早是由代表八个茨瓦纳主要部落联盟（*merafe*）的成员组成：罗龙、恩瓦托、莱特、特罗夸、昆纳、卡特拉、恩瓦凯策和塔瓦纳，另外还有七位成员是在乔贝、法朗西斯敦、杭济和卡拉哈迪省的行政长官中选举出来。在近来的变化中，卡兰加人目前已经有自己的选举代表，但是其他一些像奥卡万戈的叶依人这样的民族仍在继续为获得代表权而奔走游说。

国家选举体系的设计也将农村社区的投入考虑在内。在殖民地时代，通过酋长群体进行“间接统治”的体制就建立起来，但是随着国家独立，更多民主政治和行政结构消减了酋长的权力和作用。1965 年的省委员会法案颁布带来了最初的改变，法令规定成立由选举代表组成的省委员会。省委员会委员们（DCs）是从殖民时代保留下来的职位，他们管理着省委员会，并与委员会秘书（行政的）和委员会主席（政治的）共同工作。人们期望省委员会代表能够“监督”酋长们，但这一责任并不能被很多酋长所广泛接受。省委员会下设的其他官员包括成立于 1968 年由省土地官员领导的省土地委员会，还有设立于 1975 年的省发展官员。尽管省土地委员会依然要向要向省委员会汇报工作，土地委员会官员们（政府管理）和土地委员会主席目前是这一机构的领导。几乎所有的省土地委员会都由每个省中主要政治派别来命名；例如，在塞罗韦的恩瓦托土地委员会管理着中部省的土地事务。但是所有的省，和实际上大部分社区，都是由不同民族背景，或民族联盟的人们所组成，他们中的一些人认为拥有这样“部落化”名字的土地委员会并不能公平地代表他们的利益。

随着 1968 年在省委员会领导下建立了省土地委员会，另一项酋长群体的传统权力被省委员会领导下的组成本地省发展委员会的官员们所获得。这些委员会组织几乎替代了酋长制度所有的传统功能，包括汇集和分配走失牛群，这也是前殖民时代和殖民时代酋长传统收入来源之一。省委员会还负责监管小学教育和健康医疗，以及包括修路，筑坝和其他公共项目在内的社区发展计划。

博茨瓦纳自独立后共有三位总统，每一位都是通过一个和平民主的选举程序获得任命；总统任期从 1999 年开始设定为每任五年，两任为限。博茨瓦纳高度尊重言论自由，各个政党拥有充分的自由来批评政府，这样的批评可以在国会，可以通过独立的报纸，甚至可以是在街头集会上（有时在当地指的是“自由广场”）。选举期间，激情洋溢的候选人或他们的代表们通过扩音器嘶吼着他们的纲领和成绩。博茨瓦纳的投票率非常高，1999 年选举时有 77% 的登记选民最终参与投票。独立选举委员会管理选举相关事宜，但是反对党认为这是一个有偏私倾向的机构，两点原因如下，首先，它在政府办公室里办公，并由博茨瓦纳民主党主持的政府提供经费资助；其次，选举委员会的委员是由总统任命。

历　史

史前时期

和南部非洲所有国家一样，博茨瓦纳拥有丰富的旧石器时代文物，可以追溯到二百万年前人类起源时期。在像马卡迪卡迪盐盆地这样的地区，人们发现某些已经灭绝的史前动物的化石遗存上面有属于石器时代中早期的刀斧和刺矛痕迹，距今大约二百万年到三万年。近年来，博茨瓦纳因为拥有萨尔瓦人或称布须曼人[①]而在西方闻名，据称他们是最后一批几乎完全依靠狩猎和采集为生的人群。而实际情况恰恰相反，许多萨尔瓦人在语言上和经济上几乎和他们讲班图语的乡村邻居们相差无几，没有人单靠四处寻觅食物为生。事实上，从狩猎采集到放牧的转变最早发生在大约 2000 年前的喀拉哈里，萨尔瓦人的祖先开始获得属于他们自己的牛群和羊群。这一转变过程在公元 500 年后开始加速，那时最早讲班图语的农民和牧民开始在博茨瓦纳的北部和东部定居下来。

早期的酋长领地和王国

公元 700 年至 1000 年之间，成群的牛，山羊和绵羊的数量在博茨瓦纳东部和北部这片干旱，富饶的草场上迅速增长。随着牲畜数量的增长，一些家族也通过牛来缔结令人满意的婚姻和政治联盟，进而获得机会提升他们的政治支持度，同时也在名为玛非萨（*mafisa*）的体系里通过出借牲畜而吸引追随者；一些萨尔瓦人也被招募来从事放牧管理工作。公元第一个千年前后，对牛群财富的控制导致南部非洲形成了最早的酋长领地。包括印度的玻璃珠和绝对原产于印度尼西亚的鸡在内的贸易货物从印度洋流入国内，在公元 700 年之后进一步加速了社会层级分化。作为交换，象牙和其他草原产品顺着林波波河谷运送到印度洋。

最早开发的当地资源包括镜铁矿，还有铁矿和铜矿。镜铁

---

① 布希曼人一词有许多蔑视的引申含义，通常在南部非洲不能使用这个词汇，“本地人（native）”一词也是如此。

矿是赤铁矿的一种形式，它与动物油脂混合可以制成一种闪亮的美发剂。这些资源的开发将喀拉哈里北部崛起的酋邦与国家东部的酋邦联系起来。但是在大约公元1200年左右，随着林波波河（limpopo）和莫特洛乌采河（Motloutse）流域开始金矿采掘，博茨瓦纳的政治经济开始发生转变。为了应对大津巴布韦在地方势力中的崛起，政治环境也随着新的政治联盟的成立开始重构。与林波波河谷中的马蓬古布韦（Mapungubwe）重要遗址有联系的家庭，和大津巴布韦一起取代了博茨瓦纳博苏茨维（Bosutswe）和图茨维（Toutswe）这些旧酋长聚居区中的精英。在东北省的弗朗西斯敦附近，许多石墙环绕的中心区以津巴布韦样式建造起来。遗址遵循一种津巴布韦设计，环形石墙围绕着精英们的住宅；大多数住宅里都有石墨烧制而成的陶器和其他一些与津巴布韦权威有关的物品。这些遗址从莫特洛乌采河（Motloutse）向西一直延伸至马卡迪卡迪盆地，证实了讲卡拉加语的民族曾经在14到18世纪统治这一区域。这些聚居区无疑成为更广范围内的班图语族和克瓦桑语族人的一个政治经济中心。居住在更南部的卡拉加人和茨瓦纳人的祖先们对在津巴布韦的强权下保持更多的自治权而进行政治竞争，和外界的贸易刺激这两件事情有着截然不同的反应。这种差别也反映在不同的陶器和石头废墟的风格之中。公元1400年之后，干旱的气候加速了这一转型和变化的过程。

在马卡迪卡迪西部，西北恩加米兰省的措迪洛山中，有一个早期酋邦控制着范围广阔的镜铁矿山，但是随着玻璃珠，白贝壳和其他东海岸贸易货物数量的增加可能削弱了对本地生产的财富指数的需求，这一酋邦因此在公元1200年前后灭亡。

在金矿被发现后的公元1200年左右，对黄金需求的不断上涨也减少了象牙，犀牛角和豹皮等野生动物商品的价值。相应地，狩猎商品价值的降低也同样减弱了狩猎者的地位和竞价能力。目前的奢侈经济主要以控制金属商品以及牛群为主。除了铁，紫铜和金子之外，地方阶层的精英们也开始制造并佩戴青铜制品。狩猎者和采集者的现代后裔们可能就是这样在农牧经济中循环往复几个世纪，这看似“孤立”的历史轨迹极度复杂化，最终使这一涉猎采集群体“存活”至20世纪。

再向南，在哈博罗内和莫莱波波莱附近地区，那里没有金矿可以挖掘，而且距离马篷古布韦（Mapungubwe）和大津巴布韦这些主要东海岸贸易集散地更加遥远。尽管在这里的考古挖掘中发现了一些玻璃珠和海洋贝壳，但是贸易似乎对这里的政治经济影响较小。相反的，在这一区域的茨瓦纳社会在铁器时代继续一种以牧牛为中心的的生活方式，并在社区之间频繁进行竞争和攻击。因此，许多17、18世纪的村庄修建在山顶的防御位置上，四周围绕着防御性的石墙。这些社区的设计与后期茨瓦纳住房布局形式非常相似。集中修建的茨瓦纳房屋围绕着牲畜围栏呈半圆分布，中心的牲畜围栏也是召开卡古塔会议的场所。

姆菲卡尼（*Mfecane*）[①]（蒂法全额 *difaquane*）[②]

在19世纪最初的二十年里，战争，袭击和人口迁移席卷

① 祖鲁语，摧毁，四散之意。

② 塞索托语，指1815至1840年间，南部非洲本土民族之间发生的波及很大范围的混乱和战争阶段。

了整个南部非洲，最著名的就是姆菲卡尼（*Mfecane*）或蒂法全额（*difaquane*）（来源于祖鲁语，意为“摧毁”或“推动和猛推”）。这次骚乱的发生有多重原因，包括了本土因素和欧洲因素。但最终结果却是那些南非本土民族重新向四处迁徙。科洛洛人（Kelolo）、恩德贝勒人（Ndebele）、恩戈尼人（Ngoni）和其他一些民族在向北前往津巴布韦、赞比亚、马拉维和坦桑尼亚的途中，劫掠了博茨瓦纳的多个聚居点。尽管这些劫掠的恐怖情形还在历史记忆中回响，但是从长远来看，他们带给博茨瓦纳人民和文化的影响远远不及白人传教士，贸易商人，探险家和定居者的影响那么广泛。

传教士、狩猎者和探险家

19 世纪 20 年代，作为阻止布尔人向内陆迁徙计划的一部分，同时也为了拯救他们的灵魂，罗伯特·莫法特领导下的伦敦传教会在库鲁曼（Kuruman）设立一座传教站和学校，位置正好在今日博茨瓦纳边境线的外侧。在 19 世纪 40 年代中期，莫法特的女婿，大卫·利文斯通深入内地在科勒彭（kolobeng）创建了一所新的传教所和学校，离今日的哈博罗内只有 15 英里。塞彻勒（Sechele）是利文斯通定居地区昆纳人（Kwena）的酋长，他是首位皈依教徒。了解到利文斯通的布道成效并不显著，据说塞彻勒（Sechele）曾经这样说，“如何能够想象你仅仅通过谈话就能够令这些人相信你，我只有威胁他们的时候才能够令他们做事，我会把头人们召集起来，用我们的犀牛皮鞭就能够让他们所有人全部迅速信教。”[①] 利文斯通在接下来的十年间带着他的茨瓦纳向导数次穿越喀拉哈里沙漠，他“发现”了——尽管当地人早已熟悉它们——奥卡万戈三角洲边上的恩加米湖（Ngami lake）和赞比西河上的维多利亚瀑布（*Mosi o a Thunya*，“雷声轰鸣的烟雾”）。在科勒彭期间，利文斯通开始与英国的朋友通信，设计生产出一种足够坚硬能耕作博茨瓦纳坚硬土地的犁。[②]

他最初的努力是否成功并没有留下记录，但是到 19 世纪末，博茨瓦纳农民开始使用这一工具，使全国农业技术和经济开始转型。利文斯通与昆纳人的亲近关系使得布尔人对他产生极大的不信任感，指责（事实如此）他为昆纳人提供枪支。在他 1852 年离开科勒彭期间，布尔人捣毁了传教站。他的妻子在随后的 1862 年去世，而且相比于传教和皈依，他更喜欢探险。于是他放弃了传教站，开始向非洲内陆深处进行范围更广的传教探险。

19 世纪后半叶，为了给维多利亚沙龙和西方式沙龙供应

---

① J·科马洛夫和 J·L·科马洛夫，论启示与革命，第一卷（芝加哥：芝加哥大学出版社，1991）。第一卷 1991 年版本版权属于芝加哥大学出版社。获得芝加哥大学出版社和作者的许可重新印刷。

② 大卫·利文斯通在 1849 年给他的妹妹詹妮特的信中写到：“如果我有钱……我就要订购两个（犁），一个给酋长 & 另一个给自己。每次都要花费额外的力气，尽管它们每个都要花费 6 英镑。布尔人使用的是一个浸入式的木制犁，它本身的重量就需要 12 头牛来拖动它。从它的长度 & 只有一个扶手，两个轮子，本地人将之称为长颈鹿［thutwa，或 giraffe］。”。”D·利文斯通和 I·沙佩拉，家书，1841 ~ 1856，第二卷（韦斯特波特，考恩：绿林出版社，1975），第 36 页。

所需的大量象牙和鸵鸟羽毛，受利益（和探险）诱惑驱使，来到博茨瓦纳的欧洲人数量开始增加。他们中有时常陪同利文斯通旅行的考顿·奥斯沃尔（Cotton Oswall），还有像汤姆斯·贝恩斯（Thomas Baines）、查理斯·詹姆斯·安德森（Charlies James Andersson）、弗莱德里克·格林（Frederick Green）、詹姆斯·查普曼（James Chapman）这样的探险家和商人们。当然还有很多人没有留下任何日志来记录他们的探险或确认他们的记忆。①

19 世纪 60 年代，人们在弗朗西斯敦附近的史前矿坑中发现金矿石，这导致南部非洲出现了第一批小规模的淘金热。大津巴布韦和博茨瓦纳莫特洛乌采河之间的花岗岩地区分布许多岩石废墟，在卡尔·毛赫（Karl Mauch）“发现”了大津巴布韦遗址其后不久，又在一些岩石废墟中发现了金首饰。这使得许多勘探者来到这一地区。在 1880 年，大卫·弗朗西斯就博茨瓦纳东北地区的采矿权一事，与恩德贝莱人（Ndebele）的酋长洛本古拉（Lobengula）进行谈判，在 1890 年，一个以他的名字命名的小镇成为海角到布拉瓦约（cape-to-bulawayo）

---

① 托马斯·贝恩斯，西南非洲的探险：1861 年和 1862 年，从西海岸的沃维茨海湾到恩加米湖和维多利亚瀑布旅程的记录（伦敦：朗文，格林，朗文，罗伯茨，格林，1864）；詹姆斯·查普曼，在南非内地旅行：包括十五年的狩猎和贸易生活；从纳塔勒到沃维茨海湾的穿越大陆之旅，并到访恩加米湖和维多利亚瀑布（伦敦：贝尔和达尔迪，爱德华·斯坦福，1868）；弗莱德里克·格林，C·H·哈恩，和 J·拉斯，“为寻找库内内河从达马拉兰到奥万珀的探险记录”，刊登于皇家地理协会记录，第 2 卷，第 6 本（1858）：第 350 ~ 354 页。格林将自己的名字和“1858 ~ 1859”的日期刻在圭塔（Gweta）南部古斯塔盆地的一棵巨大的面包树上。

铁路线的终点。这个小镇迅速成为博茨瓦纳的第一个“城市”。到1897年，小镇引以为豪地拥有一家旅店，三家银行还有几家小额限购自取的商店。除了大津巴布韦外，贪婪的金矿矿工迅速劫掠了弗朗西斯敦附近许多13至17世纪的岩石废墟。在接下来的十年间，一家注册于1895年的古代废墟公司（Ancient Ruins Company）挖掘了在博茨瓦纳东北部和罗德西亚附近的大部分史前废墟，为了“开采”作为金属的“黄金”而牺牲了他们历史上无形的金子。在那时，人们认为非洲人没有能力建造这样的废墟，因为这会与殖民体系建立的基础相抵触：从生物角度和文化角度来讲，非洲人都不可能通过长距离贸易和令人印象深刻的建筑来创造这一令人惊叹的文明，因此他们需要殖民者的“指导”。

保护领地时期

布尔人袭击大卫·利文斯通在科勒彭（废墟目前成为一个很小的遗址博物馆）传教站的事件非常典型地证明了，白人探险家、商人和定居者在19世纪后半叶不断加大对茨瓦纳领地的入侵。但是直到德国依据1884年的柏林条约占据了西南非洲（纳米比亚）为止，英国政府一直对茨瓦纳酋长和被居民驱逐的传教士们要求保护的请求不予理睬。就在随后的1885年，英国政府宣布对摩罗颇（molopo）河以南和南纬22度之间的博茨瓦纳土地实施保护。1890年，保护地向北扩展至南纬18度，将目前属于博茨瓦纳的土地也合并进来。这一行动的目的之一是阻止德国势力在南部非洲的进一步扩张，另一个目的是希望将贝专纳兰（Bechuanaland）作为给南非钻石和金矿提供劳动力的储备库。

英国并不准备对保护地进行经济投入。到1894年，一项将领地政府变为由塞西尔·罗德斯管理的英国南非公司（BSAC）私人占有的计划一直在暗中进行。三位博茨瓦纳国王——恩瓦凯策人的巴托恩一世（Bathoen I），昆纳人的赛贝尔一世（Sebele I），还有恩瓦托人的卡玛三世——与他们的传教士顾问E·劳埃德和W·C·威洛比一起来到英国，亲自对这种转手计划提出抗议。与此同时，塞西尔·罗德斯作为时任英国海角殖民地总督，正在谋划支持讲英语的居民用叛乱来反抗讲南非荷兰语的布尔人。德兰士瓦的布尔人共和国由保罗·克鲁格领导。1896年，一队英国探险者在斯达·詹姆斯（Starr Jameson）带领下从罗德里亚突袭了整个博茨瓦纳，发动这场袭击意在呼应讲英语的“外国人”在约翰内斯堡的起义。但是600人的队伍很快就被击败，英国南非公司（BSAC）被迫支付布尔人政府约100万英镑作为补偿。起义的失败令英国政府蒙羞，将贝专纳兰变为罗德公司所有的计划不得不无限期搁置下来。1899年，英国政府颁布征收茅屋税（hut tax）帮助支付保护地政府的支出；随后在1919年当地政府代表英国政府开始征收“土著税（native tax）”。两种税都迫使茨瓦纳人沦为欧洲人控制的经济部门的雇佣劳工，这样才能赚钱来供养他们自己的“政府”。英国保护领地的政府位于今日博茨瓦纳境外，南非境内的梅富根（Mafikeng）。结果，贝专纳兰保护领地成为世界上唯一的一个行政中心在领地边界之外的殖民地。

殖民者建立一种平行或间接的统治体系让非洲人的酋长来统治他们自己的人民，但是他们的税权，判刑和宣战的权力及其它事务都被地方治安官削弱或严密控制起来。白人传教士和商人发现两方势力——本土势力和英国政府——都将他们当做“顾问”。在1919年和1920年，这种平行的政府管理体系正式形成，各自独立的非洲人和欧洲人顾问委员会成立，分别处理各自属民的相关事务。他们的运作都在本地治安官的监管之下进行。结果对于英国人来说行政成本很低，同时也给非洲政权一种不正确的印象，好像他们能够拥有对自己事务完全的控制权。这在很大程度上是一种幻觉，查尔斯·雷伊（Charles Ray）爵士的评论很好地展现了英国人忍耐和蔑视的态度，作为1930至1937年的驻地专员，他在1931年6月24日的私人日记中写道：他“上午十点来到召集全体部落参加的卡古塔会议。小蛇茨科迪（Tsekedi）前往北方调查了一些我们希望开采矿产的土地价值。我们希望通过贿赂反对者的方式，能够达成在他的保护区中开矿的‘交易’——一旦成功，这将是件了不起的事情。”[①]

尽管博茨瓦纳连同莱索托和斯威士兰高级专属辖区在经济上与南非合为一体组成南非关税联盟，但是将贝专纳兰并入南非联盟的努力在1920年宣布失败。直到1966年独立，博茨瓦纳仅能得到关税联盟收入中2%的固定比例，其后一段时间亦是如此。如果不接受这样的条件，这片土地就会被弃之不管，成为一块贫瘠的废弃沙地，没有值得一提的资源而沦为富裕邻国南非的劳动力基地。在整个20世纪30至40年代，像恩瓦

---

① 查尔斯·雷，N·帕森斯等人，我所调查的君主：贝专纳兰日记，1929～1937（哈博罗内：博茨瓦纳社会；纽约：L·巴伯出版社，1988）。

托人茨科迪·卡玛（Tshekedi Kama）这样的本土统治者一直在测试并抗议英国政府对他们内部事务的干涉，却一般不关注区域外发生的事情。由于上校雷伊（Colonel Rey）只关注矿山的利益，可以说钻石矿直到独立后才被挖掘可能也是一种幸运。因为钻石随后驱动这个国家创造出世界上最高速的经济增长率。

尽管因为距离遥远而对本地治安官并不重视，同时英国政府可能认为，至少就物质条件而言，前殖民时代和殖民时代并没有什么差异，但是欧洲的统治的确给博茨瓦纳社会带来了许多深刻的变化。例如，农业经济随着犁和耕牛参与农业生产而开始转型，可能也略微促进了一夫多妻制的解体。随着年轻的移民工人离开自己的妻子和社区前往南非矿山工作，劳动力的商品化促使家庭结构发生另一种转型，妻子通常被留在家中，在丈夫不在的时候实际上成为家庭真正的主人。许多时候，在传统经济模式中没有财产和地位权力的幼子返回家中，他们有能力对传统社会结构发出挑战，也有能力购买牛群。最后，基督教也被嫁接移植到他们的传统信仰和行为方式之中，导致了许多茨瓦纳人的宇宙观和世界观发生深刻的变化。

独立运动

组建政党并发出对英国统治不满的声音是在20世纪50年代后期才正式出现的现象。那时在里提勒·拉德特拉迪（Leetile Raditladi）领导下成立了仅存在很短时间的贝专纳兰联邦党。在1960年，莫茨阿米·姆弗（Motsami Mpho）和菲利普·马坦特（Philip Matante），南非非洲人国民大会成员以及反对种族隔离制度的积极分子，一起组建了贝专纳兰人民党

(BPP)。1965 年，姆弗离开贝专纳兰人民党组建贝专纳兰独立党（BIP)。这个组织在当时保守的茨瓦纳人眼中认为立场比较激进，它在 1962 年在恩瓦托酋长塞雷泽·卡玛爵士（Sir Seretse Khama）的领导下成立贝专纳兰民主党（BDP)。尽管卡玛爵士因为和一位英国女士结婚而受到来自他的一些追随者和某些英国社会阶层的政治和社会批评，贝专纳兰民主党(BDP）依然享有殖民地政府的支持。尽管卡玛宣布“放弃”自己的酋长身份（*bokgosi*）来领导贝专纳兰民主党，但是仍然有人指责他运用自己的传统社会身份招揽政治支持。在博茨瓦纳第一次全国选举中，贝专纳兰民主党赢得了最高立法会绝大多数的 28 个席位，其后的贝专纳兰人民党获得三个席位，而贝专纳兰独立党则一无所获。在 1965 年末，另一个政党，博茨瓦纳国民阵线（BNF）为了抵抗贝专纳兰民主党（BDP）而联合形成一个反对阵线。尽管国会依然被博茨瓦纳民主党(BDP）所控制，但是主要反对党，博茨瓦纳国民阵线（BNF）在 1994 年赢得了 40 个席位中的 13 个。但在 1999 年的选举中，形势发生逆转，博茨瓦纳民主党（BDP）获得 33 个席位，而博茨瓦纳国民阵线（BNF）则跌至仅剩 6 个席位。博茨瓦纳国会党目前占据一个席位。

文化问题

由于大约 80% 的人口是讲茨瓦纳语民族的后裔，他们是在 15 至 16 世纪开始分裂，另外有 11% 的人口是卡拉加人，从一方面来看，整个国家有一种信仰和习俗的一致性存在。然而同时，茨瓦纳人的习俗和信仰有时候依然与那些由小群体少数民族联盟构成的9%人口（例如，萨尔瓦人、姆布库舒人、赫雷罗人、叶伊人和苏比亚人）之间存在广泛的分歧。这样的社会环境将无时无刻不需要进行文化仲裁。在博茨瓦纳，除了最小的社区之外，所有地方都是多民族混居。历史和考古证据表明这种情况形成即使不到千年，也至少有几百年的历史。在博茨瓦纳西北部的几乎每一个社区，茨瓦纳人、赫雷罗人、姆布库舒人和叶伊人相互混杂在一起，并连同讲克瓦桑语的人们一同混居。这种情形导致的结果之一就是能流利地讲多种语言是很常见的事，人们也了解如何区分不同的文化信仰。例如，许多姆布库舒人非常熟悉祖奥斯人（*Zhu/oasi*）的舞步，尽管他们很少参与其中，多数的祖奥斯人能够讲一些赫雷罗语，茨瓦纳语和姆布库舒语，这取决于他们日常生活中接触最多的人群的民族构成。

博茨瓦纳的传统卡古塔会议具有多元本质，即使是最小的博茨瓦纳社区，它的社会机制也需要处理多民族环境的问题。因此，由此演化而来的政府管理系统有足够的能力在处理这些现存历史现实问题的同时，也能为少数族裔的言论自由提供保护。尊重民主，可能与茨瓦纳人人口优势同样重要，共同塑造了非洲最古老也是最稳定的民主政府。但是一个运转正常的多元民主制度的建立并不是一件简单的工作。如果要通过一个复杂的平衡法案，试图将博茨瓦纳的所有民族团结成为一个单一国家，同时使那些差异的文化表达和表现的权力得到尊重并扩展，那么还有许多问题需要解决。正如一位作者对目前困境总结的那样，从定义上来讲，少数民族和多数民族在博茨瓦纳并不具有数值上的意义。决定一个部落是主要还是次要的关键是，它是否属于赛茨瓦纳八个部落之一，它的语言是否属于八种赛茨瓦纳方言之一。例如，卡兰加人（Bakalaka）被认为是中部省最大的部落，但是它也被认为是一个少数民族部落，因为他们讲与赛茨瓦纳语无关的卡拉加语。叶伊人占恩加米兰省人口总数的40%……对比来看，巴塔瓦纳人仅占人口的1%，但是前者被认为是少数民族部落，而后者却是多数民族部落。巴塔瓦纳人统治着叶伊人，同时巴塔瓦纳的最高酋长在酋长议会中也同时代表叶伊人。政府并不承认叶伊人最高酋长的地位……莱特人（Balete）和特罗夸人（Batlokwa）都只有一个村庄的少量人口，但是他们都被认定为多数民族部落，他们的最高酋长在酋长议会中都有代表席位。这其中的基本规则就是赛茨瓦纳语族统治着所有非塞茨瓦纳语族的部落。少数民族的语言和文化是受到抑制的，在公共场合使用这些语言和文化也是被劝阻的。这些政策意在建立一个国家的统一体和一种国家文化身份。它们与主张社会同化者提出的模型完全一致。有一种观点认为，语言与文化的多样性对国家统一体来说是一个问题和威胁，这种观点使上述政策得到支持和固化。①

---

① L·恩雅缇—拉马哈伯，“博茨瓦纳的语言现状”，目前的语言问题1（2，2000）：第253~254页。

37

2　宗教与世界观

> 班图人生活中最重要的事就是宗教……宗教就这样充满人们的生活，它对班图人行为的规范程度以及对他们休闲生活的控制程度，远远超出欧洲人的想象。欧洲传来的唯物主义思想正在全方位地影响着非洲大陆，使班图人的生活发生断裂，但是要将班图人的生活世俗化却是几乎不可能的事情，因为他们不能接受生活中没有宗教，不能接受在人生的各个阶段里没有宗教的参与，他们需要宗教来将预言解释为世俗的语言。[①]
>
> 只有当索托—茨瓦纳人重拾过去的骄傲，像他们的父辈们行为、做事的方式一样，我们才能够评价在西方人意义上的“基督徒”如何能够穿越时代而延续至今。[②]

---

① 威廉姆·威洛比，班图人的灵魂：关于非洲班图部落神奇的宗教惯例与信仰的同情研究（花园城，纽约：两日，杜兰 & 公司，1928），第 1 页。

② 盖布里埃尔·塞提龙内，索托语—茨瓦纳人中的神的形象（鹿特丹：A. A. 巴克玛，1976），第 183 页。

传统宗教

宗教观念影响着博茨瓦纳人的基本行为方式，影响着他们如何看待自己，如何看待他们与家庭，朋友和邻居之间的关系，以及他们对日常生活的解释。在茨瓦纳人中——实际上大多数讲班图语的社会通常如此——传统宗教信仰经常能够预知现代社会中的事件，行为和实践。就像一个人呼吸着的空气一样，宗教的宇宙观和笃信祖先（*badimo*）也参与日常生活的观念是人们在理所当然的环境背景中展开生活，理解生活的一部分。无论是成功或是失败，健康或是疾患，具有魅力或是令人厌恶，富裕或是贫穷，个人生活的几乎所有方面都可以从精神层面来理解。这就说明了“祖先（*badimo*）会紧密地出现在日常生活的方方面面。”[①] 这给我们的启示是，好运与厄运出现的原因是在于人际间的，社区的和精神上的关系——邻居的嫉妒，祖先（*badimo*）被怠慢后的不悦，或是巫术（*boloi*）的作用。这样说来，一个人的良好状态并不仅是个人的事情，而是他与其他人，与祖先的灵魂甚至是与自然之间关系的综合作用。另外，社区的健康和存续最终也要受到每个个人社会行为的影响。那么对博茨瓦纳人来说，世界是由一系列社会，宗教和心理生理领域之间的关系所组成，这些关系复杂而不可分割，“如果所有人都按照和谐的基本要求来行事，那么所有人都能够获得最多的益处；这种和谐存在于人们，自然，祖先和

① 同上，第77页。

神（*Modimo*）之间。如果和谐被打破，这就是疾病产生的原因。”[①] 宇宙观和神灵的信仰是日常生活和惯例的核心，它并不是仅仅出现在特殊的宗教场所或仪式上。结果可能是，大部分博茨瓦纳人自认为是传统宗教的信徒。

大部分博茨瓦纳人可能会将自己描述为遵从传统宗教信仰的人，但是也有相当数量的人同时加入了某个基督教派。但是即使是最西方化的基督教教区也都会将传统仪式纳入其中，例如庆祝最初收获和祈雨，这样一些从传统惯例中转变而来的仪式。博茨瓦纳的教派可以分为两种基本类型：非洲人独立教派和五旬节教派[②]。非洲独立教派将圣经的教义与传统信仰结合在一起。这些教派中最受欢迎的就是犹太复国主义者基督教会（ZCC）。它禁止一夫多妻制，却允许支付聘礼（*bogadi*）。另一个例子是，一个名为雅各布·莫卡冷·莫茨瓦塞勒（Jacob Mokaleng Motswasele）的茨瓦纳人创立了灵魂治愈教派（Spiritual Healing Church），总部位于弗朗西斯敦以西的马奇洛杰（Matsiloje）。在个人的层面上，传统的宇宙观将一个人生命的过程视为一系列“重生”和变化的状态，这种“重生”和变化的状态通常与名字，服饰以及相应的权力和义务息息相关。对于灵魂治愈教派来说，接受洗礼后的女人要穿蓝色的裙子；白色的衬衫，帽子和鞋子；还要系上蓝色腰带。与古老的

---

① G. 恩提罗迪比—库兹瓦尼，班加卡（Bongaka），妇女和巫术，妇女的世界99：第七届国际妇女跨学科大会，第七组：性别化的过去，特罗姆瑟，挪威，1999，第5页。

② 基督教会的五旬节派强调圣灵的作用和《圣经》的绝对真理。

过渡仪式相类似，新的洗礼仪式，精神和社会重生和更新的仪式都是非常重要的，就像一个权威人物写的那样，

> 在传统的入门仪式上，通过丢弃旧衣服穿上新衣服的行为，即将成年者象征性地表现出他即将成为一个新人的事实。在基督教徒的入教仪式上，新教徒也要披上新衣，女孩子着白色长袍，小伙子着深色西装。特别值得注意的是女孩子在仪式后着装上的改变。在某种程度上，她们从穿着上学女孩样式的短裙变为“像成年人那样着装”，例如，裙子至少会长过膝盖。甚至连她们的举止，仪态，礼貌态度都发生变化，显示出她们已经完成了从童年到成人的转变。[①]

在19世纪初期，伦敦传教会和卫斯理传教会的传教士们就将一些最广为传播的教派介绍到非洲大陆。这些教派至今仍有大量的追随者。在殖民地时期，他们获得数量可观的外部资金支持，得以在全国四处兴建教堂和医院。[②] 这样一来，它们就能够吸引更多数量的信众。这些教派在中产阶层和上流社会仍然十分盛行，但是随着从殖民政府获得的资金越来越少，这些教派的信众人数在独立后大量减少，许多博茨瓦纳人开始寻找新的精神归属。目前，博茨瓦纳最活跃的两个教派是天主教

---

① 塞提龙内，索托语—茨瓦纳人中的神的形象，第189页。

② 这些医院包括荷兰归正教会资助的位于莫丘迪的DRM医院，位于卡内的SDA医院，还有塞罗韦的伦敦传教会医院。

和总部位于约翰内斯堡以西800英里的莫利亚（Moria）的南非犹太复国主义者基督教会（ZCC）。后者主要活跃在工人阶层中。在乡村地区，除了卫斯理教派，路德教派，和荷兰归正会教派之外，还有英国圣公会教派，基督复临安息日教派，还有大量小的犹太复国主义者教派和使徒教派。[①] 在过去的十年间，总部位于南非塞罗（Silo）的国际五旬节基督教派（IPCC）通过散发唱诗班音乐CD获得了数量可观的信众。妇女们穿着红、白、蓝三色的统一服装，从他们的总部莫丘迪开始四处公开宣扬一夫多妻制度。在主要的城镇中还有伊斯兰教，教友派教会，印度教还有伊斯兰教巴哈教派，这些教派的信众主要还是以侨民为主。尽管伊斯兰教传入博茨瓦纳的时间较晚，但是它逐渐在这个国家聚集了大量的信众。这种情形形成的部分原因是因为，与基督教相比，伊斯兰教与他们传统生活中的父系原则能够很好相容。在博茨瓦纳传统社会中，男人掌管着家庭和社区的权力结构。

在宗教世界统一体的另外一端，还有许多人笃信传统宗教中祖先灵魂的力量。这些宗教门派规模和具体信仰的内容差距很大，但都可以笼统地归为非洲传统宗教的范畴。在这样两级的信仰之间，还存在着许多差异极大的教派，它们在不同程度上将基督教信仰和传统宗教实践结合在一起，例如：启示、占卜、预言和神力治疗。有一些像犹太复国主义者基督教会（ZCC）这样的教派拥有数千名信众；其他的一些教

① “使徒教派”一词用来指称那些由获得先知神圣激励的人所领导和建立的教派。

派基本相当于一个家族的规模，教派由一个接受过“神梦”启示的人领导，“神梦”将揭示出日常生活背后的隐秘含义，或将《圣经》段落用于解决社会和经济问题。犹太复国主义者基督教会在总部莫利亚（Moria）有复活节朝圣活动，这是非洲最大规模的复活节盛事。整个非洲的教派信众一生中都需要至少参加一次这样的庆祝仪式，因此每年都有大量的博茨瓦纳信众参加庆典活动。整体而言，每年至少有二百万信众参与其中。

尽管茨瓦纳人经常将传统信仰加入其中，但他们的宗教和世界观并不是静止的，而是随着世界的变化而不断重新定义和转型。茨瓦纳人——事实上是非洲人——的宗教活动总是对接纳那些看似对日常生活有益处的新思想，新知识和新技术抱有开放的态度。就像他们在19世纪初期刚刚接触到欧洲传教士的时候一样，他们并没有马上排斥欧洲人和他们的基督教布道，而是希望利用那些被视为是信仰力量的传统结果：

> 由于茨瓦纳人认为在神圣世界和世俗世界之间并不存在明确的界限，这使得他们震惊于白种人的优点，知识和他们的技术……茨瓦纳人努力地通过学习掌握这些技术而获得能力……去发现他们隐藏的根本……说服欧洲人交出看似能够注入超人力量的“药物”，以及那些能够使他们（茨瓦纳人）掌握新技术，甚至能使其心灵得

到净化的药物。[①]

东部班图语族

博茨瓦纳居民中有80%属于某一个茨瓦纳部落，他们讲的塞茨瓦纳方言是东部班图语的一种，他们在大约1000年前搬迁至南部非洲。[②] 另外11%的居民讲卡兰加语，这是绍纳语的一种方言，这些人也属于东部班图语族，是在公元1000年之前来到南部非洲定居；目前卡兰加人集中居住在博茨瓦纳的东北部。居住在博茨瓦纳西北部的赫雷罗人，叶伊人和姆布库舒人（Mbukushu）讲着一种与西部班图语稍有关联的语言。讲西部班图语的人们最早在公元500年左右来到博茨瓦纳北部定居。[③] 另外一支讲西部班图语方言的人群是苏比亚人(Subiya)，他们居住在东北部偏远地区。以上这些族群的人们加在一起构成了博茨瓦纳人口的95%。可以想见，与博茨瓦纳人口中剩余部分的克瓦桑人（Khoisan）相比，他们传统的

---

① 约翰·科马洛夫和珍·科马洛夫，论启示与革命：一个南部非洲边界的现代性辩证法，第二卷（芝加哥：芝加哥大学出版社，1997）第77页。第二卷1997年版权属于芝加哥大学出版社。获得芝加哥大学出版社与科马洛夫夫妇授权重新印刷。

② 克里斯托弗·埃雷特，一个非洲的经典时代：世界历史中的东部和南部非洲，公元前1000年到公元400年（夏洛茨维尔：弗吉尼亚大学出版社，1998）。

③ 简·万斯纳，社会如何诞生：公元1600年前中西部非洲的统治方式（夏洛茨维尔：弗吉尼亚大学出版社，2004）。

世界观和宇宙观必然具有更加紧密的相关性。由于茨瓦纳人和卡兰加人占博茨瓦纳人口的大多数，本章将会更多关注这些人群，而对于西部班图语族和克瓦桑人进行简略介绍。

茨瓦纳人

在19世纪初期，像罗伯特·莫法特和他的女婿大卫·利文斯通这样隶属于伦敦传教团的著名人物，来到茨瓦纳人中间定居下来。起初，传教士们深信能够通过在教堂中的宗教"布道"和"聆听"来实现当地人以"智力的"方式的皈依。但是相比于语言来说，茨瓦纳人对行动更感兴趣，"很难参与到由布道者，聆听着和神圣真理组成的对话三角关系之中。"[①]出现大量皈依者的传教梦想消失后，他们开始转而寻求间接方法来获得人们对基督教（和资本主义）的皈依，他们开始涉入茨瓦纳人的日常生活并鼓励他们穿着欧洲的服装，模仿传教士的房屋建造正方形的房子，将他们的房子沿街顺序排列，街道边是"完全"按几何图形围起来的土地。换句话说，救济是从改变日常生活的物质生活层面开始的。面对传教士们的努力，茨瓦纳人拒绝，接受或改变自身信仰的程度因各自社会阶层，性别和年龄的不同而存在差异。最早的皈依者通常是那些希望获得现有政治和社会结构无法给予他们相应利益的人：一些从属民族或社会阶层的成员，在长子继承制度下被权利体系

① 约翰·科马洛夫和珍·科马洛夫，论启示与革命，第66页。第二卷1997年版权属于芝加哥大学出版社。获得芝加哥大学出版社与科马洛夫夫妇授权重新印刷。

边缘化的酋长幼子，还有重要的一部分人——妇女。

最主要的神是莫蒂默（*Modimo*），他的名字曾被认为神圣到不能被大声讲出来。这个词与表示祖先灵魂的词语巴迪默（*Badimo*）有关联，罗伯特·莫法特在最早版本的圣经中将巴迪默（*Badimo*）翻译为“鬼（devils）”，它能在灵魂和治愈仪式上“控制”人们。通过这样一种充满偏见的翻译还有对入门仪式与祈雨仪式的抨击，传教士们击中了传统治理体系的核心——管理，祈雨，规范播种和收获的季节，以及组织过渡仪式都被认为是酋长神圣的权力。雨和那些声称能控制雨的人——酋长（*dikgosi*）和名为巴洛卡（*baroka*）的祈雨专家——的文化重要性被早期传教士们认为是对基督教义的一种威胁。定加卡（*dingaka*）更多的是“进行精神激励”的传统医生（这一词汇来源于 *dinaka*，装满药物的小动物头上的“角”，他们会将其挂在脖子上），他们的权力也成为早期传教士们争论的话题之一。利文斯通在19世纪40年代在哈博罗内郊外的科勒彭定居下来，在他的《传教士的旅行》一书中记录了一段他与一位“巫医”的对话。在对话中，他和这位祈雨专家（*moroka*）都相信最终还是精灵或神负责造雨；但是他们对于落雨的功劳究竟属于神还是祈雨专家（*moroka*）这一问题存在根本分歧。在目前旱季结束种植阶段开始之际，祈雨仪式已被广泛地纳入到基督教或传统宗教教派的服务内容之中。在许多地区，收获仪式（*dikgafela*）在传统上是为丰收而感谢祖先（*Badimo*），现在依然在每年八月举行，每个家庭会将部分收获的粮食放在一个特殊的篮子里献给酋长。为了在干旱季节再进行重新分配，这些谷物会集中储存在“卡古塔”

附近。谷物（通常是高粱）被储藏在酋长管理的中心粮仓（*difalana*）里，一个月后酋长召集整个部落（*morafe*）参加祈雨仪式，在仪式上他会宣布：土地耕种正式开始。祈雨仪式以高粱作为献祭物的同时，通常还伴随有一些祖先“净化（*phekolo*）”或“治愈”仪式。在这些仪式上通常还会举行对祖先或神的祈祷。

“卡古塔”是一种传统法庭的集会。在19世纪，当传统医生通过超自然手段将冒犯的群体“识别”出来，对巫术的指控通常就会安排在那里进行。一些不寻常的事件，例如，跃起的闪电击中房屋或人，牛群生病，或是无数其他不寻常的问题，都会促使酋长和巫医去保护社区免受作恶者们的攻击。根据当地的民间传说，“施巫术的人”如果被发现的话会被丢弃到山洞中。这些山洞中有两个至今仍然很知名：卡内（Kanye）的卡古瓦卡古瓦（kgwakgwe）和莫莱波波莱的克莱波波莱（kobokwe）（利文斯通的山洞）。

但是在茨瓦纳人的观念中，宗教，治愈，巫术以及占卜之间的关系错综复杂。例如，巫术在某种意义上被认定为社区中的“不和谐因素”，一个传统医生（*ngaka*）不仅仅被认定是一个造雨者和巫术解除术，同时他也是一个信仰治疗者、探寻者、婚姻顾问和社会工作者的综合体。[①] 结果，体现非洲人思想和宇宙观的观念领域并不总是能够符合西方人熟悉的观念范畴。即使在传统医生（*ngaka*）范畴内，占卜者（如有错误，可更正，*dingaka*）作为能够用精神力量判定出疾病或问题原

① G. 恩提罗迪比—库兹瓦尼，班加卡（Bongaka），妇女和巫术，第5页。

因的人，和那些了解植物特性并能够依据或善或恶的目的（*e tshotswa*）将其应用的人，两者之间仍然是有区别的。尽管这两种人都是治疗者，但前者并不直接等同于西方观念中的“医生”。此外，进行精神激励的实践者通常被认为最有力量也最有效，因为他们能够对付那些不和谐，疾病或巫术（*bolwetse*）中隐藏的原因。

一种被称为桑格玛（*sangoma*）的精神预言者和治疗者也在博茨瓦纳变得极为常见。它起源于恩古尼（Nguni）人的习俗，但是这种习惯已经在南非采矿生活的复杂社会背景中获得高度发展。随着矿工们返回博茨瓦纳家乡，这种习惯就迅速散布开来，目前在哈博罗内城外就有学校可以入门学习这种知识和实践。宗教从业者的最后一种类型就是“宗教治疗者”或能够在基督教松散的类别下将占卜和治愈结合的预言者。在某些案例中，他们甚至会将圣经作为一种进行占卜预言的工具（*taolo*）。

有趣的是，尽管几乎所有的传统医生（*dingaka*［*ngaka* 的复数］）都是男人，但在目前的博茨瓦纳，妇女甚至白人都可以成为桑格玛（*sangoma*）。通常妇女会被挑选出来成为女巫或被认为与巫术相关联，这是由于这个国家的父权制度赋予男人更多的权力：（1）她们易怒，非常有可能滥用“伯克加卡（*bonkgaka*）”的权力来作恶；（2）她们是厨师，有可能通过向食物投毒的方式杀人或使人致病；（3）她们是负责接生的人，于是能够接触到人们身体的各部，尤其是出生后用于巫术的部分；还有（4）人们认为她们更柔弱，缺乏成为占卜者一预言者所需的社会特征。[①]

卡兰加人

聚居生活在博茨瓦纳东北部的卡兰加人对能够影响生者的祖先灵魂的力量有着非常类似的信仰，他们也同样相信在精神世界与身心健康之间存在必然的联系。他们认为祖先生活在地下的一片亡者之地中，他们在那里继续关照着生者。如果他们有些沮丧或者感到被怠慢，他们就会使生者患病以示他们的不悦。除了这些灵魂之外，还有一个名为“穆瓦利（*Mwari*）”或“恩格瓦勒（*Ngwale*）”的更高级的神，人们能够通过灵媒与之沟通。神灵通过干旱，疾病，或其他灾难揭示自身的存在，人们通过崇拜取悦他们，“穆瓦利”和祖先灵魂通常可以通过一个灵媒作为中介，在燃着烛火，放满钱和其他献祭物的圣地和山洞里开始对话。击鼓起舞通常用来召唤那些可能掌控参与者并通过他们来讲话和发声的灵魂。许多像泽祖鲁（Zezuru）一样的卡兰加人教派将对“穆瓦利”的信仰与基督教信条结合在一起，坚信治愈疾病的关键在于祈祷而不是药物。[②] 笃信祈祷的力量使得一些人抗拒政府的健康运动，例如，在最近2004年开展的小儿麻痹疫苗接种项目，情况就是如此。就像一位属于神的约翰纳教会（Johane Church of God）的男士这样认为，“当健康部门的官员和一些执法官员扑向我

---

① 同上，第10页。

② Zezeru是茨瓦纳词汇，用来指称这些讲绍纳语的人。那些生活在津巴布韦的人自称为Vapostori。

们，强迫我们的孩子接种防治小儿麻痹的疫苗的时候，我们完全惊呆了……先知教导我们如何通过祈祷来获得这种效果。生病的人通过祈祷就可以痊愈。那就是我们的生活方式，我们也将继续这样生活下去。”①

宇宙观

传统信仰的其他方面体现在人生的不同阶段之中：从出生到结婚终至死亡。属于男孩子的“博格维拉（*bogwera*）”和女孩子的“博杰勒（*Bojale*）”是最重要的两个过渡仪式，它们扮演着宗教和教育的双重角色。② 在过去，这些仪式将会持续数月之久，男孩子们还要接受割礼；女性的仪式并不包含生殖器切割的内容。在这些仪式的进程中，歌唱和舞蹈被作为一种指导性的媒介，使青年男女了解社会生活的责任。祈雨仪式在一些地区仍在举行，例如恩泽泽（*nzeze*）仪式就在莫瑞米乔治（Moremi Gorge）的瀑布地点举行，那里就在离帕拉佩不远的茨瓦蓬山区（Tswapong hills）。③ 另外一个祈雨圣地位于拉莫奎巴纳（Ramokgwebana）。尽管这两个祈雨地点非常有

---

① 赖德·加巴索斯，“因上帝之名”，梅吉—瓦—迪卡恩，2004 年 6 月 29 日。

② I·沙佩拉（I. Schapera），博格维拉，卡特拉人仪式（莫丘迪，博茨瓦纳：法塔迪寇波博物馆，1978；由博茨瓦纳图书中心发行）。也见 M. N. 莫索斯瓦尼，“关于莫丘迪‘巴加塔—伯—加—加费拉’人中启蒙学校的民族志研究（1874 ~ 1988）”，普拉：博茨瓦纳非洲研究报 15（1，2001）：第 144 ~ 165 页。

③ I·沙佩拉，茨瓦纳部落的祈雨仪式（莱顿：非洲研究中心，1971）。

名，但是在农民们需要雨水的时候，祈雨仪式就会广泛地在农村地区举行。

从最早的传教士时代开始，基督教，酋长权力和传统宗教之间的核心冲突之一就是，酋长有责任祈求祖先，有时候通过求雨专家（*moroka ya pula*）的帮助，给社区的土地和牲畜带来雨水，确保他的人民能够繁衍生息。即使在皈依了基督教之后，许多人依然认为保证降雨仍是酋长的责任。例如在20世纪30年代的那场严重旱灾发生之后，一个发言者在莫丘迪举行的卡古塔会议上声称正是基督教——尤其是教堂建筑本身——导致了无法产生降雨。其中一位参会者这样表达，

> 我们应该控制基督教，是它赶走了雨水；应该将教堂废弃，对不得不建造居所的人来说并没有上帝存在。我们尊敬你，Lentswe……是我们的救世主，我们的耶稣基督，保佑我们部落的造雨者（*moroka*）；如果现在在这里允许基督教存在，你简直就是否认了自己具有造雨的能力。[①]

另外一个例子是，妇女们起而抗议酋长莫勒非（Molefi）废止了祈雨仪式。她们将此事视为自己的责任，挥舞着棍子来到卡古塔会议上游行抗议。

> 一边歌唱一边舞蹈，并鞭打靠近的任何男人。在随后的早晨，她们来到莫勒非（Molefi）的家中……痛打遇到

① 同上，第19页。

> 的每个男人，男人们就纷纷跑开躲避她们。一到那里，她们又开始继续在院子里和院子边上载歌载舞，“院子表面被磨损，树枝散落一地。”第二天早晨，她们又来了。当天下午就下了很大的雨。她们中的大部分人返回家中。列伊涅克（Reyneke）先生在周日的教堂布道中将之斥为“异教徒的复活”。他对此非常难过；他说（前）酋长兰茨韦（Lentswe）曾经告诉他们要废止这些活动，但是现在他们看起来又退步了；妇女们是部落进步最大的障碍。①

目前基督教出现大量混合形式，现代先知和牧师将传统的祖先，神灵附体信仰与基督教教义的先知解释相结合，用以寻求建议，指导和精神激励帮助人们解决他们的问题。例如，艾滋病危机导致西方药物供应在农村地区迅速扩张，私人医院快速发展以补充公立医院之不足，教会和其他社会组织开展教育和健康项目，广播电视和报纸开始传播和印制与艾滋病相关的材料和建议。但是与此同时，由先知主持的祖先净化仪式出现一个伴随的复兴潮流，先知（*baporofiti*）声称能够和祖先的灵魂（*badimo*）沟通，请他们帮助治疗（*go alafa*）像艾滋病这样看起来超出西方药物的治愈范畴的疾病。随着人们开始寻找替代方法来帮他们战胜这种看似无止境的流行病，与艾滋病流行之前相比，路边摊售卖传统药物（*ditlhare*，字面意思是，“树或灌木”）的现象越来越普遍。由于西医药物治疗过于昂贵或无效，他们中有越来越多的人开始转头向祖先和具有神启

① 同上，第7页。

能力的先知来寻求解救之法。

由于艾滋病导致死亡的统计人数不断上升，由此产生了另一个基于传统信仰的影响。随着死亡出现了越来越多的精心策划的葬礼，越来越多昂贵的棺木，还需要有帐篷遮盖坟墓，再加上安慰生者的宴席，这些既用来向死者致敬，也强化了生者的社会地位。由于人们仍然广泛地认为祖先的灵魂是疾病和不幸的潜在原因，越来越复杂的葬礼筹备被认为是对死亡悲剧一种宇宙观平衡，结果这种“葬礼带来的繁荣”目前已经被认为是工薪阶层茨瓦纳家庭面临的严重问题。[①] 此外，现在的葬礼有时候看起来不像一个悲痛的活动，更像是一个展示财富和地位的场合。在20世纪早期，死者被包裹在黑色的牛皮中埋葬；人们仅仅准备无盐或其他调料的简单食物。而现在，除了要花费收入准备越来越精致的棺木和坟墓遮阴蓬外，葬礼上还要供应各种各样的调味食物。因此，宗教、宇宙观和日常生活之间的关系就包含了宗教，健康和心理的一种复杂而又时常矛盾的文化综合和转型。

西部班图语族

赫雷罗人、姆布库舒人、叶伊人和苏比亚人

和东部班图语族相似，西部班图人也敬畏祖先的灵魂，赫

① 另一方面，价格昂贵的棺材和葬礼花费也的确能够展现声望，一些人也认为细致展现对死者的敬意也能够带来经济和社会的益处。

雷罗人的祖先灵魂通常会靠近位于主场东边的圣火（*okuruo*）周围。祈求帮助或建议的祈祷对象通常是祖先的灵魂而不是神（*Ndjambi*），他们认为神是一个与云和天堂相关的遥远的形象。在某些地区，人们认为是神灵放置了石堆，经过的人们必须在石堆顶上加一块石头以示尊敬。[①] 博茨瓦纳东部也能够发现同样的石堆。

姆布库舒人、德谢雷库人（Dxeriku）人和叶伊人沿着水路居住在博茨瓦纳北部的奥卡万戈三角洲。[②] 与茨瓦纳人、卡兰加人类似，他们同样极为重视与祖先之间的精神联系。尤其是姆布库舒的造雨者以他们的造雨能力而闻名，对这样一群生活在干旱环境的农民们来说，雨是一件极为珍贵的商品。造雨者不但在本民族中享有举足轻重的宗教和政治权威，在茨瓦纳人和赫雷罗人那里也是如此。

人们相信身体和情感的健康都是精神的不同层面，传统的治疗者和萨满能够通过调节精神的或祖先的世界来影响治疗和

---

① 卡尔·汉，H·维德和L·傅里叶，西南非洲的本土部落，（开普敦：开普时代，1928）。

② 这些名字有许多种可选择的拼字法和拼写方式，尤其是那些有嗒齿音的单词和那些有多符号代表的单词更是如此。例如在“Dxeriku”中的“x”，可以拼写成 Dceriku，Diriku，Gciriku，Gceriku，Giriku，Niriku，甚至是 D/eriku，选择何种拼写方式取决于作者及其所遵循的拼字法。姆布库舒（Mbukushu）在某种意义上就比 Mumbukushu，Bukushu，Bukushu 和 Mbukuschu 这些用法都更为常见。叶伊（Yeyi）有时也会被拼写为 Yei。在所有情况下，由于不同语言之间前缀差异很大，与茨瓦纳与卡兰加的语言规则相一致，我们选择不使用班图语前缀“Ba-”来指称一个民族群体。

精神的平衡。这种观念在所有西班图语族中普遍存在，对东班图语族来说也是如此。在奥卡万戈三角洲地区，人们认为姆布库舒人和叶伊人的萨满具有特殊的力量，常常寻访他们寻求帮助。和博茨瓦纳其他地区一样，现代的宗教信仰总是与基督教元素相结合。在许多奥卡瓦戈周边的社区中，像犹太复国主义者基督教会（ZCC）这样的本土教派已经成为占统治性地位的教派。犹太复国主义者基督教会（ZCC）的服装非常独特。男人们穿着像警察制服一样的卡其布套装，戴帽子，还佩戴有银星，象征着教派正直和秩序的荣誉，女人们则穿着蓝色的统一服装。[①] 尽管实际情况总是存在例外，但是在理论上，犹太复国主义者基督教会（ZCC）成员不能抽烟，饮酒，赌博或有婚前性行为。作为一个宗教团体，他们目前是奥卡万戈地区一个重要的投票群体。

在奥卡万戈地区，叶伊人和姆布库舒人同讲克伊语（Khoi）的人生活在一起，他们有时被称为“河中的布须曼人（River Bushman）”，他们称自己为“布加—科维（Buga-khwe）”和“安尼科维（//Ani-khwe）”——“khwe”是克伊（Khoi）的本地表达形式，意指“人”。他们的传统生活方式

① 有人认为“茨瓦纳统治者们……面对欧洲人入侵而要寻找再次确认权威地位的时候，明令禁止仪式服装出现在公共仪式上。这种源于仪式性服装的潜能促成了许多茨瓦纳人充满热情的穿着那些后来源于同样目的引入进来的教派服装；也就是说，重新获得某种程度上对宇宙的统治力，它曾经受到外来武力的威胁。”约翰·科马洛夫和珍·科马洛夫，论启示与革命，第230页。第二卷1997年版权属于芝加哥大学出版社。获得芝加哥大学出版社与科马洛夫夫妇授权重新印刷。

就是捕鱼，加上狩猎和采集，他们的传统宗教信仰与克瓦桑语族非常接近，轻祖先而重魔神，崇拜自然世界的内在力量。

克瓦桑语族

克瓦桑语族（或在现代博茨瓦纳用法称，萨尔瓦人）可以分成北部，中部和南部族群。北部萨尔瓦人或称桑人包括祖奥斯（Zhu/aosi）族，他们居住在博茨瓦纳西北部，和安哥拉的空人（! Kung）关系紧密。中部克瓦桑语族包括奥卡万戈三角洲的布加人（buga）和安尼克维人（//Aani）人，沿着纳米比亚边境，祖奥斯人居住地以南的纳玛人（Nama），以及在中部喀拉哈里野生动物保护区的哈维人（G/wi）和哈纳人（//Gana）。[①] 中部克瓦桑语族的一些小民族生活在他们以东，沿着靠近马卡迪卡迪盐沼的博泰蒂（Botletli）河边居住。这些小民族包括丹尼萨那人（Denessana），德提人（Deti）和赫茨瓦尔人（Hietsware）。由于中部喀拉哈里省的克瓦桑语族人与加拉加迪（Kgalagadi）一起，占据了全国最干涸偏远的部分地区，他们在那里主要依靠狩猎，采集，牧羊或廉价的劳动力收入维持生计。在奥卡万戈地区的博泰蒂河沿岸，捕鱼也是生活在那里的人们一种重要的生存方式。在这些地方，克瓦桑人世代都受雇于茨瓦纳人，赫雷罗人和欧洲人，在他们经营的

① 茨瓦纳语中的“卡拉加迪（*Kgalagadi*）”。

农村放牧点承担放牧的工作。[①]

人们通常会将克瓦桑人与一种流行的认识——狩猎采集为生的石器时代生活——联系在一起。[②] 尽管某些克瓦桑人的信仰和行为方式与他们的班图邻居和监工存在差异，但其他许多人实际上却与他们在加拉加迪和其他地区的邻居分享着相同的价值观。一种已经消失了的克瓦桑人的宗教和艺术活动就是在露出地面和居所的岩石上描绘并雕刻动物和人的形象。描绘动物种类的个人化选择随着地区不同而存在差异，在南非的德拉肯斯堡（Drakensburg）山脉中，非洲旋角大羚羊和人物形象成为了岩画的绝大部分主题内容。在博茨瓦纳的措迪洛山区中，人物形象绝少被描绘，而像长颈鹿，非洲旋角大羚羊，犀牛，斑马和大象等动物则是更为常见的形象。[③] 在传统信仰中，除了斑马，大象和犀牛之外的这些动物都被认为具有超自然的治愈潜能和力量（*n/um*），萨满可以利用这种力量来治愈疾病，解决问题。尽管目前已经没有人进行宗教表演形式的绘画，但是人们相信这些画具有精神力量，于是有些人用石头轻敲而破坏了这些绘画，试图“激活”它们的潜能。有趣的是，

---

① 埃德温·威尔姆森，遍布苍蝇的土地：喀拉哈里的政治经济（芝加哥：芝加哥大学出版社，1989）。

② 马赛厄斯·冈瑟，魔神与出神状态的人：布须曼人宗教与社会（布卢明顿：印第安纳大学出版社，1999）。

③ A·坎贝尔，J·丹博，和E·威尔姆森，“像雕刻一样的绘画：措迪洛的岩画艺术”，收于争辩的形象：南部非洲岩画艺术研究的多样性，T·道森和D·里维斯·威廉姆斯编辑（约翰内斯堡：威特沃特斯兰德大学出版社，1994），第131~158页。

从事这种破坏性行为的人看起来主要是班图人，这表明在现代社会中，即使是古老的克瓦桑人的宗教符号也能够获得非萨尔瓦人的广泛承认，成为有潜能的宗教形象。

在喀拉哈里传播最迅速的药物或治愈歌曲就是长颈鹿之歌，还有太阳歌和雨歌。非洲旋角大羚羊歌曲（和舞蹈）用来庆祝丰收和年轻姑娘即将到来的成年礼。在这个舞蹈中，男人们一边将双手高举过头顶模仿旋角大羚羊的角，一边试图将年轻姑娘从“羊群”中分离出来。这首歌曲和雨歌一起将古老的语言词汇形象化表现出来，这些古老的语言词汇表明，歌曲的起源来自历史的深处。[①] 治愈的能力（*n/um*），与不同的两个造物主有关：“ = Gao N! a”或“ = Gaishi”。它们少人性，却能随心所欲地进行生杀予夺。第二个神，高瓦（//Guawa）与死者（//gauwa-si）的灵魂有关，也被认为会导致疾病和不幸。[②] 在中部喀拉哈里省，词汇的用法略有不同，造物主纳迪玛（N! adima）有一位恶神助手名为“哈瓦玛（G//awama）”，人们认为它和死者（G/ama dzi）灵魂一样会传播疾病和不幸。尽管茨瓦纳社会中广泛流传着对萨尔瓦人的偏见，人们却一直认为他们是有力量的治疗者和占卜者。在博茨瓦纳电视台转播的学校舞蹈比赛中，桑人的舞蹈也非常流行；一些本地的音乐家也将这些舞蹈放入自己的作品中。[③] 例

---

① N·英格兰，纳米比亚，博茨瓦纳和安哥拉的朱特沃思人和其他相关民族的音乐（纽约：加兰德出版，1992）。

② I·沙佩拉，南非的克瓦桑语族：布须曼人和霍屯督人（伦敦：G. 路特雷奇出版社，1930）。

③ 其中一队是由演奏者马克斯（Maxy）带领。

如莫格瓦纳（*Mogwana*）这样的一些萨尔瓦人治疗舞蹈也在哈博罗内和其他的中心城市表演，萨尔瓦人的宇宙观与变化中的茨瓦纳文化和行为方式紧密交织在一起。

药物舞蹈能够处理社会和医学问题，男人们彻夜舞蹈，进入到神智迷离的状态时还要同时唱起由野生动物命名的歌曲，他们能够从野生动物身上获得治愈的力量（*n/um*）。在某些地区，所有的成年男子都要参加这些治疗性舞蹈，每个人都会进入到迷离状态，但是强烈程度却是因人而异。在进入到神智迷离状态的时候，他们试图拔出由高瓦（//Guawa）和其他灵魂“射入”病人身体里的“疾病之箭”。在杭济（Ghanzi）农场和更多的定居社区里，这种人人平等，通过出神舞蹈进行的治疗逐渐让位于那些声称具有治疗知识和能力的“专家”；他们通常要为服务收取费用。①

宗教、治疗和援助

正如上文讨论的那样，以祖先为中心的宗教信仰渗透在日常生活的所有事情之中。这种观念为好运气、成功找到工作，甚至是学校里通过考试这样的事情都提供了语境相关的含义。但是从另一角度来看，人们认为超自然能力与不幸，生病和疾病这些问题紧密相关。从这个意义上说，在西方医学术语体系

① 马赛厄斯·冈瑟，“杭济省农场布须曼人中，作为社会变化中介的出神舞蹈者”，博茨瓦纳笔记与记录 7（1975）：第 161 ~ 166 页。对于布须曼人宗教更为完整地讨论，见冈瑟，魔神与出神状态的人。

中由艾滋病导致近十年出现的广泛死亡现象，在许多人的观念中可以被视为由巫术、魔法和祖先的不悦而导致的结果。结果，出现了一群与传统的个人启示并无太多关联的治疗者，他们声称能够治愈西方医药力所不及的疾病。就像一位治疗者所言，“祖先（*badimo*）代代相传。正是他们才使得西方的药物得以发挥作用。如果没有祖先（*badimo*），任何医院都无法治愈病人。”[①] 其他像古塔—拉—莫瓦力（Guta Ra Mwari）这样的古老教派也声称能够通过占卜式的治疗治愈艾滋病，小儿麻痹和其他一些疾病，他们甚至还会不时到博茨瓦纳国会去宣讲。[②] 有些人认为应该将这些传统治疗者纳入到对抗 HIV/艾滋病的斗争中，但是实际上如何实施此事却由于传统治疗者派别众多而变得非常复杂，而且事实上许多治疗依托的教派和团体被利益和权力驱使，他们并不准备接受政府的规范和监管。由于一些治疗者经常使用切开皮肤将药物塞入的方法进行治疗，因此提高卫生水平也是人们的担忧之一。过去他们可能会让多个患者共用刀片，增加了传染性疾病的感染几率。通过教育性的倡议，目前大多数医治者会在会诊治疗时佩戴一次性的乳胶手套。然而许多患者在绝望之际会拒绝现代医疗知识和措施，转而向祖先寻求帮助；通常就是这些获利的预言者（*baporofiti*）。

① 对莫特菲拉·莫拉图（Motofela Molato）的采访，库布—拉—丁查（Khubu la Dintsa），2002 年 7 月。

② 博茨瓦纳每日新闻，2001 年 11 月 27 日。

3　文学和媒体 55

牛的赞美诗

父亲的沉重木碗
每当我用它吃饭，心中喜悦
因为它是父母的碗
盛装鲜美牛肉汁的木碗
我们家中可爱的牛啊
一只，独自，就是甜美
丢掉一只，仅仅一只，却是忧伤
暗色，蓝灰色的牛——被剥夺了睡眠的你
有许多斑点的牛
发出悦耳声音的你
武器中最强壮的你
液体食物的调制机

上帝，有个湿鼻子[①]

当班奎娜［昆纳人］要展现他们认为重要或英勇的事迹时，他们会介绍大量与上述内容相关的事实或假想的事实，结构出一个命运环境的历史。他们在不同的场合下念诵这些诗句，独自一人，或结伴而行，或在卡古塔（*kgotla*，或为 pechos，*dipitso*）会议上。当他们彼此争执时，他们通常会通过背诵完整的作品来平息争吵……通常来讲，伟大的武士和猎手最经常发表演说，以最大的喜悦和魄力将它们念诵。他们争论的习惯是让辩论的一方重复这段词句，然后换另外一方。首先一个人讲，随后重复；然后重复者又开始讲，后面的发言者再重复。[②]

直到不久之前，几乎所有能够获得国际认知的关于博茨瓦纳的诗歌和文学作品都是由那些到这里参观、工作或寻求避难的人们用英语写作的。著名小说家贝西·海德（Bessie Head）（1937～1986）有时被誉为本土的托尔斯泰或高尔基，她从小因为混血身份而在种族隔离的南非遭受迫害，为避难而来到塞罗韦的村庄中寻求庇护。[③] 就在最近，亚历山大·麦考尔·史

① H·艾弗森，黑暗之心的思想：南部非洲茨瓦纳人的价值观和自我认同（新港，康涅狄格州：耶鲁大学出版社，1978），第125～126页。

② 安德鲁·史密斯（1835）引自I·沙佩拉，茨瓦纳酋长的赞美诗（牛津：克拉伦登出版社，1965），第3页。

③ 摘自B·海德作品，珍宝收藏家，和其他博茨瓦纳乡村传说（伦敦：海涅曼教育出版社，1977）一书的封面题记。

密斯（Alexander McCall Smith）的小说《第一女子侦探社》（*The Ladies No. 1 Detective Agency*）和其他作品描写了他心目中的女英雄——可爱的拉莫茨瓦（Ramotswa）的侦探历险，这些小说使得博茨瓦纳闻名于西方世界。[①] 海德的作品经常充斥着黑暗的社会批评，尤其针对非洲妇女的日常斗争，但是麦考尔·史密斯的作品却展现了博茨瓦纳文化中轻松的一面，中产阶级领导者在现代城乡格局中通过某种策略获得一种性别和习俗的调和。这些书籍燃起了人们对博茨瓦纳文化和旅游的极大兴趣，现在一些游猎旅行线路的广告语就是，游客们可以"来到总统饭店的阳台上饮茶，那里是可爱的拉莫茨瓦与未婚夫马特科尼初次见面的地点。"新近的一些小说，像尤尼提·道（Unity Dow）的《欺骗的事实》（*Juggling Truths*）和《遥远与超越》（*Far and Beyon'*），作者作为博茨瓦纳首位也是唯一的一位女性最高法院法官，为读者认识成长中的博茨瓦纳提供了一个局内人的视角。她的书特别善于运用大量本地特色的文化细节，让我们能够认识到家庭，社区和宗教是如何塑造那些在日常生活中纠缠于现代与传统之间的个体。

在博茨瓦纳被称为"赞美诗歌"的口头文学具有很长的历史，这并不为外部世界所熟知，尽管有时它并不是赞颂，一些内容在严格的西方诗歌定义中也缺乏固定的段落和固定的诗

① A·麦考尔·史密斯（A. McCall Smith），第一女子侦探社，（开普敦：D·菲利普，1998）。也见 A·麦考尔·史密斯（A. McCall Smith），漂亮姑娘们的道德（纽约：船锚出版社，2002）；长颈鹿的眼泪（纽约：船锚出版社，2002）；和喀拉哈里男子打字学校（纽约：万神庙出版社，2003）。

歌韵律。可能是由于其中有复杂的隐喻和细节的历史指代，南部非洲赞美诗在通常的非洲口头文学研究中经常被忽视，它通常“容易被忽略，或……仅仅以‘简略形式’被提及，将如此详细和冗长的诗歌这样归类是非常奇怪的一种方式。”① 然而在19世纪初期，这些作品具有强大的修辞力量，它甚至能够用来解决武士之间的争斗。

茨瓦纳语的书写体也有很长的历史，可以追溯到罗伯特·莫法特和他的女婿大卫·利文斯通在1830至1857年间出版的旧约和新约的圣经译本。莫法特把他自己的印刷出版社也带到了位于库鲁曼的传教站，库鲁曼属于贝专纳兰保护领地的一部分。他在那里用茨瓦纳语出版经文课本还有福音书的最初译本。他还在1857年出版了约翰·班扬的《天路历程》（*The Pilgrim's Progress*）、一本赞美诗，还有一本茨瓦纳字典。到19世纪末期，教会出版社已经广泛发行了茨瓦纳语的圣经手册和故事集。

尽管这些著作代表了部分最早以非洲大陆语言出版的圣经和其他西方经典译本，但是对于那些希望通过印刷形式，或广播或电视来传播著作的新近作者来说，决定使用英语还是本土语言写作依旧是一件令人困扰的事。语言及其与身份之间的关系深深地根植于日常生活的政治范畴。在世界的大多数地方，事情都是这样，但是非洲尤甚，这里的国家通常包括几十种讲本土语言的人群。茨瓦纳诗人巴罗隆·塞卜尼（Barolong

① R·H·芬尼根，非洲的口头文学（伦敦：克拉伦登出版社，1970），第121页。

Seboni）就曾这样表达语言的复杂性：

> 我敏感地意识到非洲作家们对于语言问题的讨论使他们两极化地分为两个阵营；一部分人认为应该忠诚于我们的母语，另外的人认为英语和其他语言相比已经成为我们的语言；这是我们的历史（尽管是殖民地的）遗产的一部分。两个阵营的代表分别为：［尼日利亚作家齐诺瓦（Chinua）］阿奇贝（Achebe）代表接受英语的一派，操控它并在他的本土伊博人中使用它，另一派的代表是［肯尼亚作家］恩古奇（Ngugi［wa Thiong'o］）拒绝使用殖民地语言并号召进行激进的去殖民化运动……我的经验就是……［非洲人的］声音应该通过写作这种创造性活动翻译成另外一种语言。[①]

就像塞卜尼所言，权力和权威问题深切地体现在语言的选择中。本章谈论的大多数作品或是用英文写作，或是已被翻译成英文。但是塞卜尼的观点仅包含语言应用策略的一个方面。例如，政府控制的报纸《博茨瓦纳每日新闻》和其他政府出版物只使用茨瓦纳语和英语两种语言。博茨瓦纳广播电台和电视台也同样只使用这两种语言。对卡兰加人、赫雷罗人和其他少数民族来说，他们几乎没有什么选择，只能用这两种语言写作和创作。政府指定的非英语课本订单中只有茨瓦纳语课

---

① B·塞卜尼（B. Seboni），“我为何写作与我写什么”，http://www.uiowa.edu/-iwp/EVEN/documents/SeboniWhyIWrite.pdf，第2页。

本——没有其他本土语言的官方课程。政府和私人出版社最终所面临的财政现实就是，对博茨瓦纳其他语言资料的需求量太低而导致出版无法获利。在博茨瓦纳政府出版物，广播和电视中，英语是主要语言，其次是茨瓦纳语，这就使得为了促进国家团结而付出牺牲更加令人信服，在这种形式中，“语言帝国主义穿透这些不以赛茨瓦纳语为母语的部落的社会经济生活”。[①] 在国际舞台上，获得关注和认可的博茨瓦纳作者大部分都是用英语写作；在国内，茨瓦纳语的声音在某种意义上更容易获得出版和传播的机会。

口头文学

远在欧洲人到来之前，博茨瓦纳人就已经创造出多种口语的和视觉的表达形式。部分南非的岩画艺术可以追溯到大约3000年前，画作充满了视觉本义和隐喻的图形和绘画的表达。[②] 在篝火旁讲述千年的故事无疑描绘并设定了许多画作内容的背景。这其中有萨满寻求超自然力量的帮助来使社区受益

---

① L·恩雅缇—拉马哈伯，“博茨瓦纳的语言现状，”语言的文化问题1（2，2000）：第254页。

② J·D·里维斯—威廉姆斯，信仰与观看：南部桑人岩画的象征涵义（伦敦：学术出版社，1981）。A·坎贝尔（A. Campbell），J·丹博（J. Denbow），和E·威尔姆森（E. Wilmsen），“像雕刻一样的绘画：措迪洛的岩画艺术”，收于争辩的形象：南部非洲岩画艺术研究的多样性，T·道森（T. Dowson）和D·里维斯·威廉姆斯（D. Lewis-Williams）编辑（约翰内斯堡：威特沃特斯兰德大学出版社，1994），第131~158页。

的故事，更多的是寻常的狩猎历险故事，他们甚至还创造出一些以动物和人为主人公的事迹，来描述嫉妒，贪婪，虚荣和欺骗这些通常被南部非洲人民归类为“人类天性”的普遍特点。

赞美诗

在19世纪，赞美诗（*maboko*）不仅仅为酋长和社会上层人士而创作，它们几乎也是为所有人而创作，同时几乎所有人也都可以创作它。例如，创作一首个人的赞美诗是所有年轻的男学员在启蒙学校（*bogwera*）期间必须完成的工作之一。正如大卫·利文斯通记载的那样，“每个人都要创作一首名为‘雷纳（*leina*）’或其他名字的自我赞颂的演说，并能够极为流利地重复它。”[①] 结果，生活在一个半世纪以前的大部分年轻男子“都很熟悉写作和诵读赞美诗的艺术（就像英国的学生曾经被广泛地教授写作希腊语和拉丁语诗篇一样)。”[②] 创作诗歌并不仅仅是为了奉承当权者和纪念伟大的勇士和猎人的英勇和技术，同时也描写了矿山工作的经历或其他男人们希望夸耀的历险。[③] 在一个男人一生的时间里，他将不断向启蒙学校期间创作的“雷纳（*leina*）”中增添内容，最终诗歌化的自我表达是“获得正式成年人社会品格的必备条件。”[④] 那么，一

---

① D·利文斯通，南非的传教士旅行和研究（纽约：哈珀和兄弟出版社，1858)，第147页。

② 沙佩拉，茨瓦纳酋长的赞美诗，第3页。

③ 例如，2001年当地酒吧中的热门歌曲之一是一首赞颂歌曲，内容是围绕着J·丹博（J. Denbow）位于博苏茨维（Bosutswe）的考古洞穴展开。

④ H·艾弗森，黑暗之心的思想，第194页。

个“赞美诗歌的名字”就是“一个人需要仔细思虑的事情，因为它将不断地受到自身言行以及他人对其言行的影响。”[①]

由于直到20世纪初期，赞美诗一直是最重要的口头文学形式，诗节随着时间流逝逐渐被浓缩或被遗忘，纪念古代酋长的赞颂诗篇也就变得越来越短。口头形态的另一个表现侧面就是，人们倾向于在公共集会上表演它们，发言者和观众之间的互动是公共集会上的一个重要因素。在吟诵的过程中，诗节的顺序——甚至它们每个确切的用词和它们押韵的性质——都随着发言者围绕主题的即兴创作和表达而改变，这与现代爵士表演者随音乐即兴演出非常相像。[②]

许多诗人将日常谚语，格言和俗语的创造性参考资料编织进它们的诗节中，由此激发出多重层次的意向和含义。一些诗歌的历史的和隐喻的特性，尤其是一些赞颂古代酋长和其他文化“英雄”的旧诗，令现代听众甚至是朗诵者都极其难于理解。赞美诗依然会在酋长——或总统——就职时被念诵，诗人作为人民的代表可以利用这一场合来传递信息。模糊的暗示通常会被省略，就以曾经在1848年至1874年之间统治“卡古塔”的酋长卡加玛耶尼（Kgamanyane）为例：

① 同上，第195页。

② 在许多社会中，口头文学的表演都是一项重要的技能；即使是荷马史诗，伊利亚特和奥德赛，被记录在纸上之前，也是通过口头念诵和表演代代相传。

家的事情

威风的慢行者，
年轻的乌龟，避开燃烧的草。
我是谁能够躲避燃烧的草？
它们就像是一直以来给予我的欢呼，
山上的草闪着光。
我避开持斧的男人，
手持棍棒的人我并不闪躲；
他一旦出击，我就后退，
年轻的乌龟，我缩回自己的壳里。①

“乌龟”就是卡加玛耶尼的名字之一。这首诗的第 6 行和第 7 行写的是布尔军队在南非将他俘虏时所发生的一件事。他们把他带到一个房间试图殴打他。为了保护自己，他钻到了桌子底下，就像乌龟作为保护手段缩回它的壳里一样。燃烧的草发出的闪光落到四周是否指的是布尔人骑兵的侵扰，还是指他自己人民带来的困扰，或者两者都是，这到目前仍不明确。

除了那些赞颂勇敢和智慧的诗篇或关于民族冲突和内战的诗歌以外，还有更多诗歌是批评性的而不是颂扬的，就像这首关于 1929 年就职担任卡特拉人酋长莫勒非 · 卡非拉（Molefi Kgafela）的诗歌所描写的那样。他的任期由于冲突和国内政治纠纷而受到影响，这首诗最开始的一节就批评他将陌生

① 沙佩拉，茨瓦纳酋长的赞美诗，第 75 页。沙佩拉将这首诗献给卡加玛耶尼（Kgamanyane）本人。

人——大概指欧洲商人——的需求置于他自己人民的利益之上，人民希望他能够提供生活的基本保障——整洁、完好的城镇和充足可供食用的食物：

废弃家园的守门人
他母亲古老废墟的卫士
莫勒非（Molefi），清扫城镇不能拒绝
老人们可以去向清洁的地方
填满空洞把他们堵住；也要把石块粉碎
他们将我们绊倒并总是让我们露出脚趾
当我们来到酋长的领地
他撵走了主要的野兽
长着巨蹄的公牛
它的蹄能够装满承装食物的碗
这个碗能够装满仆人的碗
这样仆人就有食物可吃还能剩下一些
莫勒非（Molefi）没有残杀大公牛
他杀死了年幼的公牛和怀孕的母牛
他杀死了小牛犊
这样老人就可以以胚胎为食
他关心那些住在遥远地方的人们
他也为陌生人奔走
首先给陌生人食物
随后他才给本地人
人们饥肠辘辘地从酋长那里回来

从酋长伟大的庭院里回来。[1]

一首现代的批评性诗歌批评了卡拉卡迪省的酋长托托（toto）允许欧洲人在他的地区施加过多影响。引用唾液和“乳汁”表明诗人怀疑“白种人”对他施加了魔法：

Nna tota kare o loilwe
O loiwe ka more wa Makgowa
Ba go siela mashi ka dikomoki
Ba go kgwela mathe ganong ba go ithatisa[2]
[就我个人而言，我想你已经被施加了魔法
我说你已经被白人的药施加了魔法
他们给你装在杯中的牛奶［奶状的物质］
他们将唾液放到你的嘴里，于是你就按照他们的喜好而行动]

过去，妇女很少拥有政治声望，也没有关于她们的赞美诗。但是这种情况随着博茨瓦纳妇女逐渐开始在社会中拥有更

① 摘自写给莫莱非·卡非拉（Molefi Kgafela）（1909～1956）的一首赞美诗。他的统治由于行为不当而受到指责，贝专纳兰保护领地政府将其废黜多年。这首诗是由克拉斯·赛格格瓦尼（Klass Segogwane）创作，在莫莱非成为酋长后不久，在1931年的卡古塔（kgotla）会议上被初次念诵。沙佩拉，茨瓦纳酋长的赞美诗，第112～116页。

② K·莫加匹，恩格瓦—亚—塞茨瓦纳（哈博罗内：曼珀迪出版社，1986），第76页。由于众所周知的原因，这首诗的作者并没有留名。

杰出地位而发生改变。下面这首赞美诗中的一节就是一个特例，它向博茨瓦纳最受尊敬的政治家之一加茨韦·切佩（Gaositwe Chiepe）致敬，他曾是前任矿产资源和水务部长：

Kana Botswana bare mosadi ga a ke a bokwa
Ba re bonatla jwa mosadi e a bo e le sope-le-wele
Tota MmaChiepe ene o natlafetse rotlhe re mo labile
O supile bonatla jwa gagwe ka go dira meepo
Mme le jaana ga a ise a fetse①
［茨瓦纳人说女人不能被写进诗里
他们说她辛苦的劳作就像是一个破损的牛栏
但是切佩（Chiepe）小姐辛苦工作却很成功，正如大家所见
她通过建立矿厂展现她的优秀工作业绩
直至目前，她仍在继续］

现在，启蒙仪式已经不再举行，诗歌演讲和赞美的艺术也没能成为西方化的学校体系中的一部分。但是，茨瓦纳人还是赋予公共演说以极高的价值和城市荣誉。讲话流利，能够用比喻和诗化的语言表达思想，还有行为和祈祷的能力被认为是博茨瓦纳文化习俗最重要的组成部分之一。就像一位作家优美地形容道，“茨瓦纳语言是其文化的粮仓”（*pou ya Setswana ke*

① 同上，第73页。

sefalana sa ngwao ya Setswana)。[①]

民间故事

民间故事对所有博茨瓦纳人来说都是一种重要的娱乐和教育形式。许多故事和传说几乎具有跨越文化的同一性，其他的故事即使讲述方式不同，也拥有相似的主题。在讲班图语的民族中，多数的故事都有一个道德的或说教的角度，讲述像野兔这样的动物是多么聪明，尽管可怜，看上去毫无权势，却能运用他们自己的智慧战胜困难。在这样的传说中，鬣狗通常被视为是愚蠢而懦弱的形象，布尔人（白人，讲南非荷兰语的南非人）则被描绘成残忍的人。一些当权者认为这些传说所暗含的结构代表了一种试图解决社会中潜在的内部冲突和矛盾的努力——“内心精神体验是贯穿人类历史的人类特征。”[②] 而其他人则认为歧视，殖民主义，城镇化和现代化导致普遍的日常冲突，而传说为处理并抵抗这些冲突提供了有用的概念化比喻。克服挫败并获得成功的方法就要采用下面的方法，“表面的一致和驯服，像是罩在诡诈的或谨慎的策略性思考之上的一个面具…… [在] 这个世界里，不道德的社会力量与机会和风险通过诡计和机会主义碰撞在一起……恰好就是动物童话和骗子成为英雄的世界。”[③] 就像一位老人用简单地语言所讲述

---

① 同上，第 48 页。

② H·艾弗森（H. Alverson），黑暗之心的思想，第 56 页。C·荣格编辑，魔神：关于美国印第安人神话的研究（纽约：美国哲学图书馆，1956）。

③ H·艾弗森（H. Alverson），黑暗之心的思想，第 210 ~ 211 页。

的那样，

> 人们把这些故事讲给孩子们听。他们就是把这当做娱乐而已。但当我们生活在城镇中，我们有时候不得不像兔子先生那样做。我们茨瓦纳人口规模很小；所有人都在追捕我们；有时候“小诡计”（*ditrikinyana*）是我们生存下去的唯一方法。我们告诉我们的孩子在城镇中应该如何生活。但他们必须经常变成流氓，就是去吃。欧洲人已经被惯坏了。这里没有人性，就好像兔子和他的朋友一样。①

许多民间故事讲述骗子的故事，特别是野兔或兔子，就像是最初古老的失败者和“骗子”运用智慧和聪明诡计克服逆境的故事一样。尽管这样的表现具有娱乐性，它们也强化了传统价值观，解释了文化生活中的变化，在动荡的年代为大家树立了勇气的典范。就像一位父亲劝告他的年轻女儿一样，“好吧，你必须要仔细听我说，因为在我的故事里，在所有人的故事里，总是有经验存在。你如果错过这个经验，那么你可能也捂住了耳朵没听到这个故事。”②

许多故事里都有道德教化，但是讲故事依然是家庭娱乐一种常见形式，尤其是在那些图书馆，广播，电视设施都很落后的农村地区。讲故事是一项重要的技术，有时可以在孩子成长

---

① 同上，第209页。

② U·道（U. Dow），欺诈的真相（北墨尔本：三齿稃出版社），第130页。获得作者的许可由三齿稃出版社再版。

过程中教授给他们。尤尼提·道在下面的篇章中捕捉到这一过程，祖母在教授她的女英雄，内（Nei），讲故事的正确技巧：

“内，我已经给你讲过很多次这个故事了。实际上，我有一个想法。为什么你不给我讲一遍这个故事呢？我们来听听你是不是一直在听我讲。”

“奶奶，这不公平。我怎么能够讲你的故事呢？我不可能把它讲好。”

“总有一天你要把这些故事讲给你自己的孩子们听。这就是给你一个练习的机会。所以告诉我关于钥匙的故事，如果你能把故事讲好，我会在你不上学的星期六打开箱子，告诉你那里面都有些什么。”

我捧了一手温水跑到她的背后开始讲，“我的祖母有一把棕色的钥匙挂在腰间……”

“不，内，你必须从头开始讲。”

“让我重新开始，Nkoko，我的祖母是一个年轻漂亮的女人。她的名字叫做莱莱加桑（Lelegaisang），意思是最伟大的爱……”

我打断她问道，“奶奶我讲的对吗？”

“是的，我孩子的孩子。想象你正在给自己的孩子洗澡。她只有六岁，也从来没有见过我。早在她出生前很久，我就已经去世了。你会告诉她什么？要记住，这是一个很长的故事，不能一口气讲完。你讲故事绝不要仓促，否则她就不会认真对待此事。”①

大部分的农村家庭仍在户外星光下的篝火旁吃晚饭，晚饭后，炊具被清理干净，火堆上再添上一些柴火，这块区域就成了生动表演的一个火光闪烁的舞台。讲故事的人起身来到火堆旁，一边讲他的故事，一边模仿故事中人物，动物或其他角色的动作，声音和行为。除了讲一些去遥远地方旅行或遭遇到野生动物，教师或欧洲人的真实故事之外，这个时刻也是一个讲述有关鬼，巨人，飞蛇和其他超自然生物传说的时候。这些超自然生物的故事就是通过描绘那些打破社会规则的人的遭遇来激励孩子和父母的善良和道德的行为。②

例如，萨尔瓦人有一个关于斑驴（quagga，斑马的一个稀有品种）和豺（jackal）结婚的故事，这个故事希望传递的信息是，个人应当和自己的同类呆在一起或结婚——在这个例子里就是，食草动物和食草动物，食肉动物和食肉动物。但是听众们并没有错失故事所具有的更广泛的寓意。这个19世纪的演绎被设定在一个世界刚刚开启的虚构时代——地球上的石块还是柔软的，“动物和人类的身份被合二为一。”③ 故事这样

① 同上，第113页。获得作者的许可由三齿稃出版社（Spinifex Press）2003年再版。

② 例如关于卡瓦亚佩（Kgwanyape）的故事，雨蛇，见I·沙佩拉（I. Schapera），茨瓦纳部落的祈雨仪式（莱顿：非洲研究中心出版社，1971），第35~42页。

③ M·比塞尔（M. Biesele），肉一样的女人：喀拉哈里朱罗安人的民间传说和搜寻思想（印第安纳波利斯：印地安那大学出版社，1993），第33页。

开始，

> 一头和豺结婚的斑驴把她自己的一部分肝拿出来她的一个孩子吃。一只乌龟偷走了这片肝，把它拿给老豺们。老豺们津津有味地吃掉了它，并宣布他们的亲戚和肉结婚了。当斑驴的丈夫来到他们中间，他们对这只豺说，他和一头斑驴结婚，他应该杀了他的妻子。于是豺就在一些尖利的骨头上涂满毒药，藏在他的小屋里，他还催促妻子躺在上面。她被骨头刺破，毒药迅速生效。斑驴带着孩子来到水边，试图在死前喝些水。喝完水，她就倒在水边，豺很快就寻踪而至，将她剥皮，切块，放在一口大锅中烹煮。但是斑驴的女儿却爬上伸向锅顶的大树，她看着下面发生的可怕情景，眼泪落到锅上，将它劈开。尽管豺们对这明显无法解释的破裂感到震惊，但还是继续吃完了所有的肉。女儿随后跑到母亲家族，告诉他们发生的事情，这些老斑驴们假装进行礼节性的拜访，等待时机就将那只豺丈夫踩踏而死。①

其他的民间故事也为世界为什么会成为今天这个样子提供了解释。例如，一个来自措迪洛山的萨尔瓦人的故事就讲述了人类的繁衍是如何开始的。神话围绕着山中的一块岩石——性爱之地（*N/u//goridao*）而展开：

① R·休伊特，南部桑人叙述中的结构，意义和仪式（汉堡：H·布斯克出版社，1986），第112页。

在大地的早期，人们也都是年轻人；他们不会变老也不会生育。一天，三个女孩子爬到山上从一口名为“奥克佳（/*hokgam*）”——药口的井中取水。在她们回家的路上遇到三个男孩子，是神让他们来与她们相会。神告诉这几个男孩子，他们必须要和女孩子们发生性关系，这样就会出现生命和死亡。他们都不了解性，于是神把塑成型的石块放入三个女孩的阴道中，告诉他们应该怎么做。[①]

另一个在中部喀拉哈里地区广泛流传的故事“解释”了为什么一些萨尔瓦人拥有牛群很长时间，而其他人却直到不久前还一直是以游猎采集为生。尽管这个版本的故事在表面上涉及到了历史事件，故事的其他版本表明它就是那种“就是如此”的故事，它解释了不同的人群——劫掠者和放牧人——如何能够来自同一种族。一位非常年长的德提（Deti）老人布莱·赛格斯（Braai Segaisi）住在茨恩雅尼（Tsienyane）的博泰蒂河（Boteti）河岸边，他的故事版本是这样描述的：

曾经有两兄弟，名叫措姆·措姆依（Tsum Tsumyei）和克罗·盖（Choro Chai）。克罗·盖是哥哥，措姆·措姆依是弟弟。一天他们外出打猎，听到一阵旋律优美的声音。他们轻轻的前进，穿过森林去查看到底是什么发出了声音，当他们来到一块林中空地，他们在那里看到一些漂

① 摘自埃德温·威尔姆森（Edwin Wilmsen）写给J·丹博（J. Denbow）的电子邮件，2005年6月9日。

亮的动物。哥哥克罗·盖说，“我们不要伤害他们。我们为什么不建个围栏，把这些动物圈在里面呢?”于是两兄弟一起努力工作用带刺的灌木建造一座栅栏来圈住牛群。他们回来后就开始奔跑呼喝驱赶动物进入他们建造的围栏之中。但是哥哥在路上被绊倒摔在了地上。于是是弟弟一个人将牛群驱赶进牛栏中，并关上了门。弟弟把小牛犊和母牛分开，第二天早晨单独喂他们喝奶。后来他将水样的乳清拿给哥哥，而将浓稠的发酵酸奶留给自己。哥哥克罗·盖说，“这样很好，弟弟。你把牛群赶进牛栏的时候，我被绊倒摔在了地上。牛现在也不多，你就留下它们来维持生计。我摔倒在地上，那我就是这块土地和土地上的野生动物的主人。我还会继续以打猎为生。”①

考古学和语言学的证据都表明，在大约 1500 年前的石器时代晚期，牧民—采集者（pastor-foragers）就已经开始在博泰蒂河沿岸生活。② 现在，德提人和其他许多克瓦桑语族人都用‘b’e 一词来表示牛群，这个词和他们的班图，那马邻居所使用的词汇（*kgomo*，*komalxama*，*ongombe*，*gumi*，*goma* 等等）

---

① 讲给 J·丹博（J. Denbow）听的故事，慈恩雅尼（Tsienyane），1980 年 7 月 25 日。布莱（Braai）声称自己能够记得 1896 年的牛瘟流行病，如果属实，那么他讲述故事时应该已经超过 90 岁。

② J·丹博，洪水过后：近来对博茨瓦纳北部奥卡万戈地区所做的地质学、考古学、语言学调查的初步报告。克瓦桑人的当代研究：纪念奥斯温·科勒尔 75 岁生日。R·沃森和 K·库斯曼编辑（汉堡：H·布斯克出版社，1986），5.1，第 181 ~ 214 页。

都截然不同。尽管布莱（Braai）讲述的故事可能仅仅是用来加强德提人（Deti）作为牧牛者的历史合法性，但是传说中涉及的考古学信息仍然是十分有趣的。

早期传教和殖民地文学

当圣经教会1820年在南非成立的时候，还没有任何一种以南部非洲本地语言书写的完整圣经版本存在。罗伯特·莫法特从1817年开始着手将《圣经》翻译成茨瓦纳语，他在1830年将《路加福音》翻译完成，整个新约译本于1840年完成。每个部分翻译完成后都会在他位于今天南非境内的库鲁曼传教站的印刷社内印制出版。到1857年，一套完整的包括《旧约》和《新约》在内的茨瓦纳语《圣经》正式问世。

莫法特还在1842年出版了他的著作《南非的劳工和场景》（*Labours and Scenes in South Africa*），出版这些由传教士，旅行者，探险家和猎人们创作的关于他们在博茨瓦纳的生活和历险的著作后来成为一股热潮，而莫法特的这本书是最早的著作之一。在这些早期著作中最著名的就是大卫·利文斯通的《南非的传教旅行和研究》一书，此书最早于1858年出版；詹姆斯·查普曼（James Chapman）的《非洲内陆的旅行，1849~1863》；R·戈登·卡明（R. Gordon Cumming）的《南非猎狮者》；还有威廉·考顿·奥斯维尔（William Cotton

Oswell）的《猎人与开拓者》。[①] 还有一些并不十分知名的作品描绘了19世纪末期的博茨瓦纳，其中包括E. F. 桑德曼（E. F. Sandeman）的《牛车上的八个月》和H·安德森·布莱登（H. Anderson Bryden）的《南部非洲的枪和相机》。[②] 这些关于博茨瓦纳的早期探险旅行记录点燃了英国，美国和南非几代读者对非洲的大众兴趣。

在20世纪早期，大量的旅居日记和回忆录颂扬了殖民地非洲的价值和罪恶。查理斯·雷爵士（Sir Charlies Rey）在1929年至1937年担任贝专纳兰保护地的驻地专员，这些内容中最生动也通常很尖刻的就是他对贝专纳兰殖民地的黑人和白人社会所作的持续性的评论。例如，对于威特沃特斯兰德大学（Witwatersrand University）的一队研究者进行参观访问一事，他写道，

---

① R·莫法特，南部非洲传教士的劳动和场景（伦敦：J·斯诺，1842）；利文斯通，南非的传教士旅行和研究；詹姆斯·查普曼，在南非内地旅行：包括十五年的狩猎和贸易生活；从纳塔勒到沃维茨海湾的穿越大陆之旅，并到访恩加米湖和维多利亚瀑布（伦敦：贝尔和达尔迪，1868）；R·戈登·卡明，南非猎狮者：南非内陆的五年历险，关注到本地部落和野生动物（伦敦：约翰·穆雷出版社，1911）；W·E·奥斯维尔和D·利文斯通，威廉姆·科顿·奥斯维尔，猎人和探险者：至今未发表过的，从一些信件和利文斯通私人日记中所截取的片段而组成的他生活中的故事（伦敦：W·海涅曼，1900）。

② E·F·桑德曼，牛车上的八个月：布尔人生活回忆录（约翰内斯堡：非洲图书社，1975）；H·A·布莱登，南部非洲的枪和照相机：在贝专纳兰，喀拉哈里沙漠和恩加米兰的河湖区游荡的一年（伦敦：E·斯坦福，1893）。

> 随后我回到雷内克斯（Renekes），发现卑鄙的巴林杰—巴恩斯（Ballinger-Barns）党成员正在等待与我会面。他们是来自威特沃特斯兰德大学（Witwatersrand University）的一些卑鄙的人，正在进行一项“关于工业化对非洲土著冲击的经济影响的调查”！我的天啊，怎么能够把钱给这些愚蠢的人来浪费。他们四处走动，通过和这些饭桶交谈来骚扰土著们——所有正派的本地人都痛恨他们……如果我现在就离开，他们会损失大笔的钱，他们这野蛮的工作也将失败了。所以我给他们在特定区域的有限许可，把他们打发走——这些人包括来自克莱德的前贸易工会会员巴林杰（Ballinger）；霍奇森（Hedgson）小姐是一位长着马脸，平足平胸的大学历史系讲师；巴恩斯（Barnes）是“星报”的助理编辑之一，他的妻子，像只兔子。[①]

雷的日记经过编辑和摘录后正式出版，名为《我调查过的君主：贝专纳兰日记 1929～1937》。[②] 这些内容包括他与博茨瓦纳酋长们的交往言行（以及对他们的罢免）。殖民地时期一位英国人在茨科迪·卡玛（Tshekedi Khama）的法庭上被鞭打，这件事给雷提供了一个借口，他安排一个海军分队从开普

---

① 查尔斯·雷（Charles Rey）的日记，1931 年 6 月 15 日。J·丹博（J. Denbow）的复印件。

② C·F·雷及其他人，我所调查的君主：贝专纳兰日记，1929～1937（纽约：L·巴伯出版社，1988）。

敦出发前去罢免“小蛇”卡玛的恩瓦托人酋长（*kgosi*）职位。这一事件所产生的政治反响正是《鞭打菲尼亚斯·麦金托什（Phineas McIntosh），殖民地蠢行的传说，贝专纳兰 1933》这本书所反映的主题。[①]

小说家们

在 19 世纪后半叶和 20 世纪早期，博茨瓦纳不时出版一些离奇片面的，关于狩猎和开发探险的文本记录。除此之外，直到 20 世纪 60 年代末期，几乎没有什么关于博茨瓦纳的文学作品（相对于人类学式的科学研究写作和殖民地日记而言）问世。[②] 然而自从独立以来，仅有几个在博茨瓦纳生活的作者能够在国际文坛获得声誉。这其中最重要的一位就是贝茜·海德（Bessie Head），她在 1964 年为了逃离南非悲惨而不幸福的生活境遇而搬到塞罗韦的一个小村庄居住。她是一个富裕的白人女性和一位没有身份的黑人男子在种族隔离的南非生下的“非法”的孩子，她在一个精神病收容所中降生，她的母亲因为对违规不肯悔过而被惩罚送进那里。

海德在一个收养家庭中成长到 13 岁，然后离开那里进入一所教会学校。早年间，她曾在开普敦和约翰内斯堡的《鼓》

---

① M·克劳德，鞭打菲尼亚斯·麦金托什：关于殖民地的荒唐和非正义的童话：贝专纳兰，1933（新港，康涅狄格州：耶鲁大学出版社，1988）。

② 内奥米·米基森（Naomi Mitchison）的一本小说是个例外，它包含一些关于卡特拉人（Kgalta）文化习俗方面的信息。N·米基森，回到仙女山（伦敦：海涅曼，1966）。

杂志和其他出版社任职做记者。她甚至一度还出版了自己的名为《公民》的时事通讯。在三十多岁开始一段不幸的婚姻后不久，她就带着二岁的儿子移居到博茨瓦纳，逃避南非对“有色人种”通过种族隔离方式进行的种族主义压迫。她在博茨瓦纳以难民的身份居住了十五年，最终获得了博茨瓦纳的公民身份。刚开始她住在恩瓦托人的首府塞罗韦，在茨科迪纪念学校任教，她也曾搬到弗朗西斯敦短期居住，在那个由政府出资建造的难民营中度过了不愉快的三年时光。她在返回塞罗韦后，开始写作她最著名的三本小说——《当雨云汇聚》《玛鲁》和《一个关于权力的问题》——还有一本短篇小说集，《珍宝收藏者》。[①]

尽管塞罗韦的村民在开始时总是避开她，但是随着时间流逝他们逐渐开始接受她，她也和许多当地居民建立了一种特殊的联系。她这样写道，“我居住在南部非洲丛林一个隐蔽的几乎不为人所知的村庄里，并将它视为我自己的圣地。”[②] 她在《风雨中的村庄》中以诗歌般的语言表达了她对此地的爱恋：

幽蓝的山脉半环状地围绕着村庄；从远望去，山脉近

---

① B·海德，当雨云汇聚：一本小说（伦敦：加兰茨，1969）；玛鲁：一本小说（伦敦：加兰茨，1971）；一个关于权力的问题：一本小说（伦敦：戴维斯—波因特，1973）；珍宝收藏者，和其他博茨瓦纳村庄的童话（伦敦：海涅曼教育出版社，1977）；塞罗韦，风雨中的村庄（伦敦：海涅曼教育出版社，1981）。

② H·沃庭，勒卡佛·卡玛纪念馆评论 1988～1989（塞罗韦：塞罗韦印刷，1990），第 63 页。

> 乎是蓝色，雾蒙蒙的。但如果光线和阴影从一个特定角度投向它们，你就可以清晰可见它们平整且毫无神秘感的表面。它们就像是博茨瓦纳老年男子未经梳理的脑袋，四处点缀着荆棘树的暗影。①

尽管她作为一名作家不断获得国际声誉，海德的生活依然困顿，她还生活在塞罗韦简陋的环境中，住在一所名为“雨云”的茅草泥屋中。为了补充不稳定的写作收入，她从 1974 年开始在波特克（Boiteko）菜园工作，售卖菜园的农产品。在《塞罗韦：风雨中的村庄》一书中，她搜集了那些为社区发展贡献力量的人们的口述历史。她由于经济拮据而无法支付信息人的费用，她承诺书籍出版后给每个人都赠送一本她的书。但是这件事并没有得到出版社的支持，他们希望她能用自己的版税来支付这些赠书的费用。尽管如此她还是兑现了她的承诺——甚至亲自分发了这些赠书。她的短篇小说集《珍宝收藏者》记录了婚礼、巫术、葬礼、不忠等等乡村生活的不同侧面，在这本书的注释中，她进一步将这一切归功于塞罗韦人给她的激励，因为“每一个细节的丰富性都来源于……与当地人日常生活接触还有在他们院子里的围坐聊天。我无法将创作的感受归功于自己。我只是记录了这里生活的人们的状态。他们就是经典。在这个社区中，仍然有一部分古老非洲依

① 同上，第 64 页。

旧未被触及。”①

她最后的一部作品，《着魔的十字路口》，是一部关于19世纪末统治恩瓦托人的酋长卡玛三世的半虚构历史。她写道“无论我在何处读到关于他的令我感兴趣的材料……都有一种使我的人生振奋起来的效果。”②

海德在49岁时由于酗酒引发的肝炎而过早离世，当地，全国乃至世界范围的人们都为她的离世感到悲伤。她长眠于塞罗韦的波塔拉特（Botalaote）公墓，她的坟墓以一个在附近山上采集的自然石块为标记。卡玛三世纪念馆在她死后获得了她的大量信件和手稿。她所写的东西几乎都留有副本，藏品中包括2000封信件，至今仍会吸引研究者前往塞罗韦。这些资料还包括部分仍未发表的23个短篇小说的手稿，还有短文和散文，一系列评论和书评，小说的背景注释，还有大量包括圣诞卡之类的其他材料。

她对财富，权力，性别，种族以及传统与现代的冲突等问题所做的深刻分析来源于她在生活中遭遇的艰难环境为其提供的基本素材，这些内容也是她写作的这些小说的特征。纵观她的一生，她从未忽略一个事实，那就是治愈，新生和自由与耻辱和绝望一样都是生活中的一部分。思考未来并回想在南非的不幸往事，晚年的她在私人日记中写道“无法预测南非有一

① 贝茜·海德（B. Head）文件，第44卷，12.1.75。卡玛三世纪念馆，塞罗韦。

② B·海德，着魔的十字路口：一段非洲史诗（纽约：佳作出版社，1986）。贝茜·海德（B. Head）文件，第44卷，5.1.1974。贝茜·海德（B. Head）文件，第44卷，5.1.1974。

天会出现革命。但是在一个普通人每天都在坚持自己权利的世界，这又是不可避免的。真希望那里能出现伟大的领导者，他能够牢记种族仇恨带来的苦难，摆脱它，为所有人设立一套爱的语言。"①

在海德去世后的几十年里，博茨瓦纳出现了许多新的诗人和小说家，他们中的很多人也会写作关于博茨瓦纳价值观，社会正义和歧视的评论文章。就像诗人巴罗隆·塞卜尼(Barolong Seboni)，他在伦敦度过了其性格形成的关键时期，他通过在那里与南非作家和流亡者广泛的接触，"抓住了那时席卷南部非洲的寻找民族自决和自我实现的革命精神。"② 巴茨瓦纳作家的作品无法获得广泛的出版机会，因此也很难在世界范围内被获知，例如安德鲁·塞森依（Andrew Sesinyi）和莫斯提·托龙妥（Mositi Torontle)，他们在作品中描绘了博茨瓦纳 80 年代的城市生活，还有莫提尼·梅拉姆（Moteane Melamu）和卡特林·戴维斯（Caitlin Davies）为我们提供了更多博茨瓦纳现代城市生活问题的当代描写。

以国际知名度来讲，最著名的新近作家可能就要算尤尼提·道（Unity Dow）了。她的小说用本土的视角来观察传统与现代的并置，这些主题的范围包括在 20 世纪 60 年代的莫丘迪乡村的成长经历（《欺诈的真相》)，以及仪式性的谋杀（《无辜者的尖叫》)。在《遥远与超越》一书中，她描绘了两种状态的艰难处境，一方面，年轻人在成长的环境中被迫将艾滋病

① 贝茜·海德（B. Head)，私人日记，1985。

② 塞卜尼，"我为何写作与我写什么。"

毒的流行视为他们生活的日常状态，另一方面要面对由此导致的人际关系产生冲突和断裂的模糊性。[①]《遥远与超越》一书中有一个特别令人心酸的段落，讲述者是一个名叫莫拉（Mora）的年轻女人，她试图用一个寓言故事让她的母亲能够了解艾滋病的现实情况及其对家庭的影响。她的两个哥哥都死于艾滋病，但是她的母亲却一直相信那些传统“医生”，认为她哥哥的死亡是因为被她最好的朋友施了魔法。寓言的开头是这样的：

> 很久以前，有两个女人是非常要好的朋友。她们可以互相为对方剔牙而不怕受到伤害，就像俗语说的……后来，有一天，两个朋友中的一个开始遭遇到一连串的不幸。最初是一个孩子生病。然后是另一个……在绝望和混乱的情形下，这个朋友求助于一个又一个占卜者，一个又一个先知，一个又一个牧师。他们告诉她，她被施了巫术。这个女人起初并不相信，但是随后两个孩子逐渐衰弱最后死亡……这个女人在最需要帮助的时候没有向自己最亲近的朋友求助，因为这个朋友要为她的不幸负责。是

① U·道，欺诈的真相（北墨尔本：三齿稃出版社，2003）；U·道，遥远与超越（旧金山：鲁特阿姨出版社，2000）；U·道，无辜者的尖叫（北墨尔本：三齿稃出版社，2000）。获得作者许可，欺诈的真相（Juggling Truths）（2003）由三齿稃出版社（Spinifex Press）再版；经作者许可，遥远与超越（Far and Beyon'）（2000）再版。原版由三齿稃出版社（Spinifex Press）出版。北美地区版权属于鲁特阿姨出版社（Aunt Lute Books）。

的，她的朋友，……现在就这样一个一个地杀死他们。友谊消亡了；不再有欢笑，不再有食物的分享，不再有爱。取而代之的只有痛苦。两个女人的孩子们也很困惑。他们应该相互交谈吗？他们应该一起玩耍吗？他们应该彼此问候吗？……就这样，被认为是女巫的女人成了受害者。她的女儿也生病了。她也和她的朋友一样将希望寄托于一个又一个占卜者……原来的受害者又成了施加巫术的人……但是事实的真相是她的女儿死于艾滋病。就像她的朋友的两个儿子也同样死于艾滋病一样……那就是简单的真相……这就是许多占卜者，牧师和先知们为了他们的经济利益而希望挖掘的真相。[①]

茨瓦纳文学

尽管使用茨瓦纳语写作的作家们不得不面对作品市场狭小的问题，但他们中仍有一些具有相当知名度的作家，例如，凯歌莫索·莫加匹（Kgomotso Mogapi），雷·莫罗莫（Ray Molomo），提罗恩托·菲图（Tiroentle Pheto），塞德里克·索波加（Sederick Thobega），R. D. 莫勒费（R. D. Molefhe），和里提勒·拉德特拉迪（L. D. Raditladi）。菲托的一本名为《头虱的奇迹（*Botlhodi jwa nta ya Tlhogo*）》将头虱和人体共存作

① U·道，遥远与超越，第 162 ~ 163 页。获得作者许可再版遥远与超越（Far and Beyon'）（2000）。原版由三齿稃出版社（Spinifex Press）出版。北美地区版权属于鲁特阿姨出版社（Aunt Lute Books）。

为一个比喻来审视基督教和非洲传统宗教之间的冲突。一些接受了基督教的茨瓦纳人开始鄙视他们的传统信仰。他们也认为英语优越于茨瓦纳语，瞧不起自己的母语。作者不仅仅正视这两种不同的生活方式，他也在呼吁这些不同文化能够和谐共处，“就像头虱和身体能够共存一样。”

报纸和信息媒体

在1856年至1930年间，有许多的基督教时事通讯用茨瓦纳语出版。这其中就包括《巴茨瓦纳信息（*Molekodi wa Batswana*）（1856~1857）》和《博茨瓦纳之语（*Maboko a Batswana*，1833~1889）》。[①] 第一份茨瓦纳语的商业报纸在1901年由索尔·普拉杰（Sol Plaaje）在贝专纳兰保护领地出版发行，名为《博茨瓦纳新闻报（*Korante oa Bechoana*）》。梅富根（Mafikeng）创始人的儿子，茨瓦纳作家西拉斯·莫勒玛（Silas Molema）私人赞助了这份报纸。随后从1930年开始，茨瓦纳新闻出版物在贝专纳兰保护领地相继发行，《博茨瓦纳之光（*Lesedi la Botswana*）》《国家之光（*Lesedi la Setshaba*）》《贝专纳之灯（*Lebone la Bechuana*）》和《巴茨瓦纳之星（*Naledi ya Batswana*）》。博茨瓦纳第二任总统可图米勒·马西雷（Kitumile Masire）爵士就曾经是《星报》驻卡内（Kanye）

① P·拉道编辑，博茨瓦纳的媒体和民主（哈博罗内：米基出版社，1996）。

的通讯记者。[①]

20 世纪初，贝专纳兰殖民地政府在梅富根出版最早的新闻报纸，包括《贝专纳兰新闻》《弗雷堡纪事（*Fryburg Chronicle*）》和《贝专纳兰公报（*Bechuanaland Gazatte*）》。在 1962 年，殖民地政府的信息部也开始推行名为《相互理解（*Kuthwano*）》的月刊杂志，这本杂志和它的名字一致，一直致力于促进读者间的和谐，善意和相互理解。这份至今仍在印制的杂志用茨瓦纳语和英语两种语言刊载文章，坚持为读者报道相关的文化内容。

在梅富根的保护领地政府也在 1963 年开始出版《贝专纳兰时事通讯》。这份报纸不但不能提供独立新闻，反而成为殖民地政府及其政策的喉舌。这份新闻通讯在 1965 年由《贝专纳兰每日新闻》接手，独立后又成为《博茨瓦纳每日新闻报》。在许多年里，周刊"报纸"仅仅是一些油印传单的集成，小量免费分发到全国主要村庄的酒吧和其他公共场所。目前这份报纸仍是日报（周一至周五），依旧在博茨瓦纳国内免费发行，尽管街头小贩通常会为他们的服务收取少量费用，但是如果他们被发现在售卖报纸的话就会被控告违法。由于《博茨瓦纳每日新闻》属于政府并由政府控制，它的报道侧重于关注政府项目和计划，没有太多的分析或解释。报纸有六版英文内容，后面还有两版将英文版中重要的文章译成茨瓦纳语。报纸并没有在农村地区发行，因此它的主要读者是住在城

① L·恩雅缇—拉马哈伯，"博茨瓦纳的语言现状，"语言的文化问题 1（2，2000）：第 243～300 页。

镇和大村庄中的人们。全部使用茨瓦纳语的唯一一张报纸是广受欢迎的，双周刊《*Mokgosi*》；目前没有使用其他本土语言的新闻出版物。

政治新闻通讯也在20世纪60年代问世。月刊新闻通讯《咨询（*Therisanyo*）》是由第一任总统塞雷泽·卡玛爵士（Sir Seretse Khama）领导的博茨瓦纳民主党（BDP）的官方报纸。在1962年，它在党部所在地卡内开始出版发行，那里也是可图米勒·马西雷（Kitumile Masire）爵士的家乡，他是报纸的编辑，后来成为副总统和总统。这份公正的报纸拥护非种族主义政策，也拥有一个组织良好的发行网络。在1964年，主要反对党，博茨瓦纳国家阵线（BNF）在马哈拉佩出版了自己的月刊新闻通讯，《Puo-Phaa》。博茨瓦纳国民阵线党书记和创始人，肯尼斯·科马（Kenneth Koma）的愿望就是希望能够将博茨瓦纳非常激进的民族主义者和对立的传统主义者都团结到博茨瓦纳国民阵线党的旗帜之下。

自从1966年独立以来，与其他非洲国家缺乏批评政府自由度的情况截然不同，博茨瓦纳一直珍视新闻自由的基本原则。尽管博茨瓦纳宪法中有相当民主的新闻自由条款，但如果报道涉嫌诽谤或出现事实错误，记者们仍会被起诉；言论自由并不等同于践踏个人的人权。但事实上，政府运作并控制着所有早期的新闻出版物，包括《博茨瓦纳每日新闻》和《*Kultwano*》杂志，给媒体的表达自由设置了绝对的限制。作为回应，独立的报纸和杂志开始在20世纪80年代早期相继问世，其目的就在于，对政府政策做更多批评的同时也能够在主题设置方面获得更多的自由度。《Dumela》杂志是诞生于1981

年最早的杂志之一，但是发刊四期后就消失了。《博茨瓦纳卫报》是《梅富根邮报》的一份衍生报纸，创刊于1982年，但随后却在1984年被竞争对手《报道者（*Mmegi wa Dikgang*）》所超越。

《报道者（*Mmegi*）》是全国历史最悠久的私人报纸，由于它愿意集中力量对社会，经济和政治问题进行批评，因此也是最成功的报纸之一。结果，它以负有洞见，时而极为勇敢的报道而闻名。另一家独立报纸《公报》则公开支持博茨瓦纳民主党（BDP）的统治政策，因而极少批评政府。其他的私人报纸还包括《卫报》《星期日标准报》《声音报》和《镜报》。最后我们也不能忽略那些充满争议的，短期存在的报纸，《新闻连线》曾经在1990年短暂存在过。在它出刊不久，《报道者》的编辑揭露它其实是由南非情报机构所控制。[①] 由于《报道者》的揭露，结果导致出版商在1992年从国内出逃。这——和博茨瓦纳独立周报所做的其他有力度的调查性报道一起——都支持这样一个正面评价，即“博茨瓦纳健康的独立媒体是良好而有生命力的”——这也与非洲大陆大多数地方缺乏自由的情况形成鲜明对比。就像一位作家所写，“博茨瓦纳的私人媒体成为一个绝对值得大书特书的例外。博茨瓦纳的私人媒体包括有四个周刊，能享受在非洲难得一见的一定程度上的政府宽容度，他们依靠其批评性和调查性的新闻赢得了公信力，尤其是在报道了‘博茨瓦纳房产公司丑闻’以及‘非

---

① J·J·扎菲罗，“博茨瓦纳的大众媒体，政治和社会：20世纪90年代及以后”，今日非洲40（1，1993）：第7~25页。

洲新闻连线’事件之后。”①

少数民族的声音

库鲁（Kuru）发展信托机构成为博茨瓦纳的萨尔瓦社区的传声筒之一。他们最近出版了一本名为《桑人的声音》的书，这本书带领读者踏上了一次了解并欣赏萨尔瓦人历史和生活方式的旅程。书中内容被分为四章，涵盖了萨尔瓦人在反思自己目前生活方式后所自我认定的主题：“1）猎人变为牧者——接触和变化的影响；2）我们过去的生活——洞悉他们的传统文化；3）他们认为土地就像这个，这个，这个——［说明］他们与自然和土地之间的联系，还有4）那些‘实际上’（deep down）的人们——在‘传统’经济到‘现代’经济转变中为生存而涌现出得人物。”②

漫画家和大众评论

最初就职于哈博罗内报纸《报道者（*Mmegi*）》的比利·奇普（Billy Chiepe）是一位知名的漫画家，他用一种略带幽默的态度呈现出自己对波茨瓦纳文化的观察角度。尽管一些人对于自己出现在漫画中而感到愤怒，但是他依然认为能够自我解嘲对人们是件好事。另一位流行的漫画家是特巴格·莫茨瓦

① F·B·恩雅姆乔，“西非：非职业化非道德的新闻业”，载于新闻道德：第三世界中关于他们观念的读本，米歇尔·昆克奇克编辑（波恩：费德里西—艾伯特—斯蒂夫腾国际发展合作部，1999），第40页。

② 库鲁组织之家，2004年度报告，第6页；W·勒·洛克斯和A·怀特编辑，桑人之音（开普敦：奎拉出版，2004）。

特拉（Tebogo Motswetla），和他笔下的人物一样绰号为“马比乔（*Mabijo*）”。他的漫画展现出一种强烈的基督教导向，但他能够让读者看着那些表达并揭露文化问题的流行漫画欢笑。其他讽刺性艺术家还有在哈博罗内博茨瓦纳技术中心工作的图形设计师，布斯·耐尼（*Vusi Nyoni*），和专工水彩画的拉扎罗斯·禅达（Lazarous Chanda）。米克·萨姆（Micco Samu）是一位为《Kutlwano》杂志和周报《镜报》定期提供连环画稿件的作者。

广播与电视

博茨瓦纳全国有两家国家广播电台——博茨瓦纳广播一台（RB1）和博茨瓦纳广播二台（RB2）；私人拥有的广播电台有“亚洛纳调频（Ya Rona FM）”和“哈博茨调频（Gabz FM）”。美国之音节目也在塞莱比—皮奎（Selibe-Phikwe）地区广播。政府在很多年里通过控制广播许可证的发放来抵制人们创办独立电台；恰在1994年一位年轻律师将政府告上法庭之后，博茨瓦纳电讯公司开始承担发放执照的责任。尽管这为私人电台的出现打开了门路，但是最初参与这次案件的律师却并没有获得执照，因为根据一份报告的内容，“他的申请表明他计划使用少数民族语言进行广播。”①

博茨瓦纳广播一台（RB1）使用政府财政预算，能够担负每天24小时节目播出的任务。但由于是政府官方媒体，广播

① L·恩雅缇—拉马哈伯，“博茨瓦纳的语言现状，”第272~273页。

内容趋于保守，主要负责无质疑性地呈现对政府项目和政策有利的信息。此外，据称政府的部长们有时会试图通过解雇等方式威胁和恐吓，干涉政府所属电台的编辑工作。（类似的对政府干涉的指控也时常出现在博茨瓦纳电视台和博茨瓦纳每日新闻报的工作中。）博茨瓦纳广播一台是完全由政府资金运作的，但是博茨瓦纳广播二台则是由国家控制的商业电台。这就导致私营电台抱怨竞争是不公平的，竞争对手是有补贴的。

一份对两家政府广播电台的研究分析表明，广播节目中大约有 43% 使用茨瓦纳语，22% 节目使用英语，其余的节目则是使用以上双语完成。与政府的官方广播电台对比，私营电台以英语作为语言媒介的比例则高达 70%，节目的目标听众是更加年轻的受众群体。[①] 在博茨瓦纳没有广播电台使用卡拉加人，叶伊人，赫雷罗人或其他少数民族的语言来广播。尽管实际情况的确是，大多数博茨瓦纳人能够基本理解茨瓦纳语，但是一些人还是认为博茨瓦纳媒体——无论是纸媒，广播还是电视——没有使用其他本土语言的内容是导致艾滋病迅速传播的原因之一，这是因为使用恰当语言的教育材料并没有公平地提供给所有族群的人们。

南非电视台在 1976 年开始每天用英语和南非荷兰语播放四个小时的晚间节目，很快大量的电视天线突然出现在整个哈博罗内的房顶上面。1984 年之后，随着种族隔离时代的博普

---

① 同上。

塔茨瓦纳（Bophuthatswana）“家园”[①] 开始在位于梅富根（Mafikeng）的BOP TV电视台制作播出属于自己、准独立的英语和茨瓦纳语节目，博茨瓦纳国内的电视机数量发生又一次飞跃。在很长一段时间里，博茨瓦纳通过一架架设在哈博罗内郊区凯勒（Kgale）山顶，重复使用的发射机来接收南非免费的电视信号。然而这些发展引发了一些忧虑，因为一些人感觉到博茨瓦纳的市民受到国外新闻和娱乐节目过多的影响。当人们有一次采访哈博罗内的学生时，他们中的许多人都认为博普塔茨瓦纳（Bophuthatswana）黑人家园的总统卢卡斯·曼戈普（Lucas Mangope）实际上就是博茨瓦纳的总统，此时人们的这种忧虑尤其深切。然而成立电视台并进行运营需要大量的资金，直到2000年种族隔离制度结束之时，博茨瓦纳才成立了属于自己的国家电视台。

目前，博茨瓦纳共有两家电视台：哈博罗内广播公司（GBC）和博茨瓦纳电视台（BTV）。哈博罗内广播公司（GBC）是仅在哈博罗内传送节目的闭路系统。第三个可选择的数字卫星电视是一家来自南非的商业投资项目，它通过卫星引入国际上的电视节目，尤其是美国节目。博茨瓦纳电视台（BTV）的建成是博茨瓦纳的一次重要尝试，通过现代化设备，目前全国节目覆盖率约有50%左右。本地人对博茨瓦纳电视台（BTV）总有着很高的期待，他们中的很多人非常期待能够参加电视台各种各样节目的录制。这是他们自己的电视台，博

---

① 博普塔茨瓦纳（Bophuthatswana）是南非“黑人家园”之一，准自治机构，1977年据南非分治发展的种族隔离政策而成立，未获国际承认。

茨瓦纳人民第一次能够看到表现他们自己文化而不是国外文化的电视节目。博茨瓦纳电视台（BTV）作为一个国家地位的新象征，在很短时间内获得了巨大的成功。人们早已经开始为能够制作和观看反映本民族及其文化的节目而感到骄傲。尽管博茨瓦纳电视台（BTV）是完全属于国家的产业，但是它至今仍和出版界和广播业享有同等的新闻采编独立性和自由度——一种与博茨瓦纳民主原则相一致的言论自由度。[①]

① P·拉道，摘自M·利皮勒编辑，博茨瓦纳的媒体与民主（哈博罗内：米基出版社，1996）。

4 艺术与建筑 79

［19 世纪］福音传教士们认为房屋以及他们雕刻，建造居所的程序理所当然。因此，文明的建筑应当是将卫生的，神圣的生活习惯慢慢注入异教徒生活的最行之有效的方法……欧洲人认为一项超越其它一切的基本原则是：一个文明居所的标准体现在将内部空间按照功能进行具体而清楚分隔的程度。一个没有内部分隔的居所，没有为特定活动安排的特定房间，就是一种野蛮的象征……如果居所在其所处位置没有封闭的话，那就更加野蛮的标志。另一方面，创造得体的居住环境——带有起居室，餐厅，卧室，厨房，储藏室——你可能来到的是庄园主的宅邸。①

① 约翰·科马洛夫和珍·科马洛夫，论启示与革命：一个南部非洲边界的现代性辩证法，第二卷（芝加哥：芝加哥大学出版社，1997）第 277 ~ 278 页。第二卷 1997 年版权属于芝加哥大学出版社。获得芝加哥大学出版社与科马洛夫夫妇授权重新印刷。

艺　术

博茨瓦纳的传统艺术形式就像它的多种民族一样丰富多彩。关于博茨瓦纳手工艺的记述非常有限，此外西方对于艺术和手工艺之间的区别在非洲语境中也非常模糊。大部分的博茨瓦纳艺术作品都兼具美学和实用的双重目的。例如，木凳，勺子，碗，研钵和杵通常都会用烧红的铁器来烫出装饰纹样。尽管这些图样中很多具有特定含义，但其他的图案仅仅只具有装饰性，是为了生产者和使用者的愉悦和欣赏而设计。除了艺术家或手工艺人的创造性之外，博茨瓦纳艺术的花纹图案，设计和主题都深受自然环境所提供的材料的影响。

具有千年历史的岩石绘画和雕刻艺术在博茨瓦纳大多数有岩层外露的地方都随处可见。哈博罗内以北 15 公里处的莫丘迪郊区有一处喷泉，在喷泉的四周就是最著名的岩画艺术参观地。人类的脚印已经被琢刻在这里的岩石上。这些岩画的内容是与当地传统——由来自下层的名为马齐恩（matsieng）所领导的第一个茨瓦纳部族的兴起——相关联的。根据当地传说，马齐恩只有一条腿，因为喷泉四周的所有脚印好像只有左脚。

他将驯化的动物带在身边，这就是茨瓦纳人财富的基础。[①] 全国还有其他岩画景点，尤其是在喷泉附近，相似的动物和人类的脚印会刻在岩石上。尽管这些石刻还未能确定时代，大多数考古学家认为与包括马齐恩那里在内的岩画关联性最大的是石器时代晚期的猎人和采集者，而不是铁器时代的牧者和农民。人们目前还不清楚这些岩画的含义和在仪式中的可能用途。

欣赏博茨瓦纳岩画最重要的地区就是位于恩加米兰西北部的措迪洛山区，那里有超过 500 个景点，共有超过 3000 幅画作，描绘了丰富的野生动物和人类形象还有几何图形。[②] 这片山区现在是萨尔瓦人和姆布库舒人共有家园，在 2001 年宣布成为世界文化遗产。另一个被发现重要的岩画组群位于哈博罗内以西 20 英里的玛雅纳（Manyana）岩石避难所里面。这个狭小的避难所里绘有红色的犀牛，长颈鹿和人的自然主义形象，还有几何图案。有几幅人类和动物的画作中有些元素与萨

---

① 根据大卫利文斯通的记述，喷泉边缘的四周雕刻有“粗陋的足印”，这很明显是“孩子们的作品。除了一个例外，所有‘足迹’都一直延伸到井边。这个例外就是从前的贝专纳兰人马茨恩（Matsien）。依据故事的讲述，在男人们都离开之后，他返回了这里，但是如果足迹是想要说明什么的话，它却恰好起了相反的作用……传统似乎说明了，来自 Loe 作为中心人口的人们分裂成不同的部落。”D·利文斯通和 I·沙佩拉，家书，1841～1856，第一卷（韦斯特波特，考恩：绿林出版社，1975），253～254 页。

② A·坎贝尔，J·丹博，和 E·威尔姆森，“像雕刻一样的绘画：措迪洛的岩画艺术”，收于争辩的形象：南部非洲岩画艺术研究的多样性，T·道森和 D·里维斯·威廉姆斯编辑（约翰内斯堡：威特沃特斯兰德大学出版社，1994），第 131～158 页。

满在治愈舞蹈中灵魂出窍的经历有关。

关于博茨瓦纳艺术的一些早期例子记载于19世纪传教士和旅行者的刊物和日记中，例如约翰·坎贝尔，大卫·利文斯通和约翰·麦肯齐的作品。大部分被记载描绘的艺术都包含有烫制在葫芦、木碗、勺子和其他实用物品表面上的几何和自然主义纹样。男人们以缝制毛皮斗篷（有皮有毛的毯子）和用兽皮制成垫子的技艺而闻名。[①] 这些物品中最精美的设计是利用兽皮上皮色和毛发之间的色彩对比来构思美丽的图案和设计。妇女们编制篮筐，制作陶器，同时也用铁，铜，玻璃，贝壳做的装饰性缀珠装饰她们的皮围裙和手提袋。随着批量生产的物品逐渐代替了这些手工制作的日常用品，目前这种艺术大多已经消失。博茨瓦纳艺术至今依然繁盛的领域就是篮筐编制业。博茨瓦纳的篮筐是一项非常重要的旅游商品，因为它们不但设计美观制作精良，而且还很结实轻便，规格尺寸也很方便放入航空行李之中。

篮筐编制

编制的篮筐可能是博茨瓦纳最著名的一项手工艺产品。由

① 在十九世纪中期，这些制作精巧的毛皮斗篷受到了欧洲消费者青睐，传教士们不断被要求拿这些东西作为礼物或奖赏，有时也会拿它来交换一些商品。在干旱的年份，供应的商品质量一直不好，利文斯通评论说“莫法特太太提及希望从这边带一件毛皮斗篷。喀拉哈里的干旱如此严重，很少人能够到那里去寻找毛皮，因此我们都知道今年毛皮斗篷的数量非常少。只有那些住在喀拉哈里边上的人才能够获得一些。”D·利文斯通和I·沙佩拉，家书，1841~1856，第二卷（韦斯特波特，考恩：绿林出版社，1975），第15页。

于在农业工作和家居生活中有数千年的使用传统，篮筐编制在全国的农业产业中占据重要的地位。传统上，篮筐发挥着一系列广泛的功能，从直径超过 2 米的存放谷物的巨型篮筐（*sesigo* 或 *sefalana*）到用来过滤传统啤酒的篮筐，还可以用来在本地市场承装展示类似花生，可乐豆木毛虫（mopane worms）等商品；篮筐的形状和结构根据功能不同而存在差异。[①]

篮筐可以分为三个主要类别：封闭篮筐；大型开放式碗状篮筐（*ditlatlana*）；还有小型盘状篮筐（*maselo*）。带盖的封闭篮筐通常用来存装谷物，种子，有时甚至是高粱酿造的啤酒。妇女们也经常将它放在头顶搬运货物。为了在谷物采摘下来之后进行拣选，他们需要使用大型开放式的碗状篮筐。小型盘状篮筐是在谷物碾碎后进行拣选时使用的。名为 *sesigo* 或 *sefalana* 的篮筐是比较少见的器物，它是专供男人使用的储存谷物的巨型篮筐。有一些直径几乎可以达到三米，在过去它们的价格不菲，按照传统的兑换方式一头牛才能兑换一个规格稍小的这种篮筐。由于承装谷物的篮筐很大，必须足够结实，制作它们的卷草直径大约每英寸都用面包树树皮做成的皮条将它们缝绑在一起。

制作其它种类篮筐的原材料是“蔬菜象牙”棕榈树（*Hyphaene petersiana*，在塞茨瓦纳语中被称为“*mokola*”）的纤维，这些树生长在奥卡万戈三角洲的岛屿边缘的四周还有马卡迪卡迪盐盆地的周围；在不生长棕榈树的博茨瓦纳东部，他

① 这些不是寄生虫，而是学名为 *imbrasia belina* 物种的幼虫。

们会使用其他植物。棕榈树的叶子被砍下来，煮熟并放在盛水的容器里使其保持柔软。编制者从中取出处理好的棕榈叶，将其缠绕在棕榈纤维四周形成一个草环，然后再用金属针将它们缝制在一起。为了创造出图案，人们会使用“*motlhakola*（*Euclea divinorum*）”和“*motsentsela*（*Berchemia discolor*）”树的树皮或树根这样的天然物质，为奶油色的纤维进行染色，生产出深浅不一、变化多样的棕色。由于很多人购买篮筐的主要目的是为了装饰效果而不是盛物的功能，因此篮筐市场在使用天然染料上极度充满创意。尽管全国都在广泛使用篮筐，但是大多数篮筐都是用来出口，博茨瓦纳的篮筐足以与世界任何一种艺术形式的精美程度相匹敌。目前已经有一系列固定的传统图案，有些是讲述一个故事或者有象征性的含义。

博茨瓦纳篮筐的主要生产者是生活在西北部的叶伊人和姆布库舒人妇女。她们将编制篮筐的技术代代相传。她们所制作的复杂抽象的图案需要大量几何计算才能使其对称，许多图案让人回想起妇女早期穿着的珠饰围裙。20 世纪 70 年代初，国际市场消费合作社的成立创造了对篮筐的旅游需求，在此之前他们设计的图案更多是不对称的，设计并不复杂也较少使用天然色彩。博茨瓦纳的手工艺被纳入到高品质篮筐市场使得篮筐编制者更加具有职业性，他们创造出的艺术设计开始变得极为复杂，采用例如灌木叶子这样的新材料创造出淡紫色，并用发霉的高粱外壳创造出一种可爱的粉色。在认识到这门手工艺的重要性后，博茨瓦纳开始在哈博罗内的国家博物馆举办全国篮筐展览和竞赛，至今已经有超过二十年的历史。评委们选出最好的篮筐，制作者也会获得现金奖励和奖项等荣誉。这种在私人，政府组织还有当地手工艺人之间的合作使得博茨瓦纳篮筐成为非洲最为精致的手工艺品之一。尽管乡村经济价格攀升并能从市场中获利，但是随着旅行者们大量需求适合"旅行箱大小"的篮筐，这最终还是导致某些形状和风格的篮筐逐渐消失。当然，篮筐编制艺术和所有其他艺术门类一样都会随着新的市场需求以及可供实验的新技术和新材料出现的机会而不断发生变化。例如为了满足日常生活中使用结实篮筐的需求，一些制作者就使用无所不在的塑料袋来替代棕榈叶制作供日常生活使用更加便宜的篮筐。

陶器

制作陶土罐在博茨瓦纳已经有超过2000年的历史，但是它也逐渐成为一项即将消失的手工艺。传统的陶器制作是通过手工制作，使用泥圈累积塑造成罐子、碗或其他家居生活所需的器物，例如烹饪，承装食物和水，还有上菜容器等。除了姆布库舒人是由男子制作陶器之外，博茨瓦纳其他部族的陶器制作手艺都是由母亲传给女儿。但是陶器制作是一项复杂的产业，需要大量的技术和知识。并不是每个女人都会制作陶器，通常一个制陶者可以满足许多家庭的陶器需求。在是否符合制作陶器标准的问题上，粘土的差异性很大，必须要小心地准备它，并加入适当比例的调和物质确保陶器足够结实而不易碎裂。在塑造成型后，陶罐需要使用光滑的石头来打磨，完成好的抛光表面接下来可以准备进行装饰。尽管大多数的陶罐都是遵照公元1700年所使用的天然赭石和石墨形成对比色而构成的设计纹样，但是陶器的形状和装饰风格仍是处处不同。在完成装饰和干燥的过程后，陶罐被覆盖上木柴和灌木，在700至800摄氏度的火炉中烧制。目前几乎很少人制造或使用陶土罐来烹饪、制作啤酒或存储，因为它们的制作过程太复杂而且耗费时间，同时与大批量生产的替代品相比它又非常脆弱和昂贵。人们时常能够在村子里见到一个大型的制作啤酒的罐子，但是这些通常是作为祖传物而保存，决非日常用途。

在哈博罗内和塔马哈出现了一些草舍工厂来为旅游贸易制造陶器。创始于1982年的哈巴内（Gabane）陶器使用环绕村庄周围的群山之中的黏土，创造出动物形象，面具，碗和珠宝片。它创制出一种包含传统设计，使用独特暗红色的自有风格。另外一个陶器中心——塔马哈（Thamaga）陶器更多地生产实用性产品，包括餐具，烟灰缸和其他物品，使用现代设计、釉面和风格。所有的现代陶器都是使用窑来烧制，比传统的木火烧制的器具具有更大的耐用性。

编织

挂毯编织是另一项将手工技艺与艺术设计结合的另一项草房工业，并且可以帮助妇女获得收入。成立于1975年的欧迪编制者合作社（Oodi Weavers ‘ Cooperative）培训当地妇女学习染色、纺纱、编织各式产品，包括为旅游者设计的拥有丰富色彩和图案的壁挂毯、手编床罩、台布、长方桌巾和垫子。他们的大型挂毯有些含有讲述历史事件的村落场景。挂毯和围毯使用茨瓦纳人放牧的卡拉库尔大耳绵羊的羊毛，使用手工织机织成，他们编制挂毯的设计品质为他们赢得了国际声誉。迪罗亚迪塔（Tiro ya Diatla）的编制者也制作填充到旅游商品中的羊毛碎料。尤其最有名的是生产个性化定制的泰迪熊，配有护照，用于出口。

木工艺

木雕代表着另外一项重要的艺术与工艺种类。通常来讲，居住在博茨瓦纳北部的人们更擅长木雕技艺，而生活在南部地区的人们有着更佳的制陶工艺。来自博茨瓦纳东北部沙谢（Shashe）地区的木雕工匠可以在木料或动物的角上雕刻动物形象和玩具。过去，乘坐蒸汽火车旅行需要经常进站停车来加水，经常会遇到有人售卖干烤花生和水煮蛋，还有手工艺人在火车窗口售卖自制的手工艺品。许多木雕都是鸟或其他动物的形象，还有通过自制脚踏车床制作的可乐豆木木碗和带盖水罐。其他比较受欢迎的物件包括一个想象出来的半人半兔状的动物，这个形象在全国一些地区代表传说中的一个魔神，名叫托克罗西（*Tokolosi*）。这是一个能够被善意或者恶意利用的微小生物，也通常会被雕刻成多种造型。这些鸟、动物和手杖样式的木雕作品并没有能够像篮筐一样获得同等的国际市场认可。这些作品只有等牧人们在放牧点或土地上空闲时才会不定时地创作出来，通常说来人们多是凭借个人兴趣进行制作，并在路边摊上不定时地售卖。因此，这些木雕作品通常造型怪异，保留着大量的个人化特征和个性。

皮制品

利用多种野生和家养动物皮革编织成复杂图案的皮毯是一种传统艺术形式，但是在目前大多数的家庭中已经很少见到了。塞罗韦男子在1953年利用狮子，猎豹及其他动物的皮革制作了一张长宽分别为25英尺和15英尺的皮毯，它被作为加冕典礼的礼物献给了英国伊丽莎白二世女王。尽管茨瓦纳手工艺人的作品目前已经非常稀少，但是对比于游客商店里那些将野生动物皮革嵌在毛毡里的商业化产品而言，许多居住在喀拉哈里沙漠地区和西部恩加米兰的萨尔瓦人仍然会制作皮围裙，皮斗篷和手提袋，用于自用或拿来售卖。这些与他们生活各个方面息息相关的手工艺品包括用于狩猎和采集，舞蹈，治疗，娱乐和个人装饰的各种物品。此外，他们目前还会为旅游者专门制作大批量的弓和箭，箭袋，皮袋子和缠腰带。设计为求婚者用来“射中”他所爱女人的微型弓箭套装也是售卖中的畅销产品。根据传统，在射中“猎物”之后，他必须等待看看她是否会通过拾起箭的动作表明她对他的兴趣。男人们从事狩猎的工作，使用当地的植物来给皮革染色，再将它们编织成袋子或其他物品。而女人们通常会用珠饰品来装饰这些东西。

珠饰品

在博茨瓦纳那些具有一万多年历史的考古遗址中，人们发现了用鸵鸟蛋壳制成的珠子。被小心清空的鸵鸟蛋也用来作为盛水罐，有时会使用刮刻表面并用木炭涂黑的方式在其表面上装饰上几何和自然的图案。为了制作珠子，鸵鸟蛋会被做成有棱角的碎片，然后用石锤和用骨头或牛角制成的凿子将它削刻成粗略的圆形。然后给它们钻眼并穿在一条长皮筋或树皮绳上面，再将它们在磨石上不断拉动，将它们抛光成同样大小。这就是通常在游客商店里看到的各式珠子。随着时间的流逝，佩戴在颈上和腰间的珠串变得十分光滑，它们也成为用作奖励的传家宝。为游客交易而制作的珠子形状非常不规则，也很少会长时间佩戴来增加它的光泽和柔亮度。鸵鸟蛋壳制作的珠子依然是萨尔瓦人文化产品中的一个重要内容。经常混有玻璃珠的鸵鸟蛋壳珠串用皮筋缝制在围裙，手袋和头带上。头带在传统上是在萨尔瓦人名为“萨罗（*hxaro*）”的贸易交换体系中尤其重要的一项用于交换的礼物。头带上的一些著名的基本图案包括：名为“公牛的尿”的图案是一条“之”字型的线两边点缀着交替的圆点，代表着公牛边走边尿留下的脚印，还有用“同心圆”图案代表“猫头鹰的眼睛”。姆布库舒妇女是非常优秀的珠饰手工艺人，她们将黑白两色的珠子缝制在皮围裙上面组成“之”字形的图案，并把它围在腰间。

姆布库舒人的手工艺

艾特沙（Etsha）的姆布库舒人是一群掌握多项手工艺技术的安哥拉难民。他们居住在奥卡万戈三角洲西部边境的安置点中。姆布库舒男子以制铁技术和木雕手工艺闻名，他们制作斧头，锄头，砍斧和刀这样的兼具装饰性和实际应用的工具，把它们放在木质鞘盒中供当地人使用或售卖给游客们。他们也制作像非洲弹拨琴这样的乐器，将金属键放在木制的共鸣器上，用拇指敲击琴键来演奏。他们还会利用锯开的大树树干来制作大小和形状不一的手鼓。他们将金属工具放在火中烧得发红发烫，然后将它贴到这些乐器的软木表面，烫制上连锁的三角图案。一些男人们也是技术熟练的编织者，他们能够用棕榈纤维编织装饰性的手提包，用奥卡万戈的芦苇编织睡毯。他们的技艺足以和那些使用奥卡万戈地区自然资源制作篮筐，用棕榈叶编织手镯，用鸵鸟蛋壳珠子和香木制作项链，用纸莎草编织坐垫的妇女们相媲美。

赫雷罗人的手工艺

居住在博茨瓦纳西北部的赫雷罗人以放牧闻名，因此他们大部分的手工艺和艺术作品都围绕着牛群放牧和制奶的主题。这些器物包括使用锋利斧子从一块硬木上制作出的用于储存的牛奶罐。有时候人们会用烫制的方法在其表面上装饰三角图案。他们也会制作很深的木碗，通常有凸起的边缘，还有刻进表面的装饰性把手来做支架；用来承装动物油脂的容器是将多片湿牛皮捶打成圆形而制成。赫雷罗妇女还会为游客贸易专门制作穿着传统服装的小玩偶。

现代艺术

博茨瓦纳政府认识到，视觉艺术是国家文化身份中重要的组成部分，它将促进、支持并保护所有民族的艺术作为加强“多样性中的统一性”目标的一部分加以实施。为了鼓励视觉艺术，博茨瓦纳政府创建了基础设施来保护国家艺术收藏，它们中的大部分被保存在哈博罗内的国家博物馆、历史遗迹和美术馆，和位于莫丘迪，塞罗韦和弗朗西斯敦的地方博物馆中。

博茨瓦纳国家博物馆，历史遗迹和美术馆

博茨瓦纳国家博物馆，历史遗迹和美术馆的主要工作目标之一就是要提高博茨瓦纳艺术和艺术家在国家和国际上的水平和声誉。为此博茨瓦纳举办许多重要的展览，包括博茨瓦纳艺术家大展，全国篮筐和手工艺展，全国儿童艺术展，还有达蓬（Thapong）国际艺术家工作室和展览。举办这些展览通常会和私营机构合作。例如，全国篮筐和手工艺展览就是由国家博物馆与博茨瓦纳手工艺集团联合组织，至今已经有超过二十年的历史。通过与博茨瓦纳手工艺集团——全国主要的篮筐和手工艺市场进行合作，国家博物馆能够扩大自己对博茨瓦纳篮筐和其它手工艺品的藏品量，同时也促进了博茨瓦纳文化的市场化进程。

在近四十年的时间里，博茨瓦纳国家博物馆一直非常支持各项艺术，为本土和国际展览保留了几个专门的展览空间。博物馆最近推出一个名为玛丽娜公主医院公共艺术项目，它通过在医院建筑和院落中展出艺术作品的形式将视觉艺术扩展至博物馆画廊的围墙之外。这一设想是希望将艺术贴近人群，尤其是那些从未曾参观过艺术画廊的人们。许多人认为医院的建筑和环境已经转变得更有益于医护人员，病人和参观者。

国家博物馆还将旧殖民时代哈博罗内“村庄”里的堡垒和邮局分配给达蓬视觉艺术中心，让他们根据自己的用途来重新改造这些建筑。中心为从事绘画，雕塑，印刷和传统陶艺的艺术家们提供空间和培训。它也会赞助每年举办的美术和应用艺术工作室。

达蓬（Thapong）国际艺术家工作室

达蓬国际艺术家工作室代表了博物馆和美术馆对博茨瓦纳艺术进行支持的另一方面。工作室的创立旨在将本土艺术家与世界各国艺术家和艺术作品共同呈现，培育合作与对话。工作室创立的基本前提是，密集的互动与专注将会使创造力得到扩展。同时，公众对于职业艺术家的态度也逐渐向积极的方向转变。尼奥·玛托姆（Neo Matome）是博茨瓦纳最著名的女性艺术家之一，她认为在博茨瓦纳人们通常会用怀疑的眼光来看待艺术家，尽管实际上艺术可以促进并鼓励实现独立思考，创新和智慧这样的目标，但是人们还是认为艺术不是一个“真正的”对社会有所贡献的职业。博茨瓦纳艺术家也面临着许多实际的问题，尤其是缺少艺术家能够从事创作的工作室空间。这一问题在农村地区显得更加艰难，因为他们难于获得艺术家们从事创作所需的材料以及将作品运送到大城市进行展览和售卖的条件。

作为国家博物馆的补充，博茨瓦纳银行也开始创建一系列收藏品来鼓励国家现代艺术的发展。尽管共同努力促进视觉艺术发展很重要，但是国家艺术发展的决定性未来还是在于艺术家本身。近来活跃起来的艺术家协会是迈向艺术兴趣复兴的重要一步。此外，博茨瓦纳大学的教育与艺术系创办了一个视觉与表现艺术项目，它综合了理论和时间的元素，其中的一个部分是，艺术如何通过多媒体传播方式对国家发展产生帮助。

库鲁艺术计划（The Kulu Art Project）

库鲁艺术计划是博茨瓦纳西北部达喀尔（D'kar）农场的一个萨尔瓦人组织，它为解释历史，传说和自然如何能够影响艺术提供了明确的证明。艺术中心提供设施和材料，鼓励受邀的萨尔瓦艺术家进行艺术实验，并为他们运用不熟悉的绘画和材料提供单独的指导。萨尔瓦艺术家们在一系列工作室里，创作出平板印刷，黑白和彩色印刷品，蚀刻板画和油涂料印刷品。男性和女性艺术家倾向于选择不同的绘画主题，并会选择不同的绘画材料。女性通常更多地选择在珠饰品，服装和首饰上描绘野生植物和鸟。而男性却倾向于描绘动物，神话中的生物还有人。尽管在主题上也偶有重合，艺术家们似乎让他们的艺术遵循着这样一种传统与性别的区分，这种区分产生于劳动与经历。如果这些区分在遥远的过去也是如此，这将表明措迪洛山脉，萨武蒂（Savuti）野生动物保护区，马齐恩（matsieng）和玛穆诺威尔（mamunowere）的上千幅描绘了动物和人的岩画和雕刻作品都是由男性艺术家所创作。

一些国际组织和库鲁（KURU）艺术家计划中的萨尔瓦艺术家们合作，将他们的艺术作品推向市场。例如，一位女性艺术家的画作被选中作为英国航空飞机尾翼上的标志之一。到1999年，库鲁（KURU）艺术家累计参加在南部非洲，欧洲，澳大利亚和美国举办的超过25次的展览和展示。他们获得了多个集体或个人的奖项，其中包括国家博物馆和美术馆举办的博茨瓦纳艺术家大赛和芬兰的图形创意绘画奖。1994年，奎瓦（Qwaa），达美·赛达格（Thamae Sethogo），寇玛（Qoma）

和希维尔（X'were）参加了波兰举办的国际奖项获得者展览，他们的艺术作品目前被全世界的私人收藏家们广泛收藏。

现代手工艺

苏塞努（Thusano）银器集团生产纯银首饰，上面综合了传统篮筐设计纹样和措迪洛山中桑人的绘画图案。其他艺术家们使用棕榈纤维，可乐豆木，玻璃珠，动物角和毛发和泥土来制作手镯，戒指和项链。中空的葫芦和葫芦瓢表面烫制上各种图案，让人回想起那些在19世纪旅行者日志中提及的物件。这些东西依然经常出现在在全国的古玩店和小贩的货摊上。

这些非正规市场也会售卖各种其他艺术品和手工艺品，尤其是来自邻国南非，津巴布韦和赞比亚甚至更远的刚果民主共和国的雕刻作品。在博茨瓦纳开设古玩摊的人通常享有优惠的汇率，他们买进大量的小艺术品再零售给游客们。另一方面，普通的民众似乎对他们的艺术品和手工艺品习以为常，很少用这些本土艺术家作品来装饰自己的家，可能是由于这些东西散发的乡土气息使得他们不愿意将其用作自己城市家庭的装饰。相反地，他们却会从南非买回一些更为“西方化”的艺术作品。

然而博茨瓦纳木质和陶制品作者大多数没有接受过现代雕塑技巧的训练。最近，这个问题引发了争议。博茨瓦纳要为三位19世纪茨瓦纳领袖设立铜像，他们曾经为免受塞西尔·罗得斯王国的入侵而赴英国为贝专纳兰地区寻求保护。然而本土艺术家没能赢得这次的投标竞争。在竞争模型展示之后，一个韩国公司赢得了竞标。一些艺术家们对此十分不安，他们将之视为本土雕塑艺术未来前景黯淡的标志。结果，赢得投标的韩国公司最终为达蓬视觉艺术中心的博茨瓦纳艺术家们开设了一门短期的铜像雕塑课程。最后，莫丘迪的普卡蒂卡波(phuthadikabo)博物馆有了一项广受欢迎的活动屏幕绘画生意，利用包括茨瓦纳人家居艺术甚至岩画作品在内的传统图案制作T恤衫、窗帘、桌布、围裙和其它生活用品。

建 筑

自然景观中的建筑

位于博茨瓦纳东部的村落在1000多年以前的铁器时代所使用的建筑布局在今天茨瓦纳人村庄和城镇依然令人感到非常熟悉。[①] 村庄中心是一个大型的家畜围栏（*Kraal*，*lesaka*），家庭成员们会将牛群和小家畜们关在这里，保护它们免受狮子，猎豹和鬣狗的捕食。圆形的牲畜围栏通常用紧密排列，直插入土的木桩做成，或者将带刺的灌木捆扎成难于穿透的一圈。有时候人们将泥质内层的谷物储存井也挖在围栏的中心，这样可以在受到突袭和紧急情况时提供粮食储备。男性祖先也会埋在围栏（*kraal*）中，这样就可以使他们与代表其财富的牲畜以及结婚时获得的彩礼储备保持一种联系。就像一句谚语所言，

---

① J·丹博和J·S·丹博，揭开博茨瓦纳的过往（哈博罗内：国家博物馆纪念馆和美术馆，1985）。

“酋长们被埋在围栏（*kraal*）中，这样他们就能够在牛群经过头顶的时候听到牛蹄声。”这样做的另一个原因是为了保护他们的遗体不会被恶人或巫术所盗取，因为牛蹄的踩踏将准确的埋葬地点隐蔽起来。

住宅围绕着牲畜围栏以半圆形排列，在一些社区头人的住宅应该建在围栏的东边，尽可能在地势较高的地方。人们将男人们的卡古塔会议场——面对着围栏用竖直木桩插在地上围成的半圆——设置在头人的院子和围栏之间。在木桩围成的半圆中放置一个火炉，人们将药物埋在入口处用以“冷却血液”并保护人们避免将嫉妒和愤怒带入“卡古塔”中。过去只有那些经过成人仪式受过割礼的男人才能够参加卡古塔会议。理论上讲，所有男人都具有在卡古塔会议上自由表达的权利，但是在实际中，外来者或低阶层的男人却对此非常谨慎。年轻男子坐在地上或者坐在小凳子上，而年长者，家长和重要的客人们则坐在铺着兽皮的折叠硬木皮条椅子上。大多数家庭都拥有至少一把这样坚固的“*setilo sa dikgole*”，或者被称为“卡古塔椅子”，在它的木质靠背上装饰有精雕细刻的几何图案。和许多其它的传统手工艺一样，这些椅子由于大工业生产产品的冲击，目前已经成为稀有物品。

除了一些全体庆祝的场合，例如丰收仪式（*dikgafela*）以外，女人们通常被排斥在卡古塔会议之外。在丰收仪式上，神职人员代表神将收获的第一份果实奉献给在位的酋长（*Kgosi*）①。甚至到了现在，尽管女性被允许参加讨论她们结婚

① 博茨瓦纳的一些教派也会采用这一在圣经中早有先例的仪式。见第二章。

或离婚事宜的卡古塔会议，她们必须由一位男性陪同并代表她们发言。而且，在像丰收仪式（*dikgafela*）这样的全国性庆祝活动中，至少在传统社会中，女人也不能够参加讨论政治事务的会议。

在19世纪初期，茨瓦纳人居住在非洲几个最大规模的传统村庄里，一些村庄有1500至2000人的规模。城镇的布局原则和小村庄基本一致，但是随着人口的增长，半圆形住宅围绕围栏的单元简单地不断复制。根据习俗，城镇的布局是围绕着酋长的或最古老的围栏为中心，按照长幼顺序布局和排列。首先是酋长的住宅，右手边是其长子的住宅，次子在左手边，以此类推。麦肯兹（Makenzie）曾在19世纪这样描述：

> 在设计一个贝专纳城镇时，首先要确定酋长家院落以及公共牛栏的位置。这个位置一旦确定下来，其他的事情就非常简单了……酋长家的位置一确定下来，一个人说："我家的位置一直是在这边挨着酋长家"；另一个人补充道，"我家一直靠着他们家的另一边"，以此类推，直到整个城镇的布局全部设定完成。酋长在这些事务中就是国王，负责解决所有纠纷。[1]

人们在莫莱波洛莱（Molepolole）和莫丘迪（Mochudi）的老城区仍能见到这种布局的遗迹。住宅和防御地点围绕着家

---

① 约翰·麦肯齐，橙河以北的十年1859～1869（伦敦：弗兰克·卡斯，1871）。

畜围栏呈马蹄形分布。小路和无人照管的开放空间将住宅单位区域隔开。实际上，伯彻尔（Burchell）对自己1812年来到茨瓦纳城镇初次印象的描写在很多方面印证了我们目前仍能在许多临近老街区看到的情形：

> 随着我们走得越来越近，并登上高地，我兴奋而惊奇的发现，在我视线所及的范围内，映入眼帘的是大量的房屋；他们新奇的造型和特点一下子吸引了我全部的注意力，但仅仅一瞥就让我发现并研究起它们的布局来。它们以相互区隔的组群占据了平原上直径不小于1.5英里的一部分空地……我们一路上经过许多成群的房屋；房屋群之间通常是未被占用的大片空地……中间的空地是一派自然的景象，四处散落着灌木丛，偶有丛生的小植物或一片牧草……房屋以能够想象的最紧密的方式排列在一起；但是在环绕房屋的围墙之外，他们却不愿花费一点力气去修整。①

全国的许多小村庄依旧保存着这种在南部非洲有长达1000多年历史的房屋—牛栏模式的遗迹。历史可以追溯到17，18，19世纪的石墙村落遗迹也保存着这种布局结构。使用石块作为建筑材料部分的原因是由于大规模定居点附近的建筑木料短缺，有些情形下石块也被用来防御，正如19世纪早期的猎人洛林·乔登·卡明（Roualeyn Gordon Cumming）在昆纳人

---

① 约翰·伯切尔，南部非洲内陆的旅行（伦敦：巴奇沃斯出版社，1822）。

的首都发现的那样：

> 塞彻勒（Sichely [Sechele]）在我到达前不久就听到了传言，他可能会被迁徙的布尔人袭击，他马上下令在城市周围修建石墙。工程现在已经完工，间隔处留有观察孔，从那里他可以用火枪向进攻的敌人开火。他已经决定从猎人和像我这样的商人手里购买火枪。[①]

一般来讲，小村庄会围绕着大的城镇修建，居民们将一年的时间一分为二，季节性地来往于城镇和村庄农田（*mashimo*）之间，而他们放牧牲畜的放牧点（*merlaka*）则有更加遥远的距离。

过去，紧邻居住的人们多数是父系的亲属或是其他亲戚。在一些大规模的城镇，例如，塞罗韦，马哈拉佩和马翁，人们依然能够通过邻居和亲属共居的区域辨别方向，这既是想象的也是真实的，他们同时也维系着与周围农田牧区中的小村庄之间的家庭联系。但是在像哈博罗内、弗朗西斯敦和洛巴策这样急速扩张的城市里，街区规划已经取代了牛栏成为布局原则，邻居不再是亲戚们，而是一群由陌生人和朋友这样不同个人组成的群体，他们通常还是认为他们“真正的家”在大城市，

---

① R·戈登·卡明，南非猎狮者：南非内陆的五年历险，关注到本地部落和野生动物（伦敦：约翰·穆雷出版社，1911），第336页。在1852年，布尔人确认大卫·利文斯通是用来攻击他们的火枪的主要提供者，因此将他附近位于科勒彭（Kolobeng）的传教站烧为灰烬。

也在那些他们曾经生活过的乡村，在那里他们还依然保留有耕种和放牧的权利。

尽管如此，传统价值观仍会经常在房屋风格上有所体现。在农村地区和村庄中的许多人依然生活在圆形房屋中，房屋用泥土和牛粪建造而成，以草为顶；在一些大规模村庄，这些在南非白人中非常有名的圆型泥屋被称为圆形茅屋（rondavels），他们现在经常炫耀展示经过布尔式“改进”的草屋顶——用草和金属“帽子”盖在屋顶以防止漏雨。在城镇，有着玻璃窗和波浪形金属屋顶的正方形水泥砖房几乎彻底取代了土质房屋，但是房屋和院落的布局依然遵从早前的设计。在19世纪，房屋周围通常环绕着五英尺或更高的芦苇栅栏。如今除了博茨瓦纳北部的一些地区以外，铁丝网围栏已经大部分取代了原来的这些院墙，人们有时也会种些大戟属灌木来增加私密性。多间房屋聚在一起组成一户的住宅，在场地中连接这些房屋的是泥筑的围墙，围墙把这些建筑连在一起，并形成一块开放的场地，或称为“罗瓦帕（*lolwapa*）”。现代的“罗瓦帕”围墙通常只有二三英尺高，可以成为一个艺术展现的空间，一些妇女把墙塑成个性化的形状并用自然的泥土作为颜料装饰墙面。

住宅和家庭生活中的建筑

茨瓦纳语中的“罗瓦帕”（*lolwapa/lelapa*；*lelwapa*）是家庭（family），家（home）和一户人（household）的同义词。这个词本意为连通一户人家主要住宅的有墙环绕的公共场地。这里是接待访客的地方，在很多方面具有与西方房屋中的“起居室”一样的功能。就像家畜围栏被认为是属于男人和祖先的领地一样，家（home）属于女人们。依照传统，博茨瓦纳用妻子的名字而不是丈夫的名字为家（home）作区分。[①]

妇女在传统上是家庭建设中的最重要的角色。男人们砍伐筑墙和支撑房顶所需的木材，而妇女们则负责割草，并将它整理，捆扎至房顶；取水并按比例将水，土，沙和新鲜的牛粪混合起来；再将这个混合物涂抹在房屋墙壁，地面和外面的“罗瓦帕”上。妇女们涉足家庭房屋的建设有一段相当长的历史，像罗伯特·莫法特这样的早期传教士从欧洲两性劳动分工的角度很难理解这样的行为：

> 当我靠近那位妻子……她和几位女伴们正在一起盖房子，把用树枝搅拌的混合物运到房顶。我对她们说，应该让她们的丈夫来做这些工作。这句话惹得她们一阵大笑。王后玛胡托（Mahuto）和几个男人走了过来想要确认嬉笑的原因。妻子们将我刚才奇怪滑稽的建议复述给他们听，于是又是一阵欢笑声。[②]

妇女们也使用赭石和其他氧化物颜料在房屋、“罗瓦帕”外墙和地面设计出各种绘画、纹理和塑形的图案来作为装饰。她们所使用的自然颜色范围从红色、棕色到赭石色和黄色，从

---

① 桑迪·格兰特和艾利和·格兰特，博茨瓦纳装饰一新的家（井普敦：科莱达出版社，1995），第118页。

② R·莫法特，南部非洲传教士的劳动和场景（伦敦：J·斯诺，1842），第252页。

蓝灰色到白色。尽管一些颜料在全国几百英里的范围内售卖，但是颜色的选择通常还是由当地出产的矿物和土壤所决定。

我们能够在房屋建造上发现一个性别区分：传统的使用土和牛粪建造的房屋除妇女们徒手之外仅使用简单工具建造而成；涂抹混凝土的新式水泥砖房却是由男人们来修建，他们会使用包括混凝土搅拌机和泥抹子在内的多种工具。如果材料能够定期翻新，屋顶更换新草，墙面重新抹泥的话，那些由夯实的泥土墙和院落建成的古老的传统房屋能够沿用几十年的时间。但是由于雨水和气候每年都会给房屋带来侵害，人们通常都会一年左右翻新一次墙面，将一层新泥涂抹覆盖在旧泥的表面。他们将沙子和碎石混合在泥浆中使其能够具有防雨的功能，尤其是墙的底部，那里是屋顶无法提供保护的地方。在重新抹泥的过程中，妇女们可以选择翻新原来的装饰图案或者在她们的房屋和院子里描绘出新的装饰。随着时间的流逝，每年重新抹泥并装饰使得房屋和“罗瓦帕”墙壁的厚度增加至 2 英尺甚至更厚。传统房屋的厚泥土墙和草屋顶都具有隔热的特性，使其在喀拉哈里炎热的气候里具有特别的优越性，在那里夏季有些天温度会超过 100 华氏度。在这些土屋里，温度通常只有 20 摄氏度甚至更低。而现代金属屋顶的水泥砖房里的情形可并非如此。如果没有空调和或电扇，这些屋子在夏天的炎热程度将是令人难以忍受的；而它们主要的优势在于材料的耐用性和具有抗白蚁，抗腐蚀的作用。

给房屋绘制装饰图案在博茨瓦纳有很长的历史。约翰·坎贝尔牧师在其 1822 年出版的著作《南非的旅行》一书中就曾有过这样的描写，有双层墙的房屋内壁装饰有大象和长颈鹿轮廓的图画。[1] 而现在，以人物和动物为主题的绘画多数出现在像酒吧，酒店和饭店这样的砖石混凝土商业建筑上——换句话说，是男人们而不是女人修建了这些建筑。女人们绘画的主题也是多种多样，从纸牌的图案——红心，黑桃，梅花和方片——到更加传统的图案，如花朵，拱廊，和更加抽象的图案，比如名为“勒克加弗”（*lekgapho*）图案就是将手指穿过新鲜的牛粪而完成的。“勒克加弗”主题是一个从对角线被一分为二的正方形，然后用手指在湿泥上划出沟线，形成一系列平行的线沟，沿着等分线交会在右角上；这种起伏的沟被称作迪特玛（*ditema*），或犁过的土地。“勒克加弗”和纸牌的图案也会偶尔出现在房屋内部的墙壁上。过去放置碗盘和其他物品的土质架子有时会塑在墙里面，但是目前很少留存下来。尽管可能只是一种短暂的艺术，在房屋和“罗瓦帕”墙壁上绘制的美丽图案仍然是在此居住的妇女们展现个性的一种表达方式。人们曾经观察到：

> 那些人依旧用古老方式装饰房屋的原因有两条。首先是为了满足自己创造性的本能，其次就是为了赢得当地社区的尊敬。因此，这些女性艺术家们的创造性既不是为了迎合外部或国外的兴趣，也独立于这些因素。她们的艺术创作是她们生活于其中的这个社会的产物。博茨瓦纳的女性艺术家们只需要满足自己和她们当地的社区。在更广阔

① J·坎贝尔，南部非洲旅行，应伦敦传教会的邀请而进行（伦敦：弗朗西斯·威斯特里，1822）。

的世界里，甚至没有人知道她们的存在。她们不售卖任何东西，无需设计广告或者调整自己来迎合市场需求。这种只受材料特性和个人技巧所局限的创作总是非常真诚而令人耳目一新。[①]

西方的起居室是接待客人的一个正式的公共环境，与此类似，“罗瓦帕”院子也会装饰得非常精巧，围墙上有时会出现与房屋墙壁相同的绘画图案。但在其他地方，他们也会用大量的心形，圆形，正方形或其他形状来进行装饰。在婚礼、葬礼和其他纪念性场合，人们会将“罗瓦帕”的外墙精心地重新描绘。有时在“勒克加弗”方块上面留下的纹理图案在过去能够保持数月之久。现在越来越多的人们穿着硬底鞋，这会使雕刻的地板图案很容易粉碎，现在人们几乎不再生产这样的艺术作品了。在19世纪，“勒克加弗”还有一个刻有花纹边沿的正式火炉，一家人和客人们可以在冬天围坐四周。在室外的火堆旁举行傍晚的家庭聚会在今天依然非常普遍，甚至在那些因为客厅太小而无法招待多人聚会的城市地区也是如此。尽管他们希望避免火堆中产生的碎屑和浓烟不要因风向而四处飞溅，还有另外一个人们无法否认的原因就是当这些家庭围坐在户外的火堆旁分享着故事和笑话的时候，他们感受到一种文化的需求。

沿着博茨瓦纳北部奥卡万戈三角洲的边缘，有时候人们能

---

① 桑迪·格兰特和艾利和·格兰特，博茨瓦纳装饰一新的家庭（Cape Town：Creda Press，1995），第118~119页。

够找到不同的建筑材料。这里有许多传统家庭使用芦苇来建造围墙，它比木材更容易获得。人们把芦苇的根部浸在废旧机油里使其免受白蚁的侵蚀。多数草编屋顶会覆盖上一层泥浆，但是也可以不抹泥浆让凉风自由穿行，调节博茨瓦纳北部炎热的气候。由于喀拉哈里的沙子颗粒非常细密，因此人们发现恩加米兰地区的灰土墙比国家东部的更脆弱。这一问题使得当地出现大量现代的混凝土建筑。由于很少有地方能够开采到适合的石块掺在细沙当中，建筑和建筑材料都十分脆弱而非常容易倒塌。生活在三角洲西侧的姆布库舒人有时甚至会将芦苇剖开，编制成席子来当做墙壁。人们将它们交错叠加在屋顶支撑物之间，构成墙壁。

城市建筑

城市地区的居住方式由从前的大家族和亲戚组成的居住单元转变为以核心家庭为基本单位，居住在充满西方式邻里关系的由成排水泥砖房组成的街区中，而不再是从前的圆弧形的牛群围栏的布局。城市里的家通常建有牢固耐久的水泥砖墙，金属门窗和钢板屋顶，这些都需要专门的工具来建造。即使是在自己修建住宅的区域，使用耐用而特殊的材料意味着建房的责任已经从女人转移到了男人身上。与此同时，茨瓦纳妇女们曾经用来装饰她们住宅的那些个人的艺术化展示也随之消失了——至少是在住宅外部。如果人们决定来装饰住宅，通常会选择使用商品化的颜料。城市里的建筑物有时候会被描绘上几何和自然主义主题的图案，但是画中的图案经常表现的是广告或商业内容，而不再是居住者个人的偏好。

由于对博茨瓦纳的殖民地统治是由南非的梅富根（Mafikeng）来控制，因此博茨瓦纳的城市建筑几乎没有那种在南非和津巴布韦老城区中常见的维多利亚式建筑风格。哈博罗内著名的殖民地老城区名叫“村庄”，那里还留有一些早期建筑物的遗迹，包括19世纪末期英国堡垒、最早的邮局和监狱的建筑残余。其他的建筑物和住宅被设计建造成一种毫无想象力的国际化风格，这种风格在20世纪30至50年代的发展中国家中十分流行。这些雷同的用石灰粉刷的建筑物依然常见，但是从20世纪90年代开始，由钻石开采带来的财富增长也导致城市中开始大规模修建高层建筑和商业购物中心。首都哈博罗内在过去的20年里城市规模扩大超过两倍。在一些原来的部落首府城市，例如帕拉佩，马哈拉佩，莫莱波洛莱和洛巴策，尽管充斥着快餐饭店、折扣商店和服装店的购物中心拔地而起，但是石灰粉刷的带有宽大阳台和工业化的钢制门窗框的平顶水泥砖房，依然是标准的建筑风格。这些地方还是一派充满雷同殖民地建筑的乡村景象。

现代化的哈博罗内从独立时开始从零修建，地点就在殖民地“村庄”以西的一片“中立”的皇家保留地上。城镇南边的诺特瓦内（Notwane）河上建造的水坝为城市提供大部分的用水；它也是当地钓鱼，帆船和水上运动爱好者们钟爱的景点。哈博罗内具有所有现代化城市通常具有的特征——柏油马路连通着高层建筑，水电齐备的住宅，办公室和购物中心。除了政府机关和议会，城市里还有国际化饭店，赌场，博茨瓦纳大学，国家博物馆和拥有欧洲直飞国际航线的塞莱茨卡玛

(Sereste Khama) 国际机场。

建筑部门的行政人员通过“建筑、建筑物与工程服务部”，博茨瓦纳标准局和博茨瓦纳技术中心这些部门，来负责制定安全和营建标准。这些公务员们中的许多人是侨民，他们设计许多政府建筑，制定技术标准，却没有人承担设计创新性的责任。包括博茨瓦纳建筑协会在内的私营机构拥有100多名个人成员，他们代表着大约二十多间建筑公司。

首都最高的建筑物之一就是奥拉帕屋（Orapa House），那里是对博茨瓦纳出产的钻石进行分级，包装以便售卖的地方。在哈博罗内地平线上新增加的一栋14层建筑是博茨瓦纳税务部和司法部长的办公场所。这座耗资4200万美元的建筑物最初的用途是作为博茨瓦纳住宅公司的总部，它从建造之初就饱受非正规投标分配，贪污和贿赂等争议的困扰。这使得建造工作一度停工，使其在一段时间内成为政府土地中的一个未完工的碍眼物。这个建筑目前已经完工，也成为城市地平线上的一道亮眼的风景。

这些在城镇里相对现代和富裕的街区与那些贫穷而缺乏卫生条件的贫民区交错分布。其他的一些城市问题也凸现出来，由于多车道高速路网充满绕行线路和交通信号灯，在拥堵时段的城镇成为一个真正的停车场，几英里路需要花费一个小时的时间。就像一位司机说的那样，“在哈博罗内开车，你不能只遵守道路交通规则，你必须学会透过挡风玻璃与其他司机用手势，微笑，凝视和祈祷进行‘谈判’。”①

在殖民时期和独立后的二十年里，政府和私人住房建设通常都在郊区留有“佣人住宅区”。尽管主要的住宅区都有电力和冷热自来水供应，但是佣人住宅区通常缺乏这些设施，这也反映出那个时候的社会阶级分化情况。随着私营经济的崛起，博茨瓦纳出现了一个受过教育的中产阶级，社会上也有越来越多节省劳动力的设备供应，例如，洗衣机和洗碗机，但城市住宅的这些特征与下面的现象相比，也就显得没有那么重要了：现有的佣人住宅被当做储藏室，或者作为临时住宅出租给学生和中等收入的工人，主要城镇的房屋价格十分昂贵。

大规模的人群从乡村涌向城市使得人们难于解决工作和住宅短缺的问题。工资水平普遍很低，大多数人难于应对城市生活的高额消费。政府在 2004 年的建议最低工资是每月 675 普拉（150 美元），但是大多数的私营公司的工资要低于这个数额。博茨瓦纳住宅公司是一个半国营的组织，负责为部分政府员工提供住房，但是供应始终短缺，市场主导的房租经常高到令大多数工人和公务员无法承担。区委员会为其他政府雇员提供住房，例如：委员会官员，护士和教师。由于哈博罗内和其他城市的私有住宅十分昂贵，因此包括警察，监狱，博茨瓦纳国防军和博茨瓦纳住宅公司在内的几个政府部门也会为他们的员工建造住宅或将住宅廉价出租给他们。由于住房花费巨大并且供应不足，许多人开始采取一种“共居”的生活方式，几

---

① 一位行人在 2003 年 5 月讲给丹博的一段评论，当时他们站在路边看着交通堵塞。

个人或几个家庭合住狭小的，为一个家庭设计的住所里，尤其是在邦兰（Bonleng），白城（White City），玛鲁普拉（Maruapula），新旧纳莱迪（Naledi 是博茨瓦纳著名的贫民区），迪塔坎农（Ditakaneng）和新顶木（New Stense）一些低收入社区中。还有一些人开始在三十英里远的城市之间往返，甚至是更远的农村的“家”，例如拉莫茨瓦，卡内，莫莱波波莱和莫丘迪这些房价不太昂贵，有时甚至是免费的地区。这种方式让他们能够和亲戚朋友们保持联系，用他们的工资或者住房补贴来修建自己的住房，而不是向政府或房东支付房租。这种生活方式对那些家就住在哈博罗内郊区村庄的人十分具有优越性，但是对于那些来自遥远的马翁，塞罗韦和马拉哈佩农村的人们就十分不利，当他们来到哈博罗内工作需要购买自己的住宅时，这些外来者想要获得土地是十分困难的事情。

人口的增长，加上邻国涌入的大量寻找工作或政治避难的工人，导致博茨瓦纳城市中心地区犯罪猖獗。① 尽管至今为止犯罪很少涉及暴力，但它还是对建筑产生影响。② 在城市里一些富裕街区，多数的房屋从街道上已经无法看见，因为它们都被砖或石块建造的高强所环绕。在一些老旧城区的高墙上面，放置着锋利的玻璃碎片，放置盗贼翻墙而入。在新城区，玻璃

① 尽管偷盗行为也会在农村地区出现，但是要将它与那种向来往密切的邻居“借东西”的行为区分开，也并不容易。尊重传统信仰和习俗也可能成为更大的障碍。例如，人们告诉孩子，如果他们偷了一头牛或羊，恰巧在路上遇到了牲畜的主人，他们的胃就会发出牛叫或羊叫的声音。

② 伙同缺乏经验的博茨瓦纳人，主要由南非人实施的武装暴力抢劫案件的发生日渐频繁。

碎片被铁钉代替，有时甚至是高压电线。寓所或共有公寓会提供保安或守门人这样被动的保护措施，他们通常居住在保护墙的保安室中。除了最贫困的地区之外，所有住宅的窗子上都有防盗闩。在城市中的一些富裕地区，还会配备有自动的防盗报警系统，配备有安保人员和棍棒的私人公司会迅速反应，承诺警报铃响“几分钟”之内就会到达现场。偷盗行为太过猖獗，城市警察系统也无法及时处理。接到市民关于偷盗的报警电话，即使不用几天时间，他们通常也需要几个小时才能受理案件。“我们没有交通工具，”这是电话里通常的回答。结果，如果人们抓到正在行窃的罪犯，“暴民的正义”有时非常普遍地存在。在有些场合下，暴徒们会阻止警察带走嫌疑犯，直到他们感觉到正义已经得到了伸张为止。尽管大多数的犯罪都是小偷小摸，几乎没有暴力，但是偷盗行为的普遍性还是给博茨瓦纳的城市文化和建筑留下了独特的标记——这和非洲多有国家的情况一样。

城市地区缺乏土地也导致村庄居住用地分配的传统共有体系与城市中心地区财产私有化之间产生内在的矛盾。在城市中心区和小规模的村庄里，建造住宅的用地如何分配成为一个难题，被官僚体系拖延十年而迟迟未决的事情也并不稀奇。在很多几乎无人申请的乡村地点，人们能够非常迅速的以很低甚至免费的价格获得土地。由于大多数人们都有相互联系，土地共有且资源丰富，除非邻居投诉，否则侵占土地的行为几乎可以被忽略。许多博茨瓦纳城市周边的农村地区看起来在表面上也按照同样的方式执行，但在过去的几年里，政府开始推到所谓的非法“自分配”住宅，并将这些地方纳入到“空置”区域之中。由于正式的申请没有提交给土地和住房主管部门（一个助长贿赂和贪污的系统），政府拆毁了几十间自分配住宅，令居住者无家可归。时任土地住宅部部长宣称要将这一项目进行推广，在全国开始拆毁非法分配住宅。这种强拆行为广受非议，但是它确实缓和了哈博罗内和莫古蒂茨哈尼（Mogoditshane）和索拉莫瑟（Tsolamosese）郊区非法土地分配的矛盾；但是在瓦嫩、弗朗西斯敦和其他城市地区，人们仍然继续在自分配土地上建造贫民区。

公共水资源供应和卫生设施

博茨瓦纳夸耀自己拥有非洲最好的排污系统，所有城市地区都有基本的用水系统，大多数乡村都有坑井式公共厕所。这一切可以归功于国家良好的经济状况。哈博罗内和弗朗西斯敦从哈博罗内及沙谢（Shashe）水坝获取大部分的饮用水。在东北地区的塔提（Tati）河和沙谢（Shashe）河上建起的新水坝将为那一地区的村庄提供水资源，其他一些水坝计划建设在沙谢河和图尼（Thuni）河的下游地区。另一方面，城镇，村庄和牧牛点通常使用几百英尺深的水井来取水。有些地方，这些井钻得太深以至于人们开始担心他们开发了不可再生的化石水资源，而不是使用可循环的地下水储备，这样就会使这片干旱的沙漠地区面临着珍稀资源枯竭的险境。

尽管大部分农村地区由于“不在计划区域之内”而没有自来水系统，但大多数家庭能够从安置在村庄某个特定地点的公共水龙头获取安全的饮用水。由于一些人在知道他们不用支付水费后就开始浪费，导致这样的公共水系统成本十分高昂令政府难以维持。结果政府推出预付费的水龙头代替了公共水管，人们需要买卡来取水。尽管仍处在实验阶段，这个项目很可能会向全国的农村地区推广。政府仍会为那些无法负担水费的人提供免费自来水。承担提供主要公共水资源责任的分工是：博茨瓦纳水设备公司负责向城镇供水，水务部负责向农村地区供水。由于水资源花费的上涨，人们认为草坪和花园是西方式的奢侈品——尤其是在那些实施限水法令的干旱年份里。传统的院落里没有草，仅有每天清扫干净的光秃土地。[①]

独立之时，全国只有少量的冲水厕所，即使在城市地区，也有很多人使用坑式公厕。在一些小城镇和乡村，坑式公厕在20或30年前也并不常见。目前，博茨瓦纳的城镇基本普遍拥有了很好的排污系统。而坑式公厕在农村地区也很平常。它们的修建费用非常低廉，而重要的是它们不需要水——这在一个全国口号是"Pula"（雨）的国家里，是一件稀有商品。但是由于它们会污染地下水位，也因此带来严重的环境问题。最终，尽管国家严重缺水，政府还是鼓励许多在村庄和城镇居住的人们改用水循环排污系统。然而这又带来另外的问题，由于村庄居民居住分散，使得修建集中废水系统非常困难。在放牧点或农场，公共厕所也很少见，一些未修整过的"自然区域"

---

① 有时候每天的清扫只是形式山的或旋风式的，反映出那些印刻在罗瓦帕（lolwapa）地面泥土上的永久性图案。在美国的南部，一些二十世纪早期的非洲裔美国人家庭还普遍保持着非洲清扫庭院的传统，而不是设计成草坪。

就被分配作此用途使用。

电 力

曾经只在城市和大型乡镇才能获得的电力，现在以预付费的形式扩展到了越来越多边远的村庄。但是博茨瓦纳的电费很昂贵，因为它是由莫鲁普莱（Morupule）煤矿上建造的一座火力发电厂产出的。这座煤矿位于塞罗韦和帕拉佩两座城市之间。国家电网再将电输送至哈博罗内和弗朗西斯敦。对于那些靠近南非和津巴布韦边境的城镇和乡村来说，使用国外电网的电力有时候更加便宜。同样的，博茨瓦纳也会将电卖给那些靠近莫鲁普莱和国家电网的南非城市。那些位置非常偏僻的城镇，例如马翁和杭济，曾经不得不使用昂贵的柴油发电机，但是目前这些地区已经被联通进入国家电网。

107

5　烹饪和传统服饰

我们的生活主要依靠肉食，但法律却禁止我们吃这些东西。我认为当上帝创造人类的时候，他也将动物作为食物提供给萨尔瓦人（Masarwa）。恩瓦托人（Bangwato）依靠他们的牛群给他们提供食物。卡兰加人（Kalanga）依靠他们的庄稼。白人们依靠金钱，面包和糖。这些都是不同民族的人所具有的不同传统，因此你会发现法律在和我们萨尔瓦人（Masarwa）作对，它禁止我们吃肉。[①]

贝专纳人极度喜爱生肉，他们认为这是唯一适合男人们食用的食物；谷物和牛奶则是女人们的食物。[②]

在茨瓦纳人中，……女人们无论贵贱都要盖房子，种庄稼；而他们的丈夫则负责为所有人"制作服装"。传教

---

① 一个萨尔瓦男子的评论。他反对近来颁布的禁止土著民族在中部喀拉哈里野生动物保护区进行维持生计的狩猎。见罗伯特·希区柯克，"'狩猎是我们的遗产'：南部非洲桑人为狩猎和采集权进行的斗争"，http://www.kalaharipeoples.org/documents/hunt-iwg.htm。

② R·戈登·卡明，南非猎狮者：南非内陆的五年历险，关注到本地部落和野生动物（伦敦：约翰·穆雷出版社，1911），第189页。

士们看到女人们耕地而男人们缝纫的场景感到震惊，他们认为这是一种完全怪异的行为。①

简 介

没有任何东西比食物和服饰更能贴近文化的核心和个人的身份。在博茨瓦纳，多数的食物都体现了长久一贯的传统与口味，最具《代表性》的烹饪所使用的原料中依然包括许多捕猎的野生动物和菜园或耕地上收获的食物。另一方面，现代的服装却很难称得上传统，几乎所有人都穿着大众生产的西方款式的服装，T恤衫、牛仔裤、衬衣、连衣裙、短裙和西装。但是与许多参观者认为的不同，这并不是一个表明博茨瓦纳人已经失去他们传统的标志。他们的烹饪就是众多证明中的一个。

烹 饪

野生食物

博茨瓦纳的烹饪在很大程度上是以肉类为中心。尽管食肉

① 约翰·科马洛夫和珍·科马洛夫，论启示与革命：一个南部非洲边界的现代性辩证法，第二卷（芝加哥：芝加哥大学出版社，1997）第228页。第二卷1997年版权属于芝加哥大学出版社。获得芝加哥大学出版社与科马洛夫夫妇授权重新印刷。他们引用了J·坎贝尔的“库里查恩”，传教士速写，第25号（1824年4月）。

量根据家庭环境的不同而存在差异，但是毫无疑问的是，无论是野生还是家养，肉类都被认为是一餐中的主菜。尤其是在农村地区，野生动物和鸟类的消费与各式各样的野生蔬果都是食物中的重要组成部分。

根据一项研究，野生植物占现代博茨瓦纳人食物摄取量的40%，他们通常会在烹饪中使用超过百种野生植物根茎，绿叶，豆类，水果和坚果。[①] 其中最重要的是高蛋白的豆类，例如莫拉玛（Morama）（*tylosema esculenta*）、莫果果（Mongongo）果仁（*Ricinodendron rautenenii*）、莫卢拉（Morula）果实和果仁（*Sclerocarya birrea*）、莫辛茨拉（Motsintsila）浆果（*Berchemia discolor*）、莫索索加内（Motsotsojane）和莫提瓦（Moretlwa）或者葡萄浆果（*Grewia retinervis* and *Grewia flavenscens*）、莫特洛皮（Motlopi）根茎（*Boscia albitrunca*），将它们捣碎做成粥，外加名为“莫尔特加（Moretolga）（*Ximenia* sp.）”的酸李子，野生蘑菇和名为“玛巴瓦（Mabawa）（*Amanita* sp.，*Psalliota* sp.）”的松露，还有奥卡万戈三角洲巨型“姆布楚莫（Mukuchomo）”树上的野生无花果（*Ficus syomorous*）。名为“隆加纳（Longana）”、“莫索克茨瓦纳（Mosokotshwane）”和“格莫迪米茨（Kgomodimetsi）”的树叶煮熟后可以制成茶（*Artemisia afra*; *Lippia Javanica*）。酒精饮料包括被极尽诽谤的卡迪（*Khadi*），在传统上它是由蜂蜜、格莱维亚果（Grewia），还有由猴面包树（*Mowana*）的种子制成的酒石乳霜制作而成。但是制作卡

---

① 弗兰克·泰勒和H·莫斯，草原产品商业化利用潜力的最终报告（哈博罗内：商业与工业部，1982）。

迪（*Khadi*）的传统成分各地不同，它取决于当地自然环境的馈赠。例如，博茨瓦纳的南部就没有猴面包树。他们利用发酵的莫卢拉（Morula）果实制作另外一种美味的高度数酒精饮料。名为“莫纳莫措（Monnamontsho）”和“塞罗皮（Serepe）”（*Cadaba sp.*，*Portulaca Oleracea*，等等）的野生植物可以吸食或作为烟草中的添加物。

野生动植物食物并不仅仅是像克瓦桑人或萨尔瓦人这样的田园采集者的专属食物，它们是几乎所有博茨瓦纳人的重要食材，无论他们是住在农场和放牧点或者甚至是少量乡镇和城市的居民。人们在春季将像罗塔维（*rothwe*，发音为 ROW-tway，*Gynandropsis gynandra*）和台佩（*thepe*，发音为 TAY-pay;[①] *Amaranthus thunbergii*）这样的绿色植物（*merogo*）采摘下来，然后将它们煮熟晾干并保存，每年都在当地市场的街边货摊上出售。[②] 有时候人们也会将磨碎的西瓜子和处理过的绿色植物（*merogo*）混合起来以增加风味。另一种在市场上出售并能够出口国外的畅销野生食物是干幼虫，英语的名字叫做可乐豆木（mopane）虫，茨瓦纳语叫做“帕内（*phane*）”（发音为 PA-nay）。这些并不是真正的蛆虫，而是“*Imbrasia belina*”科的一种背上长刺的幼虫，它的成虫阶段是一种大型的蛾皇。它们

---

① 在茨瓦纳语中，送气音和非送气音之间的区分对母语是英语的人来说几乎很难辨别或模仿发音。因此，多数英语拼写都会一楼送气音“h”，令茨瓦纳人感到很无奈。

② 这些仅是大量可食用野生植物中的两种。其他常见种类还包括“莱仕维（*Leshwe/Pentarrhinum insipidum* 和 *Pergularia*）”和“塞勒佩（*Serepe/Portulaca oleracea*）”。

以生长在博茨瓦纳北部和东北部的可乐豆木（mopane）树叶为食。幼虫需要用手采摘，有时候甚至会将树砍到来采摘树顶的虫子。[①] 采摘之后，人们要把幼虫的内脏挤出来，然后把它们晒干并用盐腌制，通常在街头的货摊上售卖。[②] 这些都是季节性的美食，并可以通过多种方式食用。例如，众所周知，后来成为总统的塞莱茨·卡玛爵士通常会将可乐豆木（mopane）虫放在口袋中当零食吃。人们也会将它们再次泡发并在水中烹煮后，油炸食用；现在人们也经常将洋葱和西红柿加入其中，并配以“博厚贝（*bogobe*）[bo-HOE-bay])”制作的小菜，用高粱面和水煮制的稀饭，或者用玉米面制作的帕雷彻（*paletshe*）（pa-LAY-chay.）。[③]

狩猎和捕获也为博茨瓦纳大多数饮食提供了重要的补充。尽管博茨瓦纳政府对狩猎进行限制，购买步枪弹夹和鸟枪的子弹需要获得狩猎许可，但是大量使用火药和金属碎屑作为子弹的 19 世纪遗留塔式毛瑟枪，依然在农村地区使用。尽管在像中部喀拉哈里野生动物保护区这样的一些地区需要特殊许可，博茨瓦纳目前仍是非洲唯一的一个由国家立法赋予所有公民以

---

① 近年来过度采集可乐豆木虫导致某些地区收获不稳定或本地绝收。为控制这一问题，博茨瓦纳政府最近颁布立法，商业采集者需要获得“帕内（*phane*）”采集许可，否则将面临习惯法法庭的审判。许多人对此表示质疑，也担心这是政府开始控制人们世代赖以生存的野生食物的第一步。

② 在主要出口南非的出口市场中，可乐豆木虫的价格升至每磅 5 美元。

③ 在博茨瓦纳这两种粥有严格的区分。而在南非词汇可以互换使用。

狩猎为生的权利的国家。[①]这一规定让一些视狩猎为其传统遗产的克瓦桑人心生抱怨。他们认为野生动物狩猎许可证上规定的狩猎数目并不足以满足他们生存需要。

国内食物

农作物和生产体系

尽管博茨瓦纳干旱且难以预测的气候对畜牧业十分有利，却为植物生长设置了障碍。目前博茨瓦纳人食用的大部分玉米粉由本国生产，人们在干旱年份里则会从津巴布韦和南非进口玉米，然后在当地加工。几乎所有在杂货店里销售的蔬菜都是从南非进口。多数多产的农民们都使用拖拉机或耕牛来耕种土地——除了住宅的花园以外，没有农场使用人力耕种。用来牵犁的动物和机器被普遍的视为农业生产中最为重要的设备，没有人会为缺乏耕种设施无法耕种而苦恼。相反，他们要依靠雇佣劳动或其他工作赚取现金，用来在当地市场和商店购买玉米粉和其他食物。

关于使用耕犁，经济转型和农产品生产有一个非常有趣的故事。今天大多数人都很难相信仅靠锄头农业能够养活一家人，罗伯特·莫法特在 1854 年发现人们在绍雄地区仍广泛使用手工方式来锄地，他们“也并不缺乏食物。当你看到花园的范围，你将会非常震惊……两座山间的平地有数百万英亩，向东向西一直延伸到视线的尽头。我们……穿过广阔的当地人

① 罗伯特·希区柯克，“博茨瓦纳维持生计狩猎和特别野生动物许可”，博茨瓦纳笔记和记录 28（1996）：第 55～64 页。

的玉米地，其中一些当季的丰收作物都未曾收割。”[1]

这无疑是个好年份，尽管他提及的两座山脉之间的土地面积大约有五万英亩而不是数百万英亩，但是他观察到大量未收割的谷物被留在田地里也充分地表明，博茨瓦纳家庭即使是使用手锄方式，谷物至少在好年份里还是能够自给自足。当然，无论是在什么样的好年份，丰收的谷物“未收割”而丢弃在田地里都令人心生疑惑，也可能这些谷物最后通过其他方式储存在粮仓中，为干旱的年份做储备。在 19 世纪 50 年代，当地很可能还没有为丰收年份剩余粮食而设的市场——可能因为几乎所有人都是农民，也都受惠于丰沛的雨水。缺少货运马车，不完备的运输系统使得把谷物运送到遥远干旱地区市场的费用变得非常昂贵。

这样看来，至少在雨量丰沛的年份里，博茨瓦纳的手耕农业能够养活一家人。喀拉哈里边缘地带由于农作物生产的风险和不确定性，那里的农民最早赞成采用新技术，例如犁。甚至到 20 世纪 70 年代的近期，博茨瓦纳仍是撒哈拉南部非洲地区为数不多的在日常农业生产中广泛使用牛耕犁的国家之一。[2]博茨瓦纳在 19 世纪从手锄农业向犁耕农业转变过程中还有其它一些重要的因素。第一个因素无疑是茨瓦纳社会广泛存在耕牛可以用来牵引耕犁。因为在非洲很多的森林地区，采采蝇携

---

① 罗伯特·莫法特，罗伯特莫法特的马塔贝列人日记，1829 ~ 1860（索尔兹伯里：罗德西亚国家档案，1976）。

② 两个主要的例外是埃及的尼罗河谷和索马里高原，在这两个地方牛拉犁使用时间超过 5000 年。在北非，耕犁农业至少从基督纪元 800 年腓尼基人将耕犁引入迦太基和其他地区就开始使用。

带的病毒严重地限制了畜牧业发展，人们别无选择地使用人力来耕地。其次，耕牛不但可以牵犁还可以用来支付购买所需的犁、套具和其它设备。第三个因素是，德兰士瓦地区的布尔农民和欧洲传教士们在19世纪中期已经可以制造并使用耕犁来为自己的土地增产。巴茨瓦纳人有机会看到耕犁的使用是如何增加产量，他们很快就学会如何将耕牛和犁共同应用到他们自己的农业生产当中。最后一点，那些负担得起耕犁的富裕家庭甚至能够在缺雨的年份靠剩余谷物交换牲畜而获利，或者将它们分配给那些不太富裕的人们以获得他们的归属权或政治利益。毫无例外地，耕犁最早的使用者是酋长和其它富裕的茨瓦纳人，他们拥有耕牛可以用来购买耕犁，或牵引它。铁刺网围墙的引入解决了经年已久的老问题，能够防止（家养和野生的）动物吃光或破坏庄稼，这也有助于增加产量。

除了能够使业已富裕起来的农民进一步增加其农产量之外，牛拉犁的使用也将男人们带入了农业生产（牵引耕牛）当中，因为农活从前都是妇女们的责任。男人们并没有取代女人们在田里的工作，而只是在女人们扶犁的时候在前面牵引耕牛而已，女人们扶犁就像从前她们握着锄头一样。耕犁的使用及其在农业生产中导致的变化反过来也影响了一夫多妻制的婚姻经济关系。博茨瓦纳废弃一夫多妻制的一种解释是，这是受到传教士宣教反对所产生的影响，而富裕的农民通过使用耕犁就能够增加农产量，而不需要再迎娶更多的妻子来耕种土地。这样他们就更容易遵从传教士的训诫而不需要承担经济损失。当然，一夫多妻制在早期还承担着在不同民族中建立多重联系进而凝聚政治势力的功能。但是随着政治权力关系的不断变化，传教士的行动，白人商人，布尔农民，最后是废除殖民地，“人们已经不能再像从前那样从一夫多妻制中获得回报……而且人们逐渐开始禁止妇女们在小范围男人（由于劳动力移民）中产生出多重同盟关系。在这种的环境下，男人们和女人们都倾向于缔结一系列关系，考察多个结婚对象的潜力，并在他们选定某一对象之前能够测试这一关系所能带来的收益。”①

更大规模的农业产量也意味着它将更深入地参与到新兴起的殖民地市场中。人们在那里购买欧洲服装，烹饪用具，厨具以及那些作为地位象征的工具。大量能够使新商品和服装保持洁净的肥皂和除菌剂有助于茨瓦纳人将其饮食方式和着装方式与地方性商品市场相互融合。犁耕农业使得每位劳动力每小时获得更高的生产量，这也使得非抗旱的玉米取代抗旱的高粱成为博茨瓦纳雨量相对丰沛地区的主食。例如在弗朗西斯敦，目前主要的主食作物就是玉米和谷子（*lebelebele*）。在博茨瓦纳的干旱地区，尽管多数家庭在能够负担的前提下，更愿意去杂货店购买已经磨好的玉米粉，但是高粱和谷子仍然在当地继续种植。

气候和规模经济效益都鼓励更加资本化的商业农场的发展，例如在图利布洛克（Tuli Block）的塔拉纳农场（Talana Farms）就生产大量的玉米，然后在洛巴策和拉莫茨瓦的磨坊加工精制。这种大规模的农场开始在很多地区逐渐取代那些小

① 安妮·格里菲斯，在婚姻控制下：一个非洲社会的性别与正义（芝加哥：芝加哥大学出版社，1997），第220页。

规模自给自足型的生产方式。在干旱的年份里，人们从津巴布韦和南非进口谷物然后在当地加工。全国的蔬菜供应都依赖南非的农场，商业化的农民们以较低的成本种植像卷心菜，洋葱和南瓜这样的蔬菜，它们逐渐取代家庭种植产品，有些情况下甚至也取代了野生植物。

巴茨瓦纳人的烹饪

肉菜

牛肉是最受欢迎的肉食，人们在婚礼和葬礼上会大量食用它。相比之下山羊肉是更为常见的日常食物，因为山羊的肉量更容易制作，符合没有冰箱的日常家庭食用需求。牛被宰杀后，肉要按照传统的方式分割，舅舅会得到头部，叔叔分得前腿，以此类推。胸部和腹部的肉则会留在家里。[①] 能够嚼得动的“带骨肉”是人们最喜欢的部分。[②] 鸡肉也非常受欢迎。而鱼肉，除了叶伊人和奥卡瓦戈地区的其他民族会食用之外，大

---

① 伊萨克·沙佩拉，茨瓦纳人法律与习俗手册（伦敦：F·卡斯，1970），第226页。

② J·丹博印象深刻地回忆起2001和2002年为博茨瓦纳大学学生的一个考古夏令营买肉时的这一偏好。有几个星期，他都去镇上为夏令营买回小块肉条，因为它是供应品中价钱最合适的。三个星期之后，夏令营的学生们集体同声抗议，“我们要带骨头的肉！”

多数茨瓦纳人都不会吃它。[①] 这非常具有讽刺意味，在美国的一种常见的饲养鱼类——罗非鱼（tilapia）的名字是这种鱼的茨瓦纳语名字“*tlhapi*”的拉丁化形式。大卫·利文斯通在19世纪中期最早描写过此事。叶伊人使用篮筐和芦苇鱼篱来捕鱼，有些鱼篱有50米长能够从此岸延伸到彼岸。本地名为“鲷鱼（bream）”的罗非鱼和一种名为“触须白鱼（barbel）”的鲶鱼都可以在哈博罗内水库里捕到，并在路边市场中售卖。茨瓦纳人中只有少数的，比如莱特人、特罗夸人和少量的科加特拉人，食用猪肉；大多数人都认为猪是一种不洁的动物。驴和马也不是常见的食用动物，尽管有些人也发现它们很美味。[②] 除了巨蟒和蛇不能食用之外，属于信仰图腾的动物也不能食用。在每个民族内部，都有许多不同的图腾，有一些是最为常见的“受尊敬的”动物，包括恩瓦托人的*phuti*或称为小羚羊，昆纳人的鳄鱼和恩瓦凯策人的大象。

最受欢迎的肉菜有“赛斯瓦（*seswaa*）”、“塞罗比（*serobe*）”和“赛格瓦帕（*segwapa*）”，它们分别由鸡肉，牛尾和烤牛肉制成。赛斯瓦（*seswaa*）也被称为“寇特洛（*chotlho*）”，它是将牛肉（有时是鸡肉）放在水中烹煮直到它

① 可能是由于多数史前茨瓦纳社会不吃鱼，因此歌曲，*nna ga ke je tlhapi, tlhapi ke noga ya mesti*，意为“我不吃鱼因为它是生活在水里的蛇。”但是博茨瓦纳北部措迪洛山中的挖掘发现，铁器时代早期的定居者和游牧者都会经常吃鱼。

② 就像一位拉科普斯男子所说，“我不会吃被人们坐过和放屁的动物。”J·丹博和布莱·奥佐（Brai Orzo）的谈话，1984年7月。

非常软烂，水中要加入大量的盐（其他香料令人难以想象）。[①]然后将肉从烹煮的三足铸铁锅中取出，用一把木勺拍打至牛肉完全碎烂。这种拍打过的肉食是最受欢迎的一道肉菜，人们会在婚礼，葬礼和其他仪式上享用它。塞罗比（*serobe*）是另一种抢手的美味。制作这道美食，首先需要将肠子和挑选出来的山羊、绵羊或牛的内脏清洗干净（尽管许多人许多人认为不必过度坚持这一工序，否则会损失大部分的“风味”）。然后再将它们和剥皮的山羊或绵羊蹄一起烹煮，随后再精细地切片。这道菜通常会搭配麦片粥或玉米粥——粗颗粒的玉米，通常还会加入豆子做成一道名为“迪克戈比（*dikgobe*）”的炖菜。习俗要求“卡古塔”的年长者应该享用动物的头部，而孩子们则被禁止吃舌头，以免他们长大会“多嘴”或成为“说谎者”。相反，鸡肠（*mala*）却是专为孩子们准备的美食。人们认为传统的散养鸡肉的口味远远好于商业化养殖的鸡肉，每只1美元的“传统价格”通常也高于商店里的冷冻鸡肉的价格；除非经过长时间烹煮，否则散养鸡肉对外国人来说很难嚼烂。[②] 在家里，鸡肉通常都在盐水中烹煮，有时会在汤中加入红辣椒来增加风味。一只活鸡作为礼物，一次家宴邀请，或者一杯茶（即使是在温度高达100华氏度的炎热十二月）都是热情招待特别客人、表达尊敬和友谊的象征。此外，鸡肉由

---

① 所有巴茨瓦纳人都喜欢将肉烹饪至全熟，他们不喜欢生吃或半熟的肉，甚至带一丝红色都不行。

② 一只乡村母鸡的传统价格是5普拉（1美元），这个价格好像至少已保持十年未变。许多巴茨瓦纳人发现商业化养殖的肉鸡的肉“太软了”。

于量小价低通常被当做某些传统仪式上理想的献祭品。

巴茨瓦纳人会食用除了狒狒，鬣狗和少数其他动物之外的大多数动物，克瓦桑人和班图语族人也是同样。肝脏，肾脏以及其他容易腐烂的器官通常都会在炭火上烤熟然后食用，猎人在捕杀地点会举行一些庆祝仪式。① 动物身上包括头部，皮肤和蹄在内的几乎所有部分都可以以这样或那样的形式烹饪，极少浪费。动物被宰杀后，人们将肉切成细长条状；抹上盐有时还加上其他调味料；然后在树上挂晒几天，日晒风干成南部非洲有名的肉干，南非白人将其称为“比尔通（*biltong*）”，茨瓦纳人称其为“赛格瓦帕（*segwapa*）”。②“比尔通”能够保存数月之久而不致腐坏。它可以干着作为零食食用，也可以煮在炖菜里或加入其他菜肴当中。由于农村地区缺乏冰箱或其他制冷设备，因此家里的肉都会做成“比尔通”来储存。即使是城市居民，也因为制冷设备和电费昂贵，缺少冷藏空间来储存大动物的肉。在包括牛在内的所有动物当中，人们认为非洲水牛可以制作出最好的“比尔通”。其他能够制作上乘“比尔通”的动物包括捻角羚，南非长角羚，非洲旋角大羚羊和鸵鸟。相反，角马和大羚羊制作的“比尔通”却不被当做美味。

---

① 猎人在缺盐的情况下，有时会用胆汁来为食物调味。在宰杀地点没有足够水来洗手的时候，他们会使用被杀动物（*moswang*）胃里未完全消化富含水分的草来洗手。猎人们也会用野生 tsama 瓜的汁液洗手或饮用。

② 南非荷兰语中的单词比尔通（*biltong*）目前几乎被广泛使用，尽管茨瓦纳语词汇 *digopa* 和 *segwapa* 依然存在。对许多南非白人来说，比尔通（*biltong*）是一种能够唤起他们家乡回忆的一种精髓食物，尤其是在海外旅行的时候，尤为如此。

在几乎每个当地屠宰场，人们都能看到成排的“比尔通”挂在绳子上。

动物被宰杀后几乎没有任何浪费。如果宰杀的是像牛这样的大型动物，肉（*go gasa kgomo*）要通过一种传统的方式进行分配（长兄应该得到一条肩膀和前腿，弟弟则分得一条大腿，舅舅分得头部，酋长［kgosi 或 kgosana］得到胸肉）。妇女们吃背脊上的肉和丁字牛排，而老年男子则得到肝脏和肾脏。那些帮助给牛剥皮的人可以带肋骨和像肠子这样的小块肉回家。如果被宰杀的牛已经怀有身孕的话，肚子里未能出生的小牛也归老年男子所有。将动物身上特定部位分配给大规模的亲戚，这一制度化的分配遵循着博茨瓦纳的一条基本原则“没有一个人是孤岛”或者用当地话说，“一个人只有通过别人［的帮助］才能成为一个人”（*motho ke motho ka batho*）。无论一件东西有多小，人们都希望它能为亲戚们所共享，因此俗语说 *bana ba motho ba kgaogana tlhogwana ya ntsi*（“即使是一只苍蝇的脑袋，一个家庭的孩子们也应当共同分享”）。那些拒绝分享的人被讽刺为“资本家”或是“恋物”者（*go rata dilo*）。

所有种类的肉都可以或煮或炸，然后和豆子、豆角、花生、蔬菜一起煮成一锅菜，里面还要加入预先包好的多种调料，例如咖喱、辣椒和“恰卡拉卡”（Chakalaka）[①]。[②] 只有在

---

① 译者注：恰卡拉卡（Chakalaka）是南非的一种蔬菜作料，通常很辣，传统上和面包，软食，炖菜或咖喱一起食用。

② 查卡拉卡（*Chakalaka*）是药草和辣椒的一种辣味混合物。

最为非正式的场合下，肉才会在户外的火堆上烤制食用。在家中就餐时，妻子或孩子会将一盆温水和毛巾拿到桌边，跪着递给她的丈夫、年长者和客人们洗手并将手擦干。人们认为让人用凉水洗手是非常不礼貌的行为，如果是招待客人的话，这就表示他是不受欢迎的。人们将承装炖菜“博厚贝”（*bogobe*）和蔬菜的盘子端出来，首先要先递给客人和家中的主人。在非常传统的家庭里，人们会为一家之主准备特殊的餐具，大家要等到客人尝了第一口之后才能开始进餐，人们认为这是一种基本的礼貌。除非一个家庭有禁酒的宗教戒律，否则城市的餐饮搭配中一般会配有姜饮料、瓶装软饮料、酒或啤酒。

作为主食的谷物和粥

炖菜和肉食总是会和玉米做的“帕拉彻”（*phaleshe*）或者高粱或小米做的“博厚贝”（*bogobe*）一起食用。制作时，人们要缓慢地将精磨的玉米，高粱或小米面粉倒进承装滚开水的容器中，将它迅速搅拌制成一锅面糊。然后将这一锅混合物慢慢烹煮，直到它呈现出类似于捣碎土豆泥的形态。这种基本的混合食物可以变换多种方式制作成不同的菜式，如果是在晚餐食用，它一定会配以肉类和蔬菜。[①] 卡特拉人（Kgatla）和特罗夸人（Tlokwa）会将高粱粉中加入少量的水，放置一夜令

① 卡特拉人（Kgatla）会烹饪一种名为“博厚贝—加瓦—汀（*bogobe jwa ting*）”的高粱稠粥。它通常是用发酵的高粱制作而成，并搭配以蔬菜食用。昆纳人和恩瓦凯策人制作一种更简单的名为“莫索瓦尼（*mosokwane*）”的粥，也会配以肉和蔬菜一起食用。常用的传统蔬菜有“塞皮（*thepe*）”和“罗蒂（*rothi*）”。

其发酵，制作成一种名为“汀”（*ting*）的食物。这种食物通常会让人们联想起这两个民族。牛奶和糖也加入到早餐食谱之中，煮开的牛奶也被用来制作一种名为“洛加拉”（*logala*）的浓稠软粥，或者混合以酸牛奶制成“塞布比”（*sebube*）。加少量牛奶制成的更加浓稠的粥通常会在午餐或晚餐时，配以肉类和蔬菜一起食用。此时，酸牛奶可以作为饭后甜点。人们认为高粱面粉混以甜瓜（*bogobe jwa lerotse*）是一道当地美食，但是在家里制作这道菜式需要花费大量时间，而在饭店购买又极为昂贵。高粱和甜瓜（*lekatane*）混合制作的另一道菜式名为“勒古都”（*legodu*）。这道食物会在长时间内保持高温，贪吃的孩子们通常都等不及它降温就伸手去拿，这就出现了谚语“*Fa a lelela legodu le monnele*，”意思是“如果他们吵着要吃“勒古都”，就让他们去拿［这样他们就会从被烫的经历里吸取教训。］”这句谚语也用来形容那些太顽固不听劝告的人。卡兰加人制作“博厚贝”并将它挤汁倒入酸牛奶中，制作出一种名为“托皮”（*tophi*）的食物。[①] 另一种广受欢迎的菜式是将名为“戴勒提”（*delete*）的树胶与花生和香料混合制成一种混合花生汤。

目前绝大多数的博茨瓦纳人都会购买已经制作并包装好的玉米粉和高粱粉。这省去了他们加工面粉的繁杂工序，它原本需要在一块大原木上挖出一个木制研体，然后用沉重的大木杵将粮食碾碎，再用簸箕将粮食的外皮簸出，最后将其保存在储

---

① 马蒂拉（Madila），或酸牛奶，在雨季末的放牧点有非常丰富的储备。如果有些饮料被喝光，也会出现为西方厨师所熟悉的同样的酸奶油。

藏室中以备食用。谷物有时候会用石磨而不是木杵研体研磨成精细的面粉。农产品的经济价值以及谷物磨粉所需消耗的劳动力价值都使得大多数家庭认为从商店购买玉米粉是一种更为经济的方法，即使是在农村地区情况也是如此。由于玉米粉淡而无味，人们一般不会单独食用它，而总是将它和肉或蔬菜汁一起搭配。

饮料

规模经济也同样应影响着一种名为“*bojalwa jwa setsolsetswana*”的传统啤酒的酿造。人们有时会为特定场合而专门酿造传统高粱啤酒，或者作为一种历史传统而展示，但是现在几乎没有人有时间（几天时间）、设备（容量为10至15加仑的大陶罐或44加仑的电镀圆桶）或原材料（大量磨碎的高粱，酵母等等）来生产它。在特殊场合下，人们即使不饮酒，呷一口“宝加瓦”（*bojalwa*）也被认为是一种礼貌的行为；习惯上也会撒一点酒在地上作为给祖先的献祭。① 有时候酿造传统啤酒可以作为对某些社区成员参加社区建设的奖赏，比如修建传统样式的住房，田里除草，或者给牛打烙印等。人们认为饮用作为奖赏的啤酒并不是一种酬劳而是对给予帮助表示感谢的一种象征。

① 盖布里埃尔·塞提龙内（Gabriel Setiloane）的母亲总是在收拾碗碟时在烹饪的罐子里留下一点食物给“祖先”，他记得“我们可爱幼稚的脑袋时常想象着‘祖先’在我们睡着的黑天里从房间的角落钻出来，打开罐子取用食物。”盖布里埃尔·塞提龙内，索托语—茨瓦纳人中的神的形象（鹿特丹：A. A. 巴克玛，1976），第175页。

一种商业化生产的名为“齐布库”（*Chibuku*）的传统啤酒目前非常流行，几乎完全取代了家庭酿造的“宝加瓦”。“齐布库”的别名是“摇一摇”，因为承装它的红蓝色一公升蜡封罐在饮用前必须用力地摇动它，将沉在底部的高粱沉淀物摇匀。几乎所有的地方都提供这种饮料，甚至包括那些没有营业执照的批发商店。那些希望在家中快捷地进行酿造的人们可以在市场中购买一套名为“摇动能量”（Power Shake）的快速发酵酿造“齐布库”的“设备”。

“卡迪”（*Khadi*）的味道尝起来和苹果酒有些类似，它是由格莱维亚（*Grewia*）浆果和蜂蜜酿造而成，酿造过程并不费力；几乎大部分的乡村家庭里都备有这种酒。在城市里，“卡迪”的酿造过程却更加具有致命性，人们有时候会加入一些剧毒成分，例如电池酸，泳池里的化学品，烟草，甚至还有旧鞋。① 这使得这种酒的声誉很差。家庭酿造的酒（除了

---

① 克里斯平·伊那姆宝（Chrispin Inambao）在2000年3月20日《纳米比亚人》上发表的一篇文章中讨论了七名工人在旱谷狩猎看守屋中死亡的事件。他们饮用了大量非传统酿造的卡迪（*Khadi*）酒，掺杂了游泳池清洁剂，电池酸和其他一些有毒物质。据说有时候废旧电池，烟草，化肥甚至旧鞋子都会添加在城市卡迪（*Khadi*）酒酿造过程中以增加酒的“烈度”。尽管饮用这些酒并不违法，但是一些其他家庭酿制酒的浓度已经高到饮用危险的程度，。一种名为“索—索—索”（*tho-tho-tho*）的酒从高粱中提炼蒸馏而成，酒精浓度能够超过80度。其他一些酒精强度较高的饮品都是使用商业化的酵母和糖酿造而成，它们都有引人联想的名称，例如，*o lala fa*（你就睡在这里！），*chechisa*（赶快！），*laela mmago*（和你的妈妈告别），*monna-tota*（真男人），和 *motse o teng godimo*（天堂有个家）。

"*bojalwa jwa setswana*"以外）时常被人们瞧不起，因为人们会将它们与乡村生活和较低的社会阶层联系在一起。但实际上，那些上层社会的人们也会在私下里时常饮用这些饮品（尤其是"卡迪"）。

另外一种传统的酒精饮料是由桑葚树的果实发酵制成。①这是一种有着淡绿色果皮的小圆果，食用之前需要剥皮；果实中心的大种子里有一种美味的小果仁，秋天人们会在树周围的地面上捡拾它们。在雨季，大象和猴子会因为吃了掉在地上自然发酵的桑葚果实而醉倒，现在人们将它制成一种名为"大象酒"（*Amarula*）的酒，出口到全世界。②③

一种用西瓜酿造的名为"塞波波提（*sepopoti*）"的酒能够达到极高的酒精浓度，浓度并不稳定，它会随着酿造者和气候条件的不同而变化。在农村和城市地区，家庭酿造的酒会在临近的酒吧（shabeens，低等酒吧）里售卖，有些酒由于酿造的质量出众或酒精浓度高而获得良好的声誉。这些低等酒吧的经营方式有些类似于俱乐部模式，它们通常会有不少忠实的顾客。尽管它们几乎都没有营业执照，但其受欢迎的程度无疑使

---

① 大卫·利文斯通观察到，"我们有一种桑椹树，它的木料能够制作出最好的碗。它的果实大小大约和最大的杏相当；很大的硬核外面包裹着果肉，成熟时很像芒果，不容易分割和品尝。果核的味道和核桃类似，但是大小却极不相同。"D·利文斯通和I·沙佩拉，家书，1841～1856，第一卷（韦斯特波特，考恩：绿林出版社，1975），第25～26页。

② 瓶子上绘制上一只大象。

③ 由桑葚制作的其他产品包括果酱和洗发香波和护肤品等个人护理产品，它们都在一些杂货店里销售。

试图取缔它们的政府十分尴尬。传统啤酒受欢迎的原因之一就是它们的价格——一杯 1.5 升的啤酒价格仅为 25 西比（5 美分）。

一种名为“格梅尔（*gemere*）”的非常受欢迎的无酒精饮料是由磨碎的姜，酒石沫和糖制作而成。它是在婚礼和葬礼上最受欢迎的一种饮料。过去，获取酒石沫需要刮取猴面包树果实种子的白色种皮——这也是博茨瓦纳饮食中使用野生食物的另一个例子。

除了“宝加瓦”之外，牛奶（*mashi*）可能是博茨瓦纳最受欢迎的饮品，孩子们在上学期间会参观放牧点，他们的记忆里充满着在奶桶里不知喝了多少带有温暖泡沫的牛奶的故事。没有经过高温灭菌的牛奶会很快变质，因此为了能够长时间保存牛奶，每个放牧点都会制作酸牛奶（*madila*）。按照传统的方法，人们将牛奶或羊奶在皮袋子里放置几天，在这个过程中，牛奶中的乳糖通过自然的发酵过程转化成为乳酸。随着酸度的增加，引起腐坏的细菌和其他酶的增长也被延迟了。酸牛奶（*madila*）广受欢迎，它在街边货摊售卖，超市里也有商业化生产的各种类型的产品。

制作黄油是长时间保存牛奶的另一种方法。赫雷罗人尤以他们制作的黄油（*maere*）而闻名，他们用皮带将皮袋子吊在三角支架上，并在里面搅动牛奶。搅动使油滴与奶分离，并让它们凝结成半固体状，通常含有 80% 的油，20% 的水。黄油在这种形态下能够保存很多天不致腐坏，尤其在冬天甚至可以保存数月之久。赫雷罗人在漫长的旅途中会将黄油放在葫芦里随身携带，黄油也成为他们身份的象征，就好像“汀”（*ting*）

是卡特拉人（Kgalta）和特罗夸人（Tlokwa）的象征一样。

饭店和商业化食物

大多数城镇中都有数百家快餐店供应炸鸡，这是博茨瓦纳旅途中或上班午餐时最受欢迎的食物。马拉哈佩是从弗朗西斯敦到哈博罗内国家公路的中间站，那里的卡迪斯（Katis）是国内最受欢迎的本地饭店之一，他们制作一种名为“茨瓦纳鸡”（长时间煮制然后再油炸）的食物。像美国小鸡里肯（Chicken Licken）和肯德基（KFC）这样的国外快餐连锁店，随着它们“吮指美味”的广告板一起出现在大多数的城镇中。他们的葡萄牙竞争者纳多斯（Nandos）也渗透进入本地市场，向“油对你的汽车有意义，而不是你的身体”这句话提出挑战。

巴茨瓦纳人在所有肉类中最钟爱牛肉，许多咖啡馆和酒吧都会为顾客提供烤牛肉。

在所有城市、乡镇和大规模村庄都至少有一家面包店，生产面包的同时还制作名为“马格威亚”（*magwinya*）的油炸糕点。商业化成品食物也在小卖部（*semausu*）售卖，这些小卖部通常设在主人家的门前。尽管规模很小，它们的作用与美国的“便利店”非常相似，售卖一些小东西，例如，火柴、食用油、卫生纸、肥皂和香烟。尽管时常被执照管理部门突袭检查，他们还是会偷偷售卖一些非法啤酒给那些信任的老主顾。

服饰

外国游客初次来到博茨瓦纳最失望的一件事就是，这里没有其他非洲地区那样的可以构成“民族”或“传统”的多彩扎染服装、刺绣衬衫或其他服饰和袍子。人们通常得出的结论是博茨瓦纳人已经失去其大部分的文化传统，因为他们几无例外地穿着牛仔裤，T恤衫，连衣裙，西装，领带和其他西方服饰。因此，在种族隔离时期，人们经常听到来自南非的白人参访者评论说，南非人是如何“维持”他们的文化传统，而博茨瓦纳人却已经失去了它。这些观察也发现了令人疑惑的事实，与南非相比，贝专纳兰保留地和博茨瓦纳人较少受到种族隔离规范的压制或者殖民者的统治所带来的对日常生活的侵扰。但是如果从服装来看，大部分的博茨瓦纳人都已经西方化。以此为标准，全国“保留”传统服饰的民族只有赫雷罗妇女，她们一直穿着19世纪在纳米比亚经过德国传教士改良过的服饰。正如后来的演变一样，这种看法是一种误导和错误的印象，因为服饰风格和文化“保留”或传统之间的关系并不是表面看上去那么简单和直接。正如一位人类学家形容的那样，服装是“社会性皮肤。”①

从什么时候开始穿着明亮色彩的印染棉布、印染泥布和扎染布料成为非洲的“传统”？而且为什么这些传统在博茨瓦纳

① T·S·特纳，“社会皮肤”，见不仅仅工作：跨文化视角下为生存而多余的活动，杰里米·切尔法斯和罗杰·卢因编辑（贝弗利山，加利福尼亚：智者，1980），第112～140页。

的大部分地区都没有展现？部分的答案体现在南部非洲社会构建与外部世界以及它们之间关系的历史背景之中。在欧洲十五世纪开始奴隶贸易之前，几乎所有撒哈拉以南非洲的人们都穿着动物的毛皮，用捶打过的树皮或者用棕榈叶的纤维编织的布料。仅有的几个例外是，西非萨赫勒（Sahel）地区生活的精英们和非洲东海岸的斯瓦西里人（Swahili），他们由于公元800年后与伊斯兰旅行者和商人频繁接触而开始穿着棉质服装。在16世纪至18世纪期间，成捆的布匹是进口到西部和中部非洲海岸最为昂贵的商品之一，人们在卢安果（Loango）和罗安达（Luanda）这样的港口用布匹来交换奴隶。反过来，这些非洲精英们创造性地用进口的布料和服装来使他们通过贸易获得的新社会地位合法化，并强化了也已存在的社会等级体系。

> 富裕的王子们用他们能得到的最为精美也最时髦的布料来装扮自己和他们的仆人，在钟爱的位置上放上猩红色的丝绸……次一级的达官显贵们用尽可能长的，有着生动丰富色彩和花纹的进口棉布来包裹自己，相互攀比设定时髦的标准让别人来追随。普通人只能穿着他们仅能获得的粗糙的毛织品或劣质棉布……那些最为富有也最有权势的人们仅仅穿过一次的衣服所用布料量足够所有普通民众穿着所需，富人们不断要求在他们的服装上增加国外布料的长度，直到他们几乎无法移动为止，他们就通过这种方式

使得裁剪的技术水平获得普遍的提升。[①]

就这样，与伊斯兰教、基督教商人和入侵者长达几个世纪的交往使得西部和东部非洲发展出新的文化身份，精英们迥异的服装及身体装饰风格“不但是向基督教欧洲致意，也是对北部和东部穆斯林的一种呼应。”[②] 通过特殊性新服装的发展，不平等和差异性的关系象征性地重新生效，随后作为“传统”被重新创造出来。穿着外国服饰不仅仅是财富和社会地位的一种体现，在很多情形下会赋予穿着者以精神上的权力，就像19世纪来自下层刚果的姆博玛（Mboma）所表达的那样：

> 他认为外国制造的商品有一种魔法的特性。根据一份关于这一信仰的文件所记述，外国人运到姆博玛港口的布料并不是他们纺织的。这些都是生活在海洋深处的新比（simbi）精灵的作品。商船到达非洲海岸之前会经过那里。那些外国人发现了通往海洋精灵新比（simbi）工厂的洞口，他们就是把船开到洞口，在需要布料的时候摇动铃铛。新比（simbi）的回应就是把一块布料的尽头递到洞口。船员们在几天之内一直向上拉布料直到满足需要为

① 约瑟夫·米勒，死亡方式：商业资本主义与安哥拉人奴隶贸易，1730～1830（麦迪逊：威斯康辛大学出版社，1988），第80～81页。

② 约翰·科马洛夫和珍·科马洛夫，论启示与革命：一个南部非洲边界的现代性辩证法，第二卷（芝加哥：芝加哥大学出版社，1997）第257～258页。第二卷1997年版权属于芝加哥大学出版社。获得芝加哥大学出版社与科马洛夫夫妇授权重新印刷。

> 止。作为给新比（simbi）的报酬，船长会将姆博玛人（Mboma）和那些通过巫术卖给他们的非洲人扔到洞里。①

在19世纪的南部非洲，许多茨瓦纳人也和那些希望他们购买并穿着服装的传教士们合作。与姆博玛人一样，茨瓦纳人这样做并不是出于出于谦逊的目的或者是为了表现出遵循基督教教义，他们这样做仅仅是因为人们怀疑欧洲的服装和其他商品都同样带有超自然的特性。像罗伯特和玛丽·莫法特，大卫和玛丽·莫法特·利文斯通这样的新教传教士开始用进口布料制作服装，加上清洁方法和良好的家务管理方法一起作为为茨瓦纳人设计的改造程序中的最明显的第一步，他们要将茨瓦纳人从不穿衣服只着兽皮改造成为穿着得体的人。茨瓦纳人对外国商品具有魔法的观念在这一过程中不断被强化。通过将基督教的精神收益与他们通过输入消费主义，“市场经济”和“服装和洁净的世俗好处”所得的物质益处相结合，传教士们希望能够为“英国商业打开为数不多的渠道，要不是因为福音传播，英国商业可能已经永远被拒之门外了。”②

巴茨瓦纳人并不仅仅是外国时尚的被动接受者；他们将这些时尚用来创造出一种自己对身份和社会地位的表达方式。起

---

① 诺曼·施拉格，班宝玛人财富观念的转变（下扎伊尔）（布卢明顿：非洲研究计划，印第安纳大学，1990），第5页。

② 约翰·科马洛夫和珍·科马洛夫，论启示与革命：一个南部非洲边界的现代性辩证法，第二卷（芝加哥：芝加哥大学出版社，1997）第229页。第二卷1997年版权属于芝加哥大学出版社。获得芝加哥大学出版社与科马洛夫夫妇授权重新印刷。

初，他们只是对传统服装和进口商品进行一种拼凑，但这也足以混淆维多利亚时代的传教士们对服装及其制作所产生的区分。就好像莫法特非常奇怪地发现，女人们在茨瓦纳社会中是盖房者和建筑师，而男人们则负责缝制皮斗篷和大部分他们和妻子们穿着的衣服。很明显，玛丽·莫法特如果想要在非洲创建一个和英国一样的基督教妇女“缝纫圈子”的话，那么她的工作已经不可能实现了。她在写给英国朋友的信中这样写道，当她需要“为矮胖女士身材制作特别的袍子时……我最喜欢那些20或30年前制作的袍子，或者我应该说它们除了紧袖口之外，和今天的时尚完全一致，这在温暖的天气里真是一个悲剧……材料可能很粗糙，但很结实，越结实越好。深蓝色印染，或者是色织格子布……或者实际上，任何一种好清洗的深色棉布——任何浅色的衣服都不能穿在外面。”①

早期服饰

尽管玛丽·莫法特在19世纪中叶一直努力试图为茨瓦纳妇女们设计一种结实、并不非常时髦的农民“制服”，但是到了20世纪20年代“传统的”用皮毛制作的茨瓦纳服装依然是博茨瓦纳农村地区的标准服饰。实际上，一些欧洲人认为，与那种传统服装和西方服饰在城市地区“不美观”的结合相比，这种皮毛制作的传统服装更具美感：

① 玛丽·莫法特，“写给祝福者的信”，南非图书馆季刊公告22（1967）：18（原版中标示重点）。

> 目前贝专纳地区的大部分服装都会展现出与欧洲接触所产生的并不令人愉快的同质化影响，但是部分服装已经完全去除了传统服装依然摇摆不定的影响——男人的缠腰带（*tshega*），还有皮帽子，凉鞋和皮袍子，还有武士们的尾带；在这些服饰上增加不同的配饰，例如颈上的珠串，草编或铜线编制的臂钏等等，不能缺少的还有鼻烟盒和装零碎杂物的皮袋子；而女人的服饰有前面的围裙（*Khiba*），后面的裙子（*mosese*），上面有各种各样的饰物，上半身披一件皮袍子或者兽皮。有年幼孩子的妇女也会用 *thari* 或者兽皮来包裹孩子，将它们背在背上。男孩子在前面穿一块皮盖布，女孩子则穿一件椴树纤维或兽皮制作的流苏裙，随着年纪的增长，他们会分别开始穿着缠腰带（*tshega*）或围裙（*khiba*）和裙子（*mosese*），通常很少有孩子会完全裸露。但是，无论年纪长幼，身份高低，所有人都至少会佩戴一种对贝专纳人来说珍贵的饰物——珠子，手镯，脚环和臂环，部分或所有这些饰物都同时作为不同种类的护身符。①

这段对博茨瓦纳服饰的描写与 18 世纪末南非的描写几乎相同。尽管所有的服装全都是由鞣革兽皮制作而成，但是它依然会体现出年龄、性别和社会地位的差别。例如在 18 世纪末期，只有社会精英才能够穿着“由 15 至 18 块兽皮整齐缝制而

---

① A·M·阿尔弗莱德·达根—克罗宁，南非的班图部落：摄影研究的复制品（剑桥：戴顿，拜耳，1928），第 20 页。

成的衣服，兽皮有非洲香猫，豺，野猫［蝠耳狐］，或跳兔［春兔］……贫穷的贝专纳人买不起这种拼缝在一起的衣服，它的价值相当于一或两头牛。他们会穿着由大羚羊或其他大型羚羊类动物皮革制成的衣服。”[①] 温暖的皮毛毯（karasses，或 *dikobo*）由男性裁缝专门制作，在 20 世纪 70 年代的恩加米兰地区还十分常见；那时候，年轻男孩子的皮质缠腰带和女孩子们的皮质流苏裙在马翁地区的一些大型村庄也在普遍穿着。

18 世纪末期描写的一些装饰物可能是由本土铜制作而成。[②] 这些还有其他一些包括犀牛皮制成的皮带，象牙手镯在内的东西将会标识出身份地位，同时在某些情况下也可作为抵御嫉妒、疾病和伤害的保护性药物。他们会在身体上涂抹红赭石与动物油脂的混合物。油脂与银色的镜铁（赤铁）一起用来制作闪亮的头盔式的头饰。[③] 在欧洲人入侵时期的奎嫩地区，镜铁矿和赭石矿是茨瓦纳人致富的来源。对博茨瓦纳北部措迪洛山区镜铁矿所做的放射性碳检测表明这种高价值的商品早在公元 800 年就已经广泛地进行买卖交易。和后来奎嫩南部地区一样，镜铁贸易使得措迪洛社会在铁器时代早期就能够从

① 辛里奇·利希滕斯坦和 O·H·斯珀尔，开普省的基础［与］关于贝专纳人（开普敦：A·A·包科马，1973），第 67～68 页。

② 利希滕斯坦（Lichtenstein）（同上，第 67 页）写道“淡黄色的马奎尼［马昆纳］铜……被认为是一种绝对奇怪的金属。”近来在博茨瓦纳的考古研究发现铜首饰制作开始于大约 700 年前。D·米勒，“熔炼工和铁匠：南部非洲铁器时代金属制造技术”，考古科学杂志，29（10，2000）：第 1083～1131 页。

③ D·利文斯通，传教士在南非的旅行和研究（纽约：哈珀和兄弟出版社，1858），第 108 页。

印度洋获得进口的玻璃珠子和海洋贝壳，并将它们穿戴起来作为地位和财富的象征。[①]

在欧洲商人和传教士们19世纪到达之前，博茨瓦纳东部和北部的“传统”服装远非一成不变，早在一千年以前人们就开始使用玻璃珠子，贝壳，鸡心螺这样的舶来品。人们沿背面将贝壳光滑地切割，然后将它们缝制到皮革或衣服上。玻璃珠子用皮筋串起来做成项链，腰带和手镯。精英们有时候会佩戴玻璃珠子作为间隔物的黄铜和青铜手镯。考古挖掘表明，大约在公元800年之后，玻璃珠子和海洋贝壳大量进口到博茨瓦纳用以补充本地出产的铁质和铜质珠宝；人们用它来交换象牙和其他有价值的商品。[②] 用循环使用的陶瓷碎片制成的纺纱锭盘在博茨瓦纳东北部很多地点随处可见，这表明棉布已经可以在本地生产。由于他们在南部非洲考古资料中出现很晚，人们猜测棉布的纺织是一项被引进到次大陆来的技术，它随着玻璃

---

① 拉里·罗宾斯，M·墨菲和A·坎贝尔，“大约公元800~1000年喀拉哈里密集开采镜铁矿”，当前人类学39（1，1998）：第144~149页。也见詹姆斯·丹博，“喀拉哈里的物质文化与身份辩证法”：见超越酋长身份：通往非洲的复杂性，S·麦金托什（剑桥：剑桥大学出版社，1999），第110~123页。

② 当像大卫·利文斯通这样的传教士也加入到贸易活动中时，作为个人装饰而进口玻璃珠就已经有超过1000年的历史。早期，他们发现茨瓦纳人已经具有将珠子磨制精美的倾向，他在1845年给父母的心中遗憾的写到“珠子［你们寄来的］基本没有用处，因为它们不够时髦。真正时髦的种类是……不透明的，而是明亮的红色，蓝色或白色。但你们不必再寄任何东西了。”D·利文斯通和I·沙佩拉，家书，第151页。在博茨瓦纳发现的基督纪元1000至1500年间的考古遗址中，蓝色，红色和黄色的珠子也是最常见的颜色。

珠子、贝壳和鸡心螺、鸡，甚至可能与木琴和其他商品一起来自由远跨印度洋的印度、印度尼西亚、中国、波斯湾和埃及所组成的贸易网络。[①] 追溯到13至16世纪的博茨瓦纳，其中东部图茨维（Toutswe）地区的妇女泥像显示出衣服被围裹在腰间，然后再向前移至两腿之间，并在那里打结。在津巴布韦的墓葬中发现真实服装的残存，它们因为与铜手镯接触而得以保存下来。在描写茨瓦纳人服装的19世纪日志中没有发现任何关于本土布料的记载，有可能当地织制的布料或者因无法成为一种标志地位的商品而无法获得青睐，或者在白人观察者到达的时候，它早已在精英圈子中被欧洲制造的商品所替代。

传教士与“民族服装”

当地人广泛应用赭石、镜铁和油脂来作为身体装饰物，这令莫法特一家和其他早期传教士们很痛苦，他们经常抱怨他们的衣服因此而被毁掉，因为“所有的异教徒们会将红色赭石

---

① 除了木琴（*marimba*，*ambira*，*mbila*）之外，大部分这些物品在东部博茨瓦纳及南非和津巴布韦邻近地区的考古遗址中都非常常见。见丹博，“喀拉哈里的物质文化与身份辩证法”，第110～123页。使用葫芦做共鸣器的木质木琴并不常见，葡萄牙修道士让·道·桑托斯（Joao dos Santos）最早在1586年描写过它们，因此它们必然属于前殖民时代。一位学者认为“我十分确信非洲……mbila［木琴］中的主要部分都可以在印度尼西亚发现，它是非洲人在和印度尼西亚人接触的过程中模仿而来的。”同时，他消除了一个通常的神话——认为这些乐器的调音也与印尼的相似，因为他发现乐器进行精确调音的难度使其“无法接受……［这样的］结论。”P·R·卡比，南非本土种族的乐器（约翰内斯堡：威特沃特斯兰德大学出版社，1968），第272～273页。

和油脂涂抹在他们身上，而基督徒必须与他们的异教徒朋友保持接触，如果他们穿着浅色的服装，很快就看起来相当糟糕。”① 她的丈夫罗伯特也有类似的感受，他写道“很多欢乐的男女就会来到我的小屋，让我们几乎连转身的空间都没有，他们碰触过的所有东西都会染上油脂的赭石色。”② 但传教士们没能认识到的是，大量涂抹的赭石和油脂为抵御喀拉哈里强烈的阳光和干燥大风所带来的严酷影响提供了极佳的保护。至少利文斯通认识到了护肤霜的好处，他写道“（它）帮助保护皮肤的毛孔免受白天阳光和夜晚寒冷的侵袭，所有人都给自己涂抹上一层油脂和赭石的混合物；细微的云母片掉落到身体上，串珠绳上，黄铜耳环上，人们认为这是最好的装饰，也是华服上品的最好搭配。”③ 即使时至今日，巴茨瓦纳人仍然对在身体上涂抹乳液一事一丝不苟——他们现在使用的也是商店里大规模售卖的产品，而不再使用本地材料的家庭制成品。这样一来，将“沙漠中油腻的野蛮人”与“干净并穿着舒适得体服装的信仰者”进行对比，服装和身体修饰就是早期传教士考量他们是否成功地将茨瓦纳人皈依到虔敬和洁净的两个重

---

① 玛丽·莫法特，“写给祝福者的信”，南非图书馆季刊公告 22（1967）：16~19，引自约翰·科马洛夫和珍·科马洛夫，论启示与革命，第二卷，第 237 页。第二卷 1997 年版权属于芝加哥大学出版社。获得芝加哥大学出版社与科马洛夫夫妇授权重新印刷。

② R·玛法特（R. Moffat），南部非洲传教士的劳动和场景（伦敦：J·斯诺，1842），第 287 页。

③ 利文斯通，传教士在南非的旅行和研究（纽约：哈珀和兄弟出版社，1858），第 108 页。

要内容。[①] 根据利文斯通19世纪40年代的记述，除了虔敬和救赎以外，“体面的穿着”使“内脏炎症，风湿和心脏疾病发病率大幅下降”。[②]

玛丽·莫法特和其他传教士妻子们一起担负起开发一种传统“民族”服装的部分责任。她们希望能够设计出妇女们的基础服装供后代们传承。尽管有些富裕的茨瓦纳要人会身穿西方服装作为地位和时髦的标志，或者表示他已经皈依成为基督教徒，但是其他人却激烈地拒绝西方服饰——并将此作为一种政治宣言。例如，晚至1885年，哈梅内（Khamane）试图从卡玛三世手中夺取塞罗韦地区恩瓦托人的领导权，他许诺将会大力保护社会传统，他将恢复割礼和祈雨仪式，此外他“命令年轻人脱去欧洲服装，裸体参加集会。”[③] 当地也发展出一种折中做法，人们在1828年观察到：

> 马提比（Mateebe）穿着一条旧裤子，一件衬衫和一件马甲，肩膀上搭着一件猫皮斗篷……除此之外，每个人都披着一件豺皮斗篷作为白天的外衣，晚上则是一条毯

---

① 约翰·科马洛夫和珍·科马洛夫，论启示与革命，第二卷，第225页，引用I·休斯，“巴特拉皮人（Batlapi）中的传教士劳工”，福音教派杂志和传教士记录19（1841）：第522~523页。获得芝加哥大学出版社与科马洛夫夫妇授权重新印刷。

② 约翰·科马洛夫和珍·科马洛夫，论启示与革命，第二卷，第227页。获得芝加哥大学出版社与科马洛夫夫妇授权重新印刷。

③ 同上，第244页。

子。他们身上装点着大量的装饰品。①

在20世纪初期，这种在当地创造出来的非洲与欧洲服装的“混合搭配”令欧洲商人和旅行者感到十分困惑，他们认为当地人品味低下，缺乏美感，亵渎了西方的时尚和品味。到20世纪30和40年代，玛丽·莫法特设计出一种结实的蓝色和棕色的服装，并演化出一种具有民族化风格的款式，长至脚踝的裙子，上身是紧身胸衣，从腰部开始用多层衬裙支撑鼓起的裙摆。这种裙子使用一种名为德式或“哲莱玛尼”（“Geremani”）（*leteitshe*，*chiba*）的上浆图纹布料制作而成，这种布料上主要印制深蓝或棕色的图案。作为豺皮斗篷的替代品，人们将浅色羊毛或化纤制成的毯子搭在肩头，或围在身上，或绑在手臂下方。在南非荷兰语中被称为“图奎”（*tukwi*）或“多克”（“*doeke*”）的围巾布用来绑在头上。毯子可以与兽皮（“thari”）实现同样的功能，不但用于保暖，也可以将婴儿安全结实的绑在母亲的背上。再加上一双软皮凉鞋就是一身全套的装扮了。这种将西方材料与非洲实际巧妙结合的装扮一般被称作“迈特茨”（*mateitshe*），目前仅在特殊的场合才会穿着，比如婚礼，葬礼或文化性集会活动。

在南非，欧洲殖民化的直接影响在种族经济高度割裂的种

---

① 约翰·菲利普，在南非的研究：阐述土著部落的民事，道德和宗教状况，包括作者在内陆的旅行日志，连同基督教布道所进展的详细记录，展示了基督教在促进文明方面的影响，第2期（纽约：黑人大学出版社，1969），第127页。

族隔离时期达到顶峰，毯子样式的“民族服装”（皮斗篷）和西方式的外衣成为既边缘化又坚持抵抗状态的一种象征。这一风格是这样的：

> 既不是直接的欧洲化，也不是“真正的”本地化……［但是］两种风格的混合体现着一种时空错乱的新奇感：那属于一种边缘“民族”文化的公民。和其他民族一样……这些茨瓦纳人发现自己被重塑成现代化前的怪人，成为王朝中可被利用的点缀性的“土著”。他们在设计服装时，倾向于一种改造后的皇家样式……这些人群的“民族服装”……在社会地位和地理空间上都被欧洲中心主义宇宙观所边缘化。①

南非妇女们的“民族服装”是在 19 世纪殖民统治时期通过非洲人与欧洲人之间的交流而进化形成，在 20 世纪上半叶不断完善，而非急剧转型而成。尽管在南非的城镇和家乡，茨瓦纳妇女们穿着的保守“德国布”长裙，衬裙，亮色毯子和头巾成为“远离现代经济社会历史的一种‘部落’中心标志，”南非种族隔离制度为博茨瓦纳设定的法律和社会意义上的分隔并不十分清晰——在 1966 年独立后，人们故意地将它

---

① 约翰·科马洛夫和珍·科马洛夫，论启示与革命，第二卷，第 256 ~ 257 页。获得芝加哥大学出版社与科马洛夫夫妇授权重新印刷。

们混淆并扰乱。[①] 例如，按种族分隔的火车在从南非开往白人统治下的罗德西亚，途径边境时需要停车并有意地让人们重新“混”坐在一起，两个国家的政治难民都在博茨瓦纳寻求庇护。“传统”传递着社会构造的“信息”，有着文化使命的服装也完全不同。在1966年独立后，“德国布（Geremani）”服装在博茨瓦纳逐渐被保留下来，至少是在年青一代人中，在那些强调文化遗产价值的特殊场合中穿着使用，例如聚会、婚礼和葬礼。就这样，同样的女装在南非种族隔离时期是部落家乡的一种日常象征，而在博茨瓦纳却成为一种象征现代的“文化服装”，主要在标志着文化团结和尊重历史的特殊场合下穿着。身着复制的毛皮服装，跳着传统舞蹈的现代舞者会在独立日或博茨瓦纳电视台为观众们表演，他们不时能够激发出人们心中的传承感和自豪感，服饰所代表的文化意义也有同样的作用。

对20世纪30和40年代的男人们来说，到南非矿山工作几乎成为成年礼的一种形式——这个成年礼不但为工人们提供家庭急需的收入，也在返乡时赋予他们一种更加都市化的“阅历丰富”的形象。[②] 他们的连体工作服和胶靴显示出他们具有地位无差别的劳工身份。然而他们在社交场合所穿着的正式服装则会遵循南非白人或黑人男性的时尚标准。

---

① 同上，第258～259页。获得芝加哥大学出版社与科马洛夫夫妇授权重新印刷。

② I·沙佩拉，移民劳工和部落生活：关于贝专纳兰保护领地的条件研究（伦敦：牛津大学出版社，1947），第122页。

这让赫雷罗妇女19世纪的传统服装置于何地？赫雷罗人有时候自视为一个“与世隔绝的少数民族”，他们在1904年德国人—赫雷罗人战争后被驱逐居住在博茨瓦纳。她们独特的高胸衣，从颈至脚的连衣裙是用亮色拼布制作而成，还要穿着多件衬裙——即使是在温度高达100华氏度的夏日中也是如此。类似于牛角形状的折叠三角形头巾布（*otjikayiva*）外加纱线钩织的披巾就构成一套完整的装扮。19世纪莱茵河畔的传教士们鼓励他们穿着彩色的裙装，但是一些尊重祖先的传统也通过一些方式继续着，例如，头人们通过看护名为阿库洛（*Okuruo*）的圣火和祖先对话，寻求建议，也忏悔罪恶。和茨瓦纳人的民族服装一样，赫雷罗人彩色的裙装和头巾通过强化早前的历史记忆来构建他们的身份。但与此同时，在博茨瓦纳现代社会中，赫雷罗妇女们在社会政治日渐边缘化的环境下，也在用她们独特的服装创造出文化差异和距离。在这个茨瓦纳语族和卡兰加语族占统治地位的国家里，通过在视觉上对差异性的强调，他们作为一个边缘化政治体的地位被固化。在博茨瓦纳现代民主环境中，这种现状也使人们动员起来不仅仅将赫雷罗人的身份作为一种抵抗的形式，也作为一种积极的政治力量。①

但是，赫雷罗妇女的传统服装在博茨瓦纳现代社会背景中还是呈现出更多层面的矛盾。尽管沉重的连衣裙是民族身份的生动广告（甚至是性别关系的体现，它带有一种家庭生活和

---

① 尽管赫雷罗人在政治上被边缘化，但他们也因为拥有大量的牲畜而成为最富裕的巴茨瓦纳人。

从属地位的意味），穿着它也体现着一种优雅和美丽的文化概念。人们希望赫雷罗妇女不要行为莽撞而要尊贵从容（*osemba*）——缓慢而端庄——与穿着西式服装的茨瓦纳妇女受到更严格限制相比，她们能够享受到更多地行动自由。然而，和民族语言一样，民族服饰也对无差别的公民身份造成干扰。多层并置——就像支撑裙摆的衬裙一样——专心家务和种族区分，以及妻子被丈夫随意地约束，这些不同层次的形象放在一起会维持我们的一种印象，赫雷罗妇女沉重的裙子具有极大的限制性，它不但拖累了身体行动，同时也是博茨瓦纳自由民主社会环境所需要的社会经济流动性的一种拖累。”[①] 这至少解释了为什么在博茨瓦纳东部许多年轻女性仅在婚礼葬礼这样的重要社会场合时才会穿着传统裙装。最终，大部分博茨瓦纳现代女性无论哪个民族都会在日常穿着西式服装，这也成为了另一种文化宣言——驳斥了那种在种族隔离制度下产生的，贴在南部非洲民族服装上的文化边缘性的观念。

① D·达勒姆，“服装的困境：文化身份的多价性和反语”，美国民族学家 26（2，1999）：第 399 页。

6 性别角色，婚姻和家庭 135

男人的人数相对较少，他们还要负责打猎和上战场，因此很自然地所有和平的工作和职业就都要由妇女们来承担。只有那些能够突然停止或随时暂停一段时间的工作才能由男人们来负责，例如之前提及的缝纫服装。其他所有需要持续不断工作的任务则都属于女人们，例如建房，翻地，制作陶罐，编制篮筐，绳子还有其他家用器皿等等……她们开心的除草，锄地，盖房子，未曾露出半点负面情绪。①

家庭构成了“卡古塔”和习惯法政治结构的基础；权威以年纪和地位作为基础。孩子们服从成年人，成年人通过婚姻和年龄获得更重要的地位。和男人相比，女人并不具备同等的自主权，尽管女人们是家庭的家长，但她们却不能担任构成“卡古塔”的一组家庭的首领，这样的一组家庭是部落（*Morafe*）政治结构的基本单位。一个女

---

① 写于1806年。辛里奇·利希滕斯坦和O·H·斯珀尔，开普省的基础［与］关于贝专纳人（开普敦：A·A·包科马，1973），第76页。

> 人在其一生的各个阶段都在男性权威的统治之下。未婚时，女人受控于父亲和兄弟；结婚后，又要受控于丈夫；守寡或年老时（如果未婚），她又要受控于儿子。①

本章对于性别问题的讨论将在婚姻和家庭关系的背景上展开，同时也会兼顾这些关系在现代社会转型中所展现出的不同形式和内容。人们可能以为这个国家仅仅是两个主要班图语族分支，东部班图语族和西部班图语族，还有一些讲嗒嘴音的克瓦桑人的家园，而实际上，博茨瓦纳的婚姻家庭习俗却是非常丰富而多样化。例如住在博茨瓦纳西北部的许多民族的社会组织遵循母系规则，和居住在博茨瓦纳东部和南部的父系茨瓦纳人社会和卡兰加人社会相比，母系氏族的继承与血统传递更加强调女性或母方血统。父系文化通常按照男性或男方血缘来追溯亲属关系。母系制度和父系制度都是单系血缘承袭体系，因为它们都强调从父母中的一方来追溯关系、继承和血统。相反地，人们发现居住在博茨瓦纳西北部的赫雷罗人实践的却是传统的“双系”规则，“双系”按照男性和女性两条线索来追溯关系和继承权，通常家庭中特定的物品、责任或权利都会通过或者母亲或者父亲的单边线索进行传递。例如，男人的牛可能会传递给姐妹的孩子（代表 *eanda*，或母系氏族），只有少数“圣”牛会传给他自己的儿子们（*oruzo*，或父系氏族）。这种

① 安妮·格里菲斯，在婚姻控制下：一个非洲社会的性别与正义（芝加哥：芝加哥大学出版社，1997），第 25 页。1997 年版本属于芝加哥大学出版社。获得芝加哥大学出版社授权重印。

继承方式与茨瓦纳人的长子继承制形成鲜明对比，按照茨瓦纳人的习俗，所有的牛都由长子继承，他可以随意决定分配多少给弟弟们。女儿和寡妇根本无法从父亲或丈夫手中继承任何一头牛，尽管长子和继承人有义务赡养和扶助她们。[①] 在 20 世纪 50 年代，茨瓦纳人和赫雷罗人继承制度之间的对比至少促使一户赫雷罗人家庭开始在巴茨瓦纳人部落法庭上挑战“姐妹的孩子继承习俗，结果法庭判决姐妹的孩子要将他们继承的财产移交给死者的儿子。”[②] 这一判决触发了习俗的转变，目前大部分巴茨瓦纳赫雷罗人的牛群都由男人的儿子来继承，只有在财产非常充裕的情况下才会传给姐妹的孩子以示“慷慨和展现好意”。[③] 最后，克瓦桑人按照双系血统制依据父亲和母亲两边家庭追溯亲属关系。尽管看上去这创造出一种最大范围聚合亲属的制度，人们能够在需要帮助时获得支持，而实际上所有制度都能够通过婚姻网络使两边家庭缔结联盟并获得支持。例如，在父系的茨瓦纳人社会中，母亲的兄弟就在处理家庭内部纠纷和姐妹儿子结婚谈判中扮演重要角色。

---

① 伊萨克·沙佩拉，茨瓦纳人法律与习俗手册（伦敦：F·卡斯，1970），第 231 页。在恩戈瓦托人中，牛不能由女儿和寡妇继承的习俗在二十世纪初被卡玛三世国王改变。

② G·吉布森，“恩加米兰地区赫雷罗人的双系血统及其相互关系”，美国人类学家 58（1956）：第 109～139 页。

③ 弗兰克·维维罗，西部博茨瓦纳的赫雷罗人：一支讲班图语的牧牛群体变化的各个方面（圣保罗，明尼苏达：韦斯特，1977），第 183 页。

新娘聘礼

19 世纪初期，新郎将牛作为礼物送给新娘家是婚姻在公众眼中获得合法性的主要途径。牛也是婚礼和其他重要仪式，例如葬礼和过去的祈雨仪式上的献祭品，向家庭、宾客和祖先表达尊重和敬意。尽管送出新娘聘礼（*bogadi*）意在补偿妻子家庭送出他们的女儿，但如果后来人们对孩子在父亲家族中的地位，他们的继承权，丈夫或离婚妻子的财产权有疑问，这也令婚姻有了坚实的基础。许多欧洲人过于简单地理解新娘聘礼所传递的权力和义务的复杂性，他们错误地将它解释为一种商品买卖的形式——“购买”一个妻子——实际情况并非如此：

> 年轻男子通过为父亲或其他牛群主人忠诚地劳动赚得足够的财富，证明他有足够的能力独立生活，他就会用自己的部分财产去买一个妻子。用十到十二头牛换来父亲终止对女儿的所有权力，交易就与女方的父亲达成，女儿开始在丈夫家生活。新娘……她的首要责任……必须建造一个房子，在没有任何帮助的前提下，一直独自砍伐木材……她还必须照料一栏牛群并耕种庄稼……一旦几年后牛群长势喜人数量大增，丈夫就会开始考虑扩大家庭，再去买一个妻子。[①]

① 辛里奇·利希滕斯坦和 O·H·斯珀尔，开普省的基础［与］关于贝专纳人，第 77 页。

新娘聘礼代表着对妻子家族在情感上失去女儿的一种“感激的象征”，过去的标准在 8 至 10 头牛之间。但是，目前新娘聘礼则更加商业化，一些家庭开始寻求更高额的新娘聘礼作为补偿，尤其是他们为抚养教育女儿花费更多的时候，情况更是如此。给予新娘聘礼的另外一个原因是，新娘家庭在其结婚后对其生活几乎没有任何发言权。例如，如果她不幸去世，葬礼会依据丈夫家的习俗和意愿来操办。即使是外地人，例如那些没有新娘聘礼习俗的欧洲人，如果他们和茨瓦纳妻子结婚，也被要求要这样做。由于许多年轻人在城市里工作，没有也没养牛，送现金也是可被认可的一种形式，但牛仍被认为是更“好”的形式。根据他们的财富，每个部落联盟（*morafe*）能够接受的牛的数量各不相同。但是以多达 10 头牛作为新娘聘礼目前比较少见。

对大多数茨瓦纳人来说——尤其是对那些富裕家庭——长久以来一直有与近亲联姻的习俗。① 富人中间推崇与父亲兄弟的女儿结婚，这不仅因为家族之间彼此非常了解，同时也因为这样的婚姻会使新娘聘礼在几代人中都留在同一家族之中，正如茨瓦纳谚语所证实的那样，“*Ngwana wa rrangwana nnyale, kgomo di boelte sakeng*”（“父亲弟弟的孩子和我结婚，这样牛

---

① 伊萨克·沙佩拉，茨瓦纳人法律与习俗手册。与昆纳人近亲结婚同类的更加近期的文件，参见安妮·格里菲斯，在婚姻控制下。1997 年版本属于芝加哥大学出版社。获得芝加哥大学出版社授权重印。即使是穷困的家庭也会选择与近亲结婚，因为这样牛就可以在家庭内部流通。

就将继续呆在牛栏里”)。[①] 出于对年长者的敬意，以同样的方式寻求和父亲哥哥的孩子联姻则被认为是一种“不礼貌”的行为。

在有些民族的习俗中，人们必须在结婚圆房之前支付新娘聘礼。而其他一些民族则是在名为“果哈啦啦”（*go ralala*）习俗之前要宰杀一头牛或一头山羊用来“看牙（see the teeth)”（*podiya go bona meno*），“果哈啦啦”（*go ralala*）习俗就是正式允许订婚夫妇生活在一起。[②] 在一些其他民族里，人们直到女人生下第一个孩子才会举行结婚仪式；而另外一些民族会等到第一个男孩子出生后才送去新娘聘礼，完成婚礼。尽管夫妇并不应该在完成婚礼和送新娘聘礼前生孩子，但目前在新娘聘礼送达女方家并完成结婚仪式前有几个孩子的情况也非常普遍。但在所有这些例子中，在他们的关系得到正式承认之前，两个家庭必须完成订婚的正式约定。如果新娘聘礼延迟支付，有时候新娘家会因为婚前生子而要求得到一头牛（或等价的现金）。这头牛被称为一头“闯入家庭牛栏”的牛（*kgomo ya tlhagela*）。有些时候，两个家庭之间的会谈可能会极度地延长，尤其是在婚姻中的一方（新娘，新郎或各自的家庭）开始失去兴趣的时候。如果争议无法解决，人们会求助于“卡古塔”来进行仲裁，“因为不得不回顾结婚何时开始

① 伊萨克·沙佩拉，茨瓦纳人法律与习俗手册（伦敦：F·卡斯，1970），第 128 页。

② 恩瓦凯策人要宰杀一只绵羊（被称为 *nku ya mokwele*）。

以及如何开始，这造成了许多令人头痛的问题。”①

如果一个女孩在没有未婚夫或得到双方家庭同意的情况下就怀孕，女孩的叔叔必须在怀孕三个月之内通知男方家庭。男人的舅舅会出面与女方家庭讨论决定他们是否需要结婚。如果他们决定结婚，人们要求男人要在婚礼前照顾母亲和孩子。如果双方没有结婚意愿，男人则必须为“损毁”了姑娘而支付“损失费”。有时候损失费会高达八头牛或与初次生育等价的现金。这基本相当于一次完全的新娘聘礼的价格，因为人们认为很难从下一位求婚者那里得到同等的新娘聘礼。生育一个以上孩子的妇女，尤其是如果孩子分别有不同的父亲，她通常在谈判中毫无优势可言。支付损失费限制在生育第一个孩子的范围内，“卡古塔”认为这是一个“必须的限制，可以避免一些父母故意鼓励女儿过荒淫的生活，实际上是为了怀孕后向他们索要牛群而去勾引男人们。”② 根据现代博茨瓦纳法律，男人必须抚养孩子至十八岁。

一夫多妻制

在过去一夫多妻制还相当普遍的时候，只有富裕的人才能负担得起拥有多名妻子。每一桩婚姻都需要支付新娘聘礼，而且每一位妻子都要建造自己的家，拥有属于她自己的土地和房

① 安妮·格里菲斯，在婚姻控制下，第 115 页。1997 年版本版权属于芝加哥大学出版社。获得芝加哥大学出版社授权重印。

② 伊萨克·沙佩拉，茨瓦纳人法律与习俗手册（伦敦：F·卡斯，1970）。

屋。为了将妻子间的矛盾最大程度地弱化，人们通常认为迎娶姐妹（娶姨制婚姻[①]）是个好的选择，因为“从理论上讲”，姐妹比来自不同家庭或家族的妻子们更容易相处融洽。那些住在不同房子里的同父异母兄弟之间更是无时不伴随着紧张关系和嫉妒，这时常会导致人们相互施用巫术和魔法：

> “弱化”他人的生育能力通常迫使男人们构建自己的身份。由于房子决定了财产和地位，各房都会为地位以及“同母子女们”的利益而相互竞争，同母子女们必然和他们的异母兄妹之间充满敌意——同样在下一代中，敌意也存在于与他们的叔叔和堂兄妹之间。对于南部茨瓦纳人来说，这正是男性竞争的礼貌性政治和男人们试图“吞掉”[统治]别人的努力会同时出现在一个家庭里的原因。[②]

在殖民统治时期，适应于一夫多妻婚姻制度的政治经济环境急剧变化，到20世纪40年代，依然维持一夫多妻制度的家庭已经寥寥无几：

> 尽管只有恩瓦凯策人（Ngwaketse）的部落法律禁止

---

① 译者注：Sororiate marriage，娶姨制婚姻，人类学用语，通常是指一些原始部族中丈夫因妻亡故或不育而娶妻之姐或妹为妻的习俗。

② 约翰·科马洛夫和珍·科马洛夫，论启示与革命：一个南部非洲边界的现代性辩证法，第一卷（芝加哥：芝加哥大学出版社，1997），第131～132页。1997年第二卷版权属于芝加哥大学出版社。获得芝加哥大学出版社与科马洛夫夫妇授权重新印刷。

一夫多妻制度，但这种现象还是在所有地区大量减少。利文斯通在1850年记载道，已婚男人中只有43%的人拥有一位以上的妻子；目前根据1946年的统计数据，只有11%的已婚男人是一夫多妻者。①

一个男人如果想要迎娶超过一位妻子，他必须征得传统婚姻中的第一位妻子的同意；一夫多妻制与习惯法的婚姻法规相悖。有时在博茨瓦纳的偏远地区仍可见一夫多妻制婚姻，尤其是在姆布库舒人中间，但住在其他地区的他们却由于种种原因较少实行一夫多妻制。首先，一夫多妻制度是像大卫·利文斯通这样的基督教传教士们首要的反对目标之一。他和他的传教士教友们公开谴责这种制度是野蛮人的行为，不仅仅因为圣经禁止它，也是因为它违背了他们自己国家的传统和法律。他们不但不允许他们的教友拥有一夫多妻制婚姻，他们还要求那些拥有多个妻子的男子必须转变为一夫一妻制才能被批准教友身份。毋庸讳言，这令所有相关人士都感到惊恐——不仅仅是丈夫，还有第二位，第三位妻子和他们前途未卜的家庭。娘家会怎么对待这些返家的妻子们？结婚时被送出的新娘聘礼又怎么办呢？它应该现在就被退回吗？这些从前的妻子们又如何才能再婚呢？现在谁来为她们和她们的孩子们负责呢？孩子们应该尊崇谁的图腾，他们又应该向哪位祖先寻求帮助呢？传教士们对这些问题都漠不关心。

---

① 伊萨克·沙佩拉，茨瓦纳人法律与习俗手册（伦敦：F·卡斯，1970），第xv页。

而且，富裕的男人们实行一夫多妻制不但是将其作为他们财富和地位的标志，同时也是固化他们与其他权势家族关系的一种策略，这是他们在社会中权力基础的重要方面。耕犁引进所带来的农业生产经济的变化也导致一夫多妻制婚姻获益的贬值，尤其是对那些精英阶层来说，他们能够买得起耕犁和牵引耕牛，能够创造出资本更加密集的农业生产，情况就更是如此。农业生产技术的变革，传教士们的反对，以及殖民统治下的本土政治势力的考量，这些因素汇聚在一起，瓦解了一夫多妻制的政治经济价值以及它曾经保证的政治经济联盟。

但是，一夫多妻制带来的问题并不仅仅是对未来的忧虑或对农村地区家庭生活的忧虑这么简单。例如在奎嫩地区的朱瓦能钻石矿山，生活着大量实行一夫多妻制的家庭，以至于矿山管理者被迫限制提供给工人配偶的艾滋病药物的数量，他们宣布“他们坚定地支持一夫一妻制。丈夫们必须做出选择，哪位妻子可以得到药物。”① 这些措施究竟是回应了实行一夫多妻制家庭的实际需求，或者这只是矿山工人们利用多位妻子的“灵活性”为更多的亲戚们获取健康医疗的一种策略，这个问题目前还不清楚。由于保存在“卡古塔”的记录时常变化难以确定，若想证明一桩习俗婚姻的存在——无论是一夫一妻婚姻还是一夫多妻婚姻——都是一件徒劳的工作。即使是政府的工作人员，如果他曾经按传统方式结婚，但是却没有在婚姻管理部门或教堂登记，他也不得不返回家乡办理一张由父母和酋

---

① 雷切尔·斯沃恩斯，“免费艾滋病医疗为博茨瓦纳带来希望”，纽约时报，1997 年 5 月 8 日。

长（*kgosi*）签署的婚姻证明。传统婚姻和一夫多妻制问题从20世纪20和30年代男性数量短缺开始愈发严重，由于跨国劳工移民合同导致男女双方都要重新审视婚姻制度的价值，他们目前“常常周旋于许多关系（婚外关系）之中，考察不同的婚姻伴侣的潜在可能性，在他们认定一个对象之前测试这种关系所能带来的益处。”①

现代婚姻

结婚和生子是能够影响一个人在社会中的地位和权利的两项最核心的大事。由丈夫、妻子和孩子组成的家庭是构成茨瓦纳社会的基本单位。在茨瓦纳社会中，以男性血缘计算围绕着同一个“卡古塔”和动物畜栏（*Kraal*）的一组家庭构成了最基层的政治经济制度，由此组成了更大的“区”和“部”，进而组成一个部落联盟（*morafe*）。妇女们在结婚时就离开她娘家的“卡古塔”而加入丈夫家的“卡古塔”，她们的孩子们在社会属性、经济属性和精神属性上都隶属于丈夫的“卡古塔”。由此，婚姻在新郎和新娘的家庭之间建立起新的关系。由于茨瓦纳社会鼓励近亲之间联姻，包括第一代堂表兄妹在内，因此这种关系就显得尤为紧密。

结婚后，男人和女人初次开始作为成年人全面参与到社区事务之中。另一方面，单身男人有时被称为“黄色大蝗虫”（

① 安妮·格里菲斯，在婚姻控制下，第220页。1997年版本版权属于芝加哥大学出版社。获得芝加哥大学出版社授权重印。

makgope），因为他们像蝗虫一样是几乎不承担任何责任的"自由分子"；他们可以随意去留而没有家庭责任。[①] 但是无论单身者的年纪长幼，"卡古塔"都不会授予他们完全的参与权，然而即使一个已婚男人仍未成年，他也会获得此项权利。通过婚姻建立起来的有效社会亲属网络是重要而有价值的社会资源，每个个人都在"根据自己在家庭和政治等级制度中的位置追求不同的婚姻策略。"[②] 孩子同样能够带来地位的提升——同时也意味着增加责任。年轻的男人和女人们经常因为结婚和生子而感到"成人"的压力，尽管并不必然遵循这一顺序。一些伴侣长时间同居而未举行任何正式的仪式或传统典礼，社会通常会瞧不起这种情况。

在西方社会中，年轻人只需要向他们的家庭宣布他们想要结婚即可。但在博茨瓦纳情况有所不同，家庭之间的协商（*patlo*，来自"寻找［seek］"一词）是一桩传统婚姻的基础，在举行正式结婚典礼（*lenyalo*）之前，协商即使不会持续数年，通常也有数月之久。这些家庭之间的关系至关重要，以至于在过去孩子——即使是仍未出世的孩子——有时也会被许配给别人。新娘和新郎在此事上没有任何发言权，他们只能遵从父母的意愿做"恭敬顺从的孩子"。在多数情况下，结婚对象的选择中会包括近亲，尤其是堂表兄妹：母亲兄弟的女儿或者父亲姐妹的女儿都是常见的选择。如果没有合适的选择，"人

---

① 可以使用具有相同含义（但不够有诗意）的另一个词是 *lekgwathe*。

② 安妮·格里菲斯，在婚姻控制下，第 45 页。1997 年版本版权属于芝加哥大学出版社。获得芝加哥大学出版社授权重印。

们会从稍远的亲戚或者非亲属中另选一个女孩。男人通常会选择与同部落的女人结婚；但是不同茨瓦纳部落之间的联姻也越来越常见。”① 尽管与过去相比有所减少，但是选择堂表亲作为结婚对象的现象依然非常普遍。②

目前年轻人在选择配偶的问题上拥有越来越大的发言权，两个分别属于不同部落联盟的人结婚，或者同属于茨瓦纳族的人结婚，这些现象目前在受教育人群和城市生活人群中相当普遍。但是父系民族和母系民族之间通婚会产生另外的难题，这样的婚姻依然相当少见，尤其是因为关于新娘聘礼和嫁妆的结婚习俗存在差异。在姆布库舒人社会中，曾经有一种习俗要求新娘家在结婚时提供嫁妆。随着全国开始不断地“茨瓦纳化”，习俗和实践也开始发生变化。即使是在赫雷罗人社会中，人们也不再需要嫁妆，给新娘支付聘礼成为了基本习俗。尽管全国结婚习俗的细节不尽相同，但是在许多方面还是有大体的相似性。茨瓦纳人占全国人口的 80%，接下来的讨论将为大家展现一种稍带理想化的茨瓦纳人订婚和结婚仪式。

这里对茨瓦纳人订婚和结婚仪式的描写代表的是一种理想化或标准化的情况。尽管许多传统内容，如协商（*patlo*）和忠告（*go laa*）仍在持续进行，仪式还是发生了许多变化。在有些情况下，钱代替了作为新娘聘礼的牛，在新娘家的居住和

① 同上。1997 年版本版权属于芝加哥大学出版社。获得芝加哥大学出版社授权重印。

② 同上。1997 年版本版权属于芝加哥大学出版社。获得芝加哥大学出版社授权重印。

同居阶段目前也不需要了。尽管习俗法仍然容许一夫多妻制，但是实际上已经较为少见。有些男人，主要是姆布库舒人，叶伊人和赫雷罗人，仍然实行一夫多妻制，但是对于大多数人来说，这样做花费巨大或者对大多数男人来说收益甚微。尽管"上流社会的孩子"也会遵守"两个家庭之间的谈判必须按照传统和习俗要求的形式进行"这一规则，但是儿童订婚的习俗已不再实行，年轻人通常都会选择自己喜欢的人结婚。但是一些赫雷罗人还在继续实行儿童订婚的习俗。和过去相比，来自不同或无关联部落联盟的人们之间的联姻也更为常见，尤其是茨瓦纳人与卡兰加人之间的联姻。

订婚

过去，结婚事宜由父母决定，完全不会与将要结婚的年轻人商量。有时候，两个素未蒙面的年轻人直到宣布他们订婚的仪式才初次见面。人们将婚姻视为两个家庭之间的联系而不是两个人之间的事情。年幼女孩或是还未出生的女孩（名为"*go opa mpa*"，"进攻子宫"）就已经订婚是常见的事，尤其是在近亲之间。事实上订婚在两个家庭之间建立的联系非常牢固，如果女孩在婚前不幸去世，按照"娶妻妹"（*seyantlo*）习俗，她的家庭会让她的妹妹代替她。

现在，订婚和结婚依然能够在家庭之间建立牢固的纽带，尽管双方都会选择自己喜欢的人去结婚，但同样的表达敬意和馈赠礼物的习俗仍在实行。如果一个年轻男子想要结婚，他要做的第一步是将他的意图告诉他的舅舅。然后舅舅会和男子的父母商量此事，如果他们同意，未来的新郎、他的父亲和一位叔叔的代表将正式拜访女方家开始进行结婚的协商。① 男方家人在拜访过程中要展现良好的举止和极度谦卑的态度，人们会通过多种方式对他们进行考验。

开始时，只有已婚男女能够参加关于结婚的会谈。会谈期间，男人们应该穿着西装外套和领带（女人们穿裙子）以示他们对新娘家的尊重。在协商（*patlo*）当天，新郎家必须在天亮前起床，并在新娘家附近等待。最吉利的适合协商的时间是收获之后的冬天。依照习俗，包括男人和女人的新郎家代表必须在距离新娘家最近的小河边等待；在得到新娘家的允许之前，他们不能越过小河。如果代表们天黑之后才到达或未经允许就跨过小河，这将被视为一种不尊敬，有可能需要在新娘聘礼中增加额外的一头牛。在那些大型村庄或城镇里，新娘家附近可能没有小河或溪流，新郎家的代表们必须等在最后一条主要道路边上，等候允许才能穿越。为了确保规矩得到遵守，新娘家会派一位男子陪同男方家人跨越障碍。

有些时候他们需要在小河边或路边等待大半天时间，女方确信自己得到了足够的尊重之后，这位男子（*mmaditsela*）就会允许新郎家人进入新娘家的庭院。在这一阶段，双方家庭的女人们聚在前院，而男人们会前往新娘家的“卡古塔”。新郎舅舅的角色非常重要，依照习俗他在新郎代表们中起主导作用，人们会事先告诉他新娘及其家庭的特点：她的名字，她父

① 常见的母系表亲之间是一种友好合作且有极大自由度的“可以开玩笑的关系”，人们称之为“*go tlhagana*”。相反地，父系亲属之间却通常是一种竞争性的关系。

母的名字，他们家“卡古塔”的位置。如果他不能清晰地记住这些细节，这表明他们缺乏诚意和尊重，人们会认为新郎家人一定是“犯错”了，来错了地方。

在协商开始时，新郎家有时候会格外地谦卑，他们会将自己形容为要将女孩从家里带走的“鬣狗”（*diphiri*）或者食腐动物。[①] 人们不会给男人们准备椅子（尊重的表示）直到他们明确地表明来意。在整个商谈的过程中，女人们都聚在“罗瓦帕”，坐在地上一张被称为“迪菲特”（*diphate*）的传统毛皮垫子上面。让女人们使用这些垫子坐在地上而不是椅子上是为了尊重按照男女在家庭中的权力等级而确定的传统习俗。顺从的妇女们坐在地上；家庭的主人们和其他重要的男性成员坐在椅子或凳子上。只有在协商顺利完成之后，新娘家才能够稍微放松一些，拿出食物可能还有啤酒——这表示年轻男子的请求已经被接受，协商可以继续。

在两家代表初次会面的一两周之后，新郎家和新娘家的年长女性亲属会在名为“洗去男人们的话”（*go tlhatswa puo ya banna*）的仪式上会面。经过这一系列的讨论，通常这些女人们会被要求随后某天再来告知她们新娘家的决定，如果商谈进行的一切顺利的话，结果通常会是肯定的。当协商结束后，双方家庭会聚在一起正式确认订婚。新郎家如果负担得起，他们将会安排宰杀一头牛，或者根据每个民族的特定习俗馈赠衣服、毯子和其它正装（*perepetsha* 或 *maisiwa*）。协商（*patlo*）礼物一旦被接受，年轻男子就可以自由随意地在未来妻子的家

① *Diphiri* 或鬣狗一词也用来形容挖墓者。

中出入；在那里人们会充满敬意地对待他。在有些民族中，按照一种名为“果哈啦啦（*go ralala*）”（允许订婚后的青年男女同居）的习俗，他还可以自由地在那里过夜。但是反过来，年轻女孩却在结婚前不允许去她的未婚夫家。

婚礼

民法婚姻

目前的许多婚礼，尤其是那些赚取周薪和月薪的阶层人士，通常会将西方元素和传统婚礼相结合。西式元素包括一个教堂仪式或者在地区行政专员（DC）或地方法官面前交换誓言，传统婚礼则是在父母的家乡举行的社区仪式。仪式的详尽细节通常是由相关家庭的社会地位和财富所决定。结婚前的三个星期内，新郎和新娘要在地区行政专员（DC）办公室填写他们志愿结婚的公告。这个信息将会分派张贴到新郎新娘将来生活地区的布告栏上。一些灵性治疗教堂会提前几周宣布将要结婚者的信息，给人们提出反对意见的时间。在任一情况下，如果没有人对此提出反对意见，两个人在三个星期的等待时间结束后就可以结婚了。①

新人们可以选择请地区行政专员（DC）在他的办公室举行民法意义上的结婚仪式，也可以选择在教堂请牧师来主持仪式。在任意一种情况下，他们都要在互相交换誓言前在地区行

① 英国人在自己的全部非洲殖民地都引入了张贴结婚告示的习俗。预约与地区行政专员会面并填写表格有时是用来告知即将成婚的伴侣他们在婚姻中的权力，责任和义务。

政专员（DC）处进行登记。[①] 在教堂结婚的新人会接受基督教咨询辅导；而地区行政专员（DC）也会在结婚前对他们进行辅导。在两种情况下的婚礼誓词都是西方式的，并将其翻译成茨瓦纳语。结婚要求新人要有证婚人陪同（通常是伴郎和伴娘或是堂表亲）。过去，只有已婚妇女才会佩戴戒指，对已婚男人并没有佩戴戒指的要求。尽管博茨瓦纳是世界上最大的钻石产地，但是大多数人都买不起订婚或结婚钻戒，多数人会用金链子代替。另一个被广泛采用的西式礼俗是新郎新娘在婚礼结束时会亲吻对方。这种感情的公开展示在过去是难以想象的，尤其是在父母和长者面前。

无论互换结婚誓词是在教堂还是地区行政专员的办公室，这些仪式之后通常还会在新人父母的家中举行传统婚礼。由于传统的婚礼仪式需要宰杀牛并准备宴席，如果双方家庭没有足够的经济能力来负担完整的传统婚礼，新人会选择只登记互换誓词，然后将传统婚礼推后举行。

习俗婚姻或传统婚姻

当结婚典礼要分别在新郎和新娘家中举行的时候，人们通常会在新娘家所在地登记并互致誓词，并在之后的一个周六开始第一场结婚典礼。新郎家举行的第二场典礼会在接下来的一周进行。包括协商，登记和结婚典礼在内的整个结婚过程，都会有穿着传统服装（mateishe）的已婚妇女歌唱和吟诵。新人只有在其中一人不得不马上离开去工作或国外留学的情况下才

① 大多数生活在大村落或城市地区的受过教育的人现在都已经意识到在地区行政办公室领取正式结婚证的重要性。

能够免除完整的传统婚礼。只有当他们举行过传统婚礼并且新郎也支付了新娘聘礼，人们才会承认他们是完全意义上的已婚状态。但是延迟并不能持续太长时间，因为只有父亲支付新娘聘礼之后，他们的孩子才能够接受新娘聘礼。

传统的结婚仪式有许多和订婚相同的正式步骤，新郎家要派送信人到新娘家希望获得他们的应允开始商谈婚礼内容。随后的正式会谈中，新郎家的发言人“讨要一瓢水［喝］”（*go kopasego sa metsi*）。在这些商谈之后，那些妇女们必须“要清洗掉男人们的话”。双方达成一致意见之后，结婚典礼的计划正式展开。在恩瓦凯策人中，新郎在这个时候就要将作为新娘聘礼的牛群赶到新娘家的村子，根据聘礼的数量，新娘家会决定是宰杀一头还是几头动物。在有些情况下，新娘的舅舅也会杀一头牛来“供养聘礼”，这样牲畜群都会伴随着婚姻兴旺生长。新郎和新娘的父母要将他们孩子结婚的消息通知酋长。此后，新人才会被社会认定为已婚，现在每一桩婚姻都会记录在“卡古塔”办公室保存的登记簿上。

按照各个民族自己的结婚习俗，新娘家通常会决定作为新娘聘礼的牛的数量。应该强调的是，人们不应该将新娘聘礼视为一种和新娘家之间的商品买卖形式，它其实是为他们送给新郎家一位妻子而表示感激的一种象征。能够被认定“有足够敬意”的牛群数目依据社会地位每个民族各不相同，在恩瓦凯策人社会中，八头牛是一个标准数量。但是如果新娘上过大学或者来自一个贵族家庭，那么新娘聘礼数量有可能需要更高。如果男方家庭比较贫困，新娘家可以酌情决定降低聘礼的数量。作为一条经验性规则，馈赠的新娘聘礼不能是单数，否则人们会说“牛是瘸的”（*dikgomo tsa bogadi di a tlhotsa*），这将预示着婚姻“不稳定”或不幸福，就像只有单数只脚的动物行动会蹒跚一样。但是如果孩子的母亲在新娘聘礼还没有支付，结婚过程还没有结束的时候去世，父亲可以支付“单数”数量的新娘聘礼“让孩子结婚”，这样孩子就会和他的血统有一种正式关联。他通过这种方式就可以拥有孩子的合法权利。否则，孩子的合法权利就会一直留在母亲家里。

尽管也可以使用现金，但是人们还是认为送牛作为新娘聘礼是一件受人尊重的事情。当新郎家和新娘家相隔距离非常遥远时，牛有时可以在新娘家附近购买，而不需要将牛从新郎家长途运送过去。尽管如此，人们仍然经常能够看到卡车运送作为聘礼的牛沿着国家公路从国家的一端到另一端。牛作为礼物至关重要，以至于不熟悉牧群的城市家庭也会接受其作为聘礼，只是他们会在婚礼后立即把它们卖掉。即使是在这种情况下，只有当新郎家完全没有牛的情况下，他们才能支付与之前商定作为聘礼的牛群等价的现金。有些民族，尤其是那些居住在博茨瓦纳北部的母系血统制民族姆布库舒人，叶伊人和萨尔瓦人，通常并不需要支付新娘聘礼，而在过去姆布库舒妇女出嫁还需要携带嫁妆。

馈赠聘礼之后，新娘按照西方习俗进行洗礼仪式，并在此时通过“集资”来维持新家庭的生活。但是通过一种更加非洲化的革新，由男人们担任“股东们”的形式目前在生活在城镇中的工薪阶层非常普遍。集资活动通常会在交换结婚誓词之前的一周内举行。女人们得到家居用品，而男人们则会收到园艺和耕种工具。尽管这项活动意在为新夫妇提供必须的家居用品，但是“集资股东们”却一直有一个耽于饮酒派对的名声。婴儿洗礼是另一个来自西方文化的仪式。

结婚庆祝活动

通常在新娘家的婚宴和庆祝活动结束几天之后，新郎的村子会举办类似的聚会。① 两个家庭的庆祝活动都会持续一整天，许多远房亲戚和朋友邻居们聚在一起并介绍相识。婚礼上通常会提供传统啤酒和类似赛斯瓦（*seswaa*：将煮熟的肉捶打成肉丝）之类的食物。人们播放着音乐和舞蹈 CD。这些 CD 是为婚礼而专门制作，在当地市场和路边货摊上广泛售卖；它们将传统婚礼歌曲和现代非洲流行音乐混编在一起。仪式的开始是入场仪式，新娘、新郎、伴郎、伴娘还有一位女花童，大家以新娘为中心围绕四周。新娘通常穿一件白色裙子，新郎穿黑色西装。② 新娘在仪式之后就要换装改穿传统的由德国布（*Geremani*；*shiba*）制作的“制服”，一件披肩样式的小毯子（*mogagolwane*），和头巾（*tukwi*）。尽管大多数家庭依然坚持在他们各自的家中分别举办结婚仪式，但一些富裕家庭会选择“中间”地点，例如一间度假屋，来举办一个联合的婚礼仪式，费用由双方家庭共同分担，目前这种方式越来越普遍。这

① 过去，新郎家的仪式通常在第二天举行。但是现在，结婚的两家人通常居住的地点非常遥远，人们需要时间才能从一家到另一家去。

② 作为适应西方习俗而做的改变，如果新娘婚前失身或她和丈夫之外的男人有了孩子，她就不能穿白色的裙子，因为人们认为她“不纯洁”。

种方式十分方便，不需要在后院宰杀牲畜，但是也有一些人批评它太过于“西方化”，尤其是因为婚礼只邀请少量受邀宾客，而不是对整个村子开放。

在传统结婚典礼结束时（通常是婚礼后的周日），新郎家会举行一个小规模的仪式欢迎新娘来到她的新家。这一场合通常伴有复杂的感情。一方面，新郎家很高兴地迎接他们的新娘。另一方面，新娘家则为孩子的离开而感到伤感。新娘必须带着她的新毯子，旧衣服和得到的其它个人用品来到她的新家。（但是作为聘礼 *bogadi* 的牛则属于她的父亲和其他亲属。）在过去，做饭用的陶罐也要从新娘家搬到新郎家。和订婚谈判阶段的情况一样，新娘的家人也被要求在新郎家最近的小河或主要公路旁等待允许才能继续前进。新娘和她的女性亲属用头顶顶着她的所有东西，新娘的舅舅和舅妈引领着队伍。[①] 他们一边走一边唱，内容是指导新娘在新家中的行为和责任：

O itshoke，O itshoke ngwana wa batho.
Re tsere dikgomo，re tsere di tsa batho.
（耐心，对所有人的［新家中的］孩子都要耐心
我们收下了牛群 *bogadi*，我们收了他们的牛）

这首歌要求新娘在新家中要服从，有耐心，因为她现在已经是一个生活在新家庭中的已婚妇女。作为回报，她的家庭已经已经收下了作为一种感谢象征物的牛。对西方人来说，这可

---

① 如果在地区行政办公室结婚，新娘的父亲将引领队伍。

能听起来像是，聘礼是一种报酬，女人因为是被购买而来，因此必须服从于她的婚姻，但是实际上情况非常复杂。在茨瓦纳人文化中，人是无价的，因此不能被买卖。

除了欢迎新娘来到新家之外，此时的习俗之一是，由家中的已婚成员给新娘和新郎一些关于他们彼此之间责任与义务的“忠告”（*go laa*，来源于 *go laalana* 一词，“指导”）。新娘接受指导的地点在丈夫家的院子里，而新郎则和男人们在“卡古塔”会面。根据经济条件的情况，新娘和新郎可以在婚礼结束后开始一次西方式的“蜜月之旅”。否则，他们就必须前往丈夫家也是他们新家的“卡古塔”。

过去，传统婚姻只记录在社区人们的心中和记忆中。结果，如果人们对一桩婚姻是否真的发生过，他们是否征得了双方父母同意存有疑问，这往往会导致无休止的讨论和重复解释，尤其是对财产或孩子问题存在争议的时候。由于传统习俗中的内在男性偏见，女人们如果心有怨言通常很难得到平等的对待。①

获得社会和双方家庭批准的传统婚姻在各地依然非常普遍。此外，居住在城镇和地区首府的家庭通常会举办一次教堂或世俗婚礼。后文将会谈及，登记制度的缺失会在他们决定分开或对财产存在争议时带来麻烦。无论哪个民族，所有在“卡古塔”举行的传统婚礼都需要有证人在场。多数情况下，新娘家所在的村子也会举办一场签订仪式。

---

① 安妮·格里菲斯，在婚姻控制下。1997 年版本版权属于芝加哥大学出版社。获得芝加哥大学出版社授权重印。

保卫婚姻

为了保护新婚夫妇免受社区中嫉妒或邪恶精灵的潜在侵害，人们通常会在传统结婚典礼上举行一些仪式。这些仪式依据家庭宗教信仰的差异而各不相同。例如，东正教家庭可能会祈祷保佑新家庭健康繁荣。像犹太复国主义基督教会这样的非洲独立教派则会向新娘和新郎泼洒圣水，保护他们免受邪恶力量的伤害。非洲传统宗教的信徒们可能会邀请一位传统医生（*ngaka ya setso*），用草药和向祖先祈祷的方式完成对新家庭的净化（*phekolo*）仪式。

婚姻和图腾

图腾的使用在博茨瓦纳十分普遍，人们通常认为“无论他们目前隶属于哪个部落联盟，拥有同一图腾的不同民族可以被认作来自同一祖先。”① 在遥远的过去，大多数图腾都是选择野生动物作为家族或部落联盟的象征。人们通过图腾来向他们的祖先表达敬意，他们不杀，不吃，也不使用它们的肉，皮

---

① 伊萨克·沙佩拉，茨瓦纳人法律与习俗手册，第 3 页。*Merafe* 一词现在的拼写是“*merafhe*”，意思是“部落”或“民族群体”。

革制成的其他产品。[①] 在博茨瓦纳通过图腾向某人致意是一种礼貌和尊重的行为。在茨瓦纳人和其他父系民族中，孩子们会继承父亲的图腾。但是非婚所生的孩子则会继承母亲的图腾，除非后来结婚时支付了新娘聘礼。像赫雷罗人和叶伊人这样的母系民族会继承母亲而非父亲的图腾。但是随着牛群继承方式和新娘聘礼习俗的逐渐转变，许多赫雷罗人和姆布库舒人的图腾目前也是从父亲传给孩子，而不是由母亲传给孩子。

已婚家庭

尤其在过去，一个家庭的成员包括：丈夫和妻子或妻子们，他们自己的或领养的孩子们，其他亲戚，可能还包括丈夫的弟弟或妹妹，甚至还有一些住在家里担当佣人和随从的不具有亲属关系的人。家庭成员通常住在一联排的屋子和名为“罗瓦帕”的住所（见第四章），这些房子围绕着一个世系的牲畜围栏（kraal；*lesaka*）和“卡古塔”，沿着父系亲属们的家排列布局。在小规模的村庄里，每一对已婚夫妇都有自己的房子，他们与自己年幼的孩子居住于此。年纪大一些的孩子睡

① 当一部分人从部落中分离出来成立一个新的群体时，他们通常会选择一个新的图腾。目前即使在最小的村子，所有人都属于同一个民族或一个部落联盟（*merafhe*），人们也会发现多种多样的图腾。通常使用的一些图腾都与管理茨瓦纳家庭有关，包括 *phuti*/小羚羊（恩瓦托人），*mare*/水牛（比尔瓦人），*kgobl*/猴子（卡特拉人），*kwenal*/鳄鱼（昆纳人），*tloul*/大象（恩瓦凯策人），和 *tholo*/捻角羚和 *tshipi*/铁器（罗龙人，动物主题的一个例外）。小民族还使用 20 多个不太常见的动物作为图腾，包括 *mutwa*/野兔（茨瓦彭人）和 *sehudi*/鸭子（一些茨瓦—库人或东部萨尔瓦人）。

在一间独立的房屋中，或是和年长的亲属一起居住。目前，人们通常会将年幼的孩子从农村地区送至城镇或一些村庄，他们在那里能够和父母的兄弟姐妹或其他亲属居住在一起，便于求学、就医并接触其他资源。许多大型中学也会为来自遥远村庄或更为偏远农村地区的学生提供住宿设施。

典型的两性与婚姻

男人和女人结婚生子后就进入了人生的一个新阶段。在第一个孩子出生后，人们通常会用第一个孩子的名字来称呼父母，而不是用他们的名字加上前缀“*mmago*”（……的母亲）或“*rrago*”（……的父亲），再加上孩子的名字。与他们新身份伴随而来的是新的行为规范，作为父母和孩子的新责任，对女人甚至还规定她们所穿“传统”服饰的着装方式，她们应该将一条毯子（*mogagolwane*）搭在肩膀上，在婚礼和葬礼这样的庄重场合下要穿“德国布”布料做的裙子。

但是女人，尤其是那些受过教育或工薪阶层的女性，也经历着传统期望与男女在传统社会中的相关地位之间的冲突。许多女人不再从事农业生产，而是在村庄或城镇从事更技术性的工作，例如秘书，职员等等，她们充分利用了现代经济中的新工作和工资机会。在短篇小说《婚礼印象》中，居住在塞罗韦的作家贝茜·海德辛辣地描写出一位受过教育的女性在“忠告”（*go laa*）仪式上等待亲戚们给她指导时的矛盾心理。她的姨母们在夕阳下围坐在她的四周指导她在新家中的行为，并提醒她不要忘记作为一个“好妻子”的责任就是她要低头顺从地坐在毛皮垫子上：

> 女儿，你必须要给丈夫倒水。记住，任何时候都如此。他是家庭的主人，你必须要服从。如果他时不时和其他女人说话，你不要介意。让他感觉自己可以自由来去……做个好妻子！做个好妻子！①②

即使在今天，博茨瓦纳男人们依然认为他们是父系制度下家庭的主人，如果他们的妻子比他们的教育程度高，赚更多的钱，或在工作中拥有更高的职位，通常来讲他们依然会感觉不舒服。另一方面，如果一个女人在某些方面表现出色，人们通常会怀疑她是通过巫术操纵了超自然力量。就像贝茜·海德暗示的那样，在家庭中权利谈判与纠纷解决仍然要屈从于一种成为“好”配偶的理想化榜样，即，

> 无论男人是回到家里还是在其他地方，女人都要照顾她的男人。她总要为他做饭，为他洗衣，努力地孕育家庭成员。如果他因为出轨忽视了她和孩子们，她能做的只是向其他女人抱怨而已。她自己却不能出轨，不能讲丈夫的闲话，不能玷污他的名声。她同样也不能在孩子面前批评

---

① 在唤起服从和谦卑感的订婚（*patlo*）和“忠告”（*go laa*）仪式会使用取水这一同样的比喻。

② 新娘 Neo 的姨母给她关于婚姻的建议，见“婚礼快照”，贝茜·海德著，珍宝收藏者，和其他博茨瓦纳村庄童话（伦敦：海涅曼教育，1977），第79～80页。

> 丈夫，或者让孩子们反对他。如果他们的关系真正出现了问题，她会将问题告知双方家庭，并赢得他们的帮助从中调解。如果这不奏效，她会求助于当地的酋长。对于男人来说，一个“好”丈夫可以有外遇，但是他不会虐待、忽视或抛弃他的家庭。他不会离开他的妻子，或者无缘由地与她分居，他不会用家庭财产来供养其他女人。他也有责任在问题发生时将婚姻困境［告知双方家庭］。①

对于现代女性来说，她们很难完全达到为丈夫“倒水”这样的传统要求，就像一位未婚的年轻教授在剑桥大学获得博士学位后所言，“我想我接受的教育只是刚好能让我脱离婚姻市场而已！”②她的意思是目前的博茨瓦纳男人们很少有人愿意和她结婚，因为他们认为必须要有更高的学历、地位、工资或权利才能在双方关系中感到自在。尽管“倒水”（*go sego sa metsi*）这个词中几乎包含着全部的文化含义，博茨瓦纳妇女们实际上也担任着许多重要职务——很多人是教授、部门主管、企业家甚至是政府部长。但是她们通常会嫁给拥有更高职位和资历的男人，这样可以确保家庭中拥有完好的相对权利关系。尽管年轻夫妇通常对这种“好”配偶的典型性期许争执不断，但是他们依然必须在“婚姻笼罩下”继续生活，并以

---

① 安妮·格里菲斯，在婚姻控制下，第135页。1997年版本版权属于芝加哥大学出版社。获得芝加哥大学出版社授权重印。

② J·丹博与一名受过教育的默茨瓦纳妇女之间的私人谈话，哈博罗内，1995年12月。

此作为评判行为的准则，究竟是符合性别和地位的习俗模式还是背离于此。[①]

父系关系的统治性地位也体现在如下事实，没有博茨瓦纳丈夫而生下的孩子无法通过她的母亲而自动获得博茨瓦纳公民身份。这件事在法庭上受到挑战，随后宪法做出更改，允许孩子继承母亲的身份。[②] 此外，已婚妇女没有丈夫的签名不能在银行取款。这也同样受到法庭的质疑，最后妇女们在这一方面获得了和男人们同等的法律地位。

死亡和家庭延续

如果新娘聘礼已经支付，丈夫在婚后去世将不会必然带来婚姻的终止，根据被称为“*go tsena mo tlung*”［“进家门”］的娶寡嫂制习俗，寡妇如果愿意可以选择丈夫近亲中的一位男子来代替丈夫照顾自己。[③] 在有些民族中，会由年长者为其选定男子。在这种关系中出生的孩子，被称作“*ban aba dikgomo*”或“牛［新娘聘礼］的孩子”，它是已故丈夫的合

---

① 这句话的意思来自安妮·格里菲斯，在婚姻控制下。1997 年版本版权属于芝加哥大学出版社。获得芝加哥大学出版社授权重印。

② 案件的原告是尤尼提·道，博茨瓦纳首位也是唯一一位女性高等法院大法官。

③ 转房婚（寡嫂与亡夫兄弟之间的婚姻）是人类学专业术语，引自列维的圣经故事。

法子女，在法律上的各个方面都拥有与其亲生孩子同等的权利。[①] 根据记载，如果丈夫的妻子也同样去世，已经支付新娘聘礼的丈夫有权力在妻子的父母家中再娶另外一位妇女作为替代，他们通常会选择已故妻子的妹妹，但是这要经过一系列长达一年的哀悼和净化仪式之后才能进行。如果妻子家认为丈夫没有好好对待第一任妻子的话，他们可以拒绝他的要求。包办婚姻，娶妻妹（*seyantlo*）习俗和娶寡嫂（*go tsena mo tlung*）现象目前都已经十分少见，但是这些现象都体现出传统婚姻习俗在家庭间建立起来的紧密联系。这些做法的目的都是为了实现婚姻最为神圣的目标：家庭，家族和社会的延续。孩子为家庭和家族带来荣誉和延续的可能性。他们将在父母年迈时赡养他们，他们在父母去世后继续敬拜家庭和“卡古塔”的图腾和祖先。

婚外同居

男方的通奸行为通常会被人们忽略，就像俗语所说“男人就像是一把斧头，总是被人借来借去”（*Monna，selepe o a adimamwa*）。这些观念深深根植于结婚典礼之中，就像新娘在“忠告”（*go laa*）仪式上被教导不要问男人“他从哪里回来[他睡在了哪里]”（*monna ga a nke a bodiwa gore o tswa kae*）一样。这些和其它一些谚语强化了如下观念：只要男人不用家

---

① 他们也被称为“*ban aba ditlhomeso*”或者“椽子的孩子”。沙佩拉，茨瓦纳人法律与习俗手册，第165页。

庭资源去供养他的情人，他作为一家之长永远都不能被质疑。[1][2] 事实上，被称作“婚外同居者（nyatsi）”的已婚男人与未婚同居者之间的婚外情几乎已经被制度化。[3] 在这种关系中出生的孩子都属于母亲家族，会继承母亲的图腾。在这一关系中，

> 已婚男人会找某个其他女人做婚外同居者（*nyatsi*）。同居者可能是离婚者或寡妇，从前曾经和丈夫的男性近亲照顾生活过；但是大多数同居者还是未婚和那些已经错过适当婚龄的女性（*lefetwa*）。男人会和她公开规律地来往于她的居所，如果他能够给她和他们的孩子供养吃穿，帮他犁地，多方帮助她，如果他们没有正式订婚，尤其是没有支付聘礼（*bogadi*），任何一方对对方都没有任何法律意义上的强制责任，那么她的族人就会默许这种关系……[4]

---

① 表达同样含义却更加间接的表述是“一条狗同时抬起左腿和右腿小便。”

② 在莫莱波波莱的一个例子中，卡古塔（*kgolta*）认定“如果一个男人有了一个同居情人（*nyatsi*）而搬出家里，住在同居情人（*nyatsi*）的住处，将妻子和孩子全部忘记，根据茨瓦纳人的习俗，这是完全错误的事情。”安妮·格里菲斯，在婚姻控制下，第171~172页。1997年版本版权属于芝加哥大学出版社。获得芝加哥大学出版社授权重印。

③ 一些人将“*nyatsi*”一词按照来源于“小房子”的意思来翻译，但是这一词源是来自“*motho yo o nyatsegang*”，意为一位没有法律地位的秘密情人。*Nyatsi* 一词的反义词是 *mogatsaka pelo yame*，字面的意思为，“燃烧我心的人”。

④ 伊萨克·沙佩拉，茨瓦纳人法律与习俗手册，第126页。

尽管这些关系有时候是公开的，但在很多情况下，人们还是会对此保密——这是一种复杂的情形，妻子不能直接向丈夫质问他的婚外情，但是她会去找年长者抱怨丈夫对他的欺骗。如果男人公开炫耀自己与同居者（*nyatsi*）之间的关系，这会使他的家庭蒙羞。秘密关系的不幸后果之一就是，在这种关系中诞生的孩子逐渐长大却不知道父亲是谁，许多人长大后也没有勇气去问。不谨慎的婚外情对已婚男人来说是小事一桩，但是对被称为“黄色蝗虫”的未婚男人来说可并非如此，至少在过去，“如果被发现和姑娘们在一起将会被惩罚。”① 这样的关系通常是过渡性的，也非常短暂。但是如果孩子出生，女人的家庭通常就会采取行动。但是如果她还有其他婚外私生子，她能够得到得赔偿将会大大减少。由于艾滋病危险的存在，和过去相比，同居（*nyatsi*）关系目前广受诟病。

离　婚

尽管博茨瓦纳一直有维持婚姻的倾向，一些婚姻最后还是会以离婚告终。离婚需要经过和结婚同样的步骤。首先，男女双方要和各自的家庭商议，家人会倾听他们的困境并给他们提出建议。抱怨者的家庭会首先就离婚可能性问题联系被控诉家庭，随后要经过和结婚协商同样的程序。他们必须经过和订婚和结婚同样的物理途径，人们希望在结婚谈判中起作用的合作精神也能够成为离婚谈判的特征。舅舅依然是代表团领头人，

① 同上。

但是根据某些传统，他们前往新娘家的路上，要在驴车或汽车后面拖上一丛灌木，表示他们是为一桩陷入困境的婚姻前来谈判。树枝通常采自合欢树，这种树通常用来挡住牛栏的入口。当他们来到新娘家，树枝就被放在门口，然后说明来意讨论离婚事宜。枯树枝象征着一棵树无法结出果实，因此应该被砍掉，与此类似，它也象征着一桩无法结出果实的婚姻。此外，它同时让人联想到牛栏因为被忽视而大门洞开，牛群就会走失。在尘土中拖拽灌木枝表明要让“女人的足迹在男人家中消失”的愿望，擦除掉失败婚姻的记忆。

男人和女人都可以提出离婚，但在实际情况中，由于对男人有固有的偏见，除了被丈夫严重虐待或忽视的情形之外，妻子通常很难占据优势。如果和解的努力失败，在教堂结婚的夫妇需要在法院判决离婚之前先举行教堂的离婚仪式。同样地，那些在地区行政专员办公室结婚的夫妇也需要在离婚批准生效前和他或她咨询沟通。而对于一桩传统婚姻，如果在家庭层面上无法达成一致意见，夫妇可以来到“卡古塔”将他们的事情告知聚在那里的老人们。女人在这种情形下通常会遭遇困境，因为法庭和“卡古塔”的判决结果会偏向丈夫一边，这并不是因为他的行为必然正确，而是“基于保护孩子能够获得作为一家之主的父亲控制下的继承权以及他们隶属的男性血统的代表权。”① 尽管现在女人可以将他们的离婚要求直接提交给“卡古塔”，但是她们依然还是要遭受性别歧视，因为

① 格里菲斯，在婚姻控制下，第 174 页。1997 年版本版权属于芝加哥大学出版社。获得芝加哥大学出版社授权重印。

“这是一个以男性权威体系为基础的世界；尽管女人们现在……可以将他们的争执提交到“卡古塔”，但是这些组织还是在一个绝对男性意识和领域中运行。正因如此，男性亲属的支持对于他们的地位来说是至关重要的。”[①] 通常人们会责备女人不能生育或者懒惰——这些都可以作为男人要求离婚的理由。人们也会谴责她们有通奸行为，但是同样的行为对于男性就要宽容得多。在几乎所有情况下，“卡古塔”所做的决定总是试图促成和解而不是怪罪他们而让他们回家“努力解决问题”。这种寻求和解而不是欲加责备的做法是茨瓦纳人性格中的一个重要方面，这种特点体现在茨瓦纳社会所有的谈判中，而并不仅仅限于婚姻谈判。

如果妻子在有婚外情的情况下怀孕，丈夫依然要承担部分责任。谚语说“你是院子里唯一的男人，因此你必须对怀孕负责；不要抱怨否则人们会嘲笑你”，这句话也证明了男性在家庭关系中的统治地位。[②] 在殖民地时期，有超过40%来自博茨瓦纳东南部地区的男性在南非矿山中充当移民劳工。[③] 当他们返回家乡发现在他外出期间生下了孩子需要抚养，他们通常

---

① 同上，第160页。1997年版本版权属于芝加哥大学出版社。获得芝加哥大学出版社授权重印。

② 人们可以将这句茨瓦纳谚语，“你是这个房子里的人……”（*ke wena monna wa motse o, otla a re tshegisa batho*）用在任何性别身上，只那些给家庭带来耻辱的人。

③ 在某种程度上，他们做这个工作是为了资助父母购买牲畜和加重所需物品，而次要的才是为殖民政府支付选举或棚屋税。见伊萨克·沙佩拉，移民劳工和部落生活：关于贝专纳兰保护领地的条件研究（伦敦：牛津大学出版社，1947），第195页。

都会遵循这一传统。

人们对待已婚与未婚男女之间关系要比已婚男女之间关系严厉得多，如果这种关系能够确凿地被证实，有时会付给对方与聘礼价值相当的罚金会作为赔偿。即使是今天，人们也经常听到介入到已婚夫妇关系中的单身人士会被警告要与之保持距离，否则就需要交付大量的罚金。无论对错，公众还是经常将国内 HIV/艾滋病的高发病率和广泛蔓延归罪于这些婚外关系。

总而言之，在人们逐步适应世界变化的过程中，博茨瓦纳的两性与婚姻关系的发展是动态的也经历了许多转变。例如，妇女目前大量进入到非传统的工作领域，诸如筑路劳工。人们只需要看看这些现代女性的穿着就能够发现她们是如何改造这些已有的象征来应对新的环境：头巾缠在下面的安全帽上，及膝长的裙子罩在“男装”连体工服和高筒胶靴上面。女人们在建筑工地工作的事实标志着这彻底背离了传教士们和殖民政府希望树立的西方性别角色。此外，女性的法律地位目前也出现了一些新变化，承认女性拥有和男性同等的财政条件以及孩子能够被赋予博茨瓦纳公民身份的宪法权利。

161 7　社会习俗与生活方式

> 博茨瓦纳呈现出一种超出国境的一成不变的沉闷景象……大面积平原的国家，乏味平淡的国民，一个没有华美服饰的地方，没有复杂吸引游客的仪式，也没有新潮的文化产品。博茨瓦纳自身并不那么吸引人……尽管它是这块大陆上能够持久维持民主制度运行的国家之一。它就生活在那些更具新闻价值，更加喧闹的邻居们的阴影之下。它乐在其中。但是在外表现象之下，日常生活之中，有一个拥有持久魔力的世界，一个拥有平静深邃文化的世界……在那里不屈不挠的人们塑造着持久而有意义的生活，通过寻找创造社会财富来弥补贫乏的物质资源条件。①

> 少数民族卡兰加人和作为多数民族的茨瓦纳人一样，都是一些非洲研究者所称的“超级部落”……我将之称为镜像超级部落制度，因为每个超级部落都通过与自我想

① 科马洛夫所作前言，见P·莫扎菲—海勒，分裂的世界，一致的生活：博茨瓦纳的差异政治（韦斯特波特，康恩：伯金 & 加维，2002），第ix页。

> 象之间的关系而反映出对方……镜像超级部落制度最重要的特点就是对多样性的极度包容以及与陌生人之间的紧密合作，因为这就是人民自己期待的国家前景，而决不是排除异端。“炒鸡蛋”是总统莫加埃（Festus Mogae）电视讲话中对这一概念的解释。[①]

若要描写博茨瓦纳丰富多彩的习俗和生活方式，最合适的方式就是依据文本从其极具可塑性的文化政治，及其人民所具有的激活多元甚至矛盾身份的能力开始入手。有时我们会看到矛盾的现象，一方面是社会边界开放，能够接受多元文化和移民的以亲属关系或部落为基础的社会；而另一方面是社会边界非常严格而受到保护，产生了所谓严酷种族的社会。[②] 粗略地讲，课本和新闻资料中的非洲“部落制度”通常包括一种一成不变的观点，认为静止的、“僵硬的”种族差异是非洲大陆上多数冲突的根源，而博茨瓦纳的民族身份和政治则通常很温和多变，因为人们每天都在为开放给他们的社会空间而进行协商。对于那些少数民族来说，博茨瓦纳的城市通常是一个“充满多种选择的社会，在那里……成为赫雷罗人［或者其他民族身份］……成为祈愿性的表演中的一部分，这种成员身

① R·P·韦伯纳，博茨瓦纳的理性激进分子与公民权：卡拉扬精英的公共人类学（布鲁明顿：印第安纳大学出版社，2004），第67~68页。

② J·朗斯代尔，“道德化民族与政治化部落”，见创造与边界：民族与国家主义的历史学与人类学方法研究，P·卡斯霍尔姆和J·赫尔廷编辑，不定期论文，第11号（罗斯基勒：罗斯基勒大学，国际发展研究，1994），第141页。

份与教会、学校、工作和协会成员身份具有等同性，它是全体公民的一种简单的统一形式——而不是对赛茨瓦纳语霸权的一种反抗形式。”①

但是在对土地、水、教育设施、医疗保障或政治代表权等稀有资源的占有权进行竞争时，社会边界就会通过语言、服饰和其他能够通过民族来表现的差异性而获得“加固”。由于种族分布而引发的政治不稳定通常是获得国家关注的一种行之有效的方式。但是在博茨瓦纳，人们广泛地认识到，维护这个被普遍认为是非洲在民主和经济上最成功的政府能够带来最大的益处，这种认识几乎总是会使那种差异性策略得到缓和。在对茨瓦纳统治最为激烈的批评中，卡兰加人由于一直在为提高其在国家事务中的政治权力和经济参与性而进行协商，他们经常按照种族分布而进行社会动员。然而与此同时，作为一个民族的他们也在努力地分清他们首先忠诚于一个统一的博茨瓦纳国家，而不是与津巴布韦居民构成一个混合跨境民族。津巴布韦在博茨瓦纳人眼中是“一个贫穷，充满冲突、犯罪、暴力的非茨瓦纳地区，简而言之就是一个负面典型。”② 以同样的时尚标准，赫雷罗妇女穿上她们独特的五彩裙子就成为了民族差异性的一种典型性象征。然而同时，“尽管对全国茨瓦纳霸权的相关论述已十分清晰，马哈拉佩的赫雷罗人还是对宣称

① D·达勒姆，“服装的困境：文化身份的多价性和反语”，美国民族学家 26（2，1999）：第402页。

② W·文·宾斯伯根，“两种非洲境遇中的少数民族语言、民族与国家”，见非洲语言、发展与国家，R·法登与G·福尼斯编辑（伦敦：路特雷奇出版社，1994），第167页。

“非种族歧视”的官方路线表示欢迎（可能是对比于博茨瓦纳西北部的赫雷罗人而言）。”①

和赫雷罗人一样，当叶伊人和萨尔瓦人需要迫使政府认真对待他们的事务，代表他们的利益和政治代表权，获得传统土地和涉猎权的时候，他们也会将民族问题作为组织本民族人民的一项基本原则。这些行动证明，相比于“炒鸡蛋”的类比，博茨瓦纳各民族关系网络中的霸权明显弱化。根据环境的变化，文化差异可以根据需要加强或弱化。一个可能更恰当的类比——人们通常用来形容美国的多种族多元政治——是用“沙拉碗”来形容各种成分，即使都被搅拌在同一份沙拉里，它们依然保持着各自的特性。

但这其实是一种过于简单的论述，因为西红柿和水萝卜放在一起并不能制成一碗拥有新成分的沙拉。这种“混合”实际在国家过去的历史中已经发生很多次，伴随着人们交流合作，通婚，或随着地区主流文化的变化，文化不断地进行着同化过程。结果，几乎每一个博茨瓦纳人都能掌握多门语言，也没有任何一个村子是真正完全属于同一民族。同时，在过去的一个半世纪里，在聘礼、继承、甚至宗教信仰方面产生的语言和习俗的变化已经出现一种加速的“茨瓦纳化”进程并且不断并入的西方影响。例如，茨瓦纳语可以在目前全国几乎所有地方使用，尽管有时候，如果人们希望表达他们对茨瓦纳人主导的政府的不满，他们会坚持讲英语或他们本民族语言，以此作为对这种主导地位的反抗。

---

① D·达勒姆，服装的困境，第398页。

尽管国家有“多元统一体”的口号和常用说法“我们在这里都是博茨瓦纳人”，但是按照民族或种族优劣而形成的文化上的陈规陋习仍在持续地折磨着不同民族之间的关系。除了将萨尔瓦人或克瓦桑人的生活方式特征描写为“原始的狩猎者和采集者”之外，他们的文化传统也依据他们的肤色而被固化下来。人们经常对那些肤色“比较浅”的人有一种潜在的偏见，认为他们可能和克瓦桑人“混血”。相反地，卡兰加人、姆布库舒人和叶伊人却通常被认为“肤色太深”，尽管这一时期的部分影响无疑来自西方或种族隔离偏见，这无疑也含有一种种族低劣的暗示。政府禁止在早期教育或广播电视媒体上使用卡兰加语，叶伊语或赫雷罗语等非茨瓦纳语言，这种做法不断地强化在国家统一体领域里的这些错误路线。尽管很多城市和受教育人群的态度在逐步缓和，尽管茨瓦纳人已经对其他民族保有一定宽容度，但人们还是非常普遍的有此议论。即使是在西方，种族和民族歧视依然难以彻底消除，博茨瓦纳的这些问题也向创造更好的社会平等条件的目标提出了挑战。

作为繁荣和幸福隐喻的牛

尽管全国的文化存在着极大差异，多数博茨瓦纳民族都认同这样一种观念——男人的财富需要用他所拥有牛的数量来衡量。直至今天，人们拥有许多投资机会，但事实上人们依然认为没有包括牛在内的财富是“不完整的”或不太受人尊重的。牛是一种文化物，而不仅仅是一件商品。没有它，男人无法耕地，无法支付结婚的聘礼，也无法招待葬礼上的宾客以光耀祖先。除了肉以外，牛还能产奶以供饮用，毛皮可以做睡毯，粪便可以盖房，给土地施肥，在木材短缺的时候还可以用来烧火做饭。从牛皮上切下来的长皮条晒干后绑在树枝上做成鞭子驱赶拉车的牲畜——牛和驴，做成皮条系在卡古塔椅子框上让长者们坐着更舒适柔软。过去，人们还将牛皮做成武士在战斗中使用的盾牌，这也为以牛命名的赞美诗赋予了另外的意义——“一种结实的武器”。最后，牛在现代社会可以出售用于购买土地或支付罚金、学费和棚屋税。

但是牛在茨瓦纳思想上的意识形态统治地位有时会使茨瓦纳人难于理解或欣赏其他价值观和生活方式。例如，居住在中部喀拉哈里野生动物保护区的一些萨尔瓦人就抵制搬出保护区重新安置定居——即使以五头牛作为交换，政府认为重新安置定居将会使他们步入通往“进步和繁荣”的“正确”轨道。[①]实际上，这是对那种将牛的所有权等同于幸福的文化意识形态的一种反抗，多数茨瓦纳人将这种观念视为从“石器时代的生活方式”以来的一种“不言而喻的”进步，它也使政府与萨尔瓦人之间的谈判令人困惑，因为萨尔瓦人希望继续作为狩猎者、采集者和放牧者生活在中部喀拉哈里野生动物保护区。

尽管茨瓦纳人的文化和习俗逐渐占据了全国“沙拉”中

---

① 那些克瓦桑人定居在考恩萨克尼（Kx’oensakene）后建成了一个拥有一所小学，一间诊所和一间派出所的社区。为了对他们的迁居做出补偿，定居者都得到了农田，并可以选择15只山羊或5头牛。政府也会雇佣这些定居者作为建筑工人，还有其他一些获得收入的项目。J·玛鲁雅玛，中部卡拉哈里哈维人与加纳人的安置生活与社会关系（京都：亚非地区研究院，2002）。

的大部分的民族成分，但是对差异性文化价值观和实践的适应过程却并不是完全一边倒。例如，住在奥卡万戈三角洲边缘地带的茨瓦纳人就向叶伊人学习了使用夹子、渔网和芦苇藩篱来捕鱼的技术。许多茨瓦纳人也会向萨尔瓦术士请教，并使用他们的草药和药物。在中部地区的雨季，有牛群走失的牛主人通常会拜访萨尔瓦占卜者，他们通过抛掷皮质占卜盘来帮助人们确定走失动物的位置；牛主人们认为与其他占卜者相比，萨尔瓦人更精于此道。然而，对于非茨瓦纳民族来说，最成熟的一般趋势就是接受“牛是最广为接受的财富象征”这一观念，目前几乎所有人都将它作为婚姻交易中的新娘聘礼。几乎没有人会对下面这两句话持有异议——茨瓦纳谚语说“牛是一位有着湿鼻子的上帝”；流行语“我没有牛，我睡不着；我有牛，我还是睡不着”（*Ka e tlhoka ka tlhoka boroko*，*ka e bone le gone k abo tlhoka*）。[①]

社会习俗与生活方式

古老的和新生的：村庄和城市

过去，茨瓦纳人过着一种季节性迁徙的生活，他们在雨季

① 有时候谚语和俗语也会被编在赞美诗中，反之亦然。在许多长诗中都可以见到这句话，例如一些翻译内容如下，见 H·艾弗森，黑暗之心的思想：南部非洲茨瓦纳人的价值观和自我认同（新港，康涅狄格州：耶鲁大学出版社，1978），第125页。

从村庄搬到田地和放牧点，然后等到收获季节再回到城镇。即使是生活在哈博罗内和弗朗西斯敦这些大城市的人也会加入到每年的迁徙之中，尤其是在圣诞节这样的长假期间，来到田地和放牧点通常意味着充足的牛奶，酸牛奶（*madila*），还有围绕火堆充满歌声和故事的夜晚。那些因为需要不得不留在城镇而方便上学的孩子们尤其需要平衡协调城镇和乡间这两种差异巨大的生活方式。正如一个孩子记述的那样，

> 我在周末和学校假期中的部分时间生活在乡间田地里，这种生活目前已经被人们从村庄生活中去除，在我看来，人们的村庄生活也发生了很大变化。我觉得他们走路和说话的方式都不一样了。从前整洁的草顶圆屋和五彩装饰的院墙在今天的村庄中已经无处可寻，取而代之的院落里的草顶茅屋毫无美感可言。而且院子的四周竖起刺棘，而从前的村子里到处都是结实的装饰围墙。院落现在似乎已经与荆棘丛生的环境融为一体，而从前经过设计的村庄看起来是那么突出明显……四月，丈夫们会回到田地里，带回少量的几头牛和其他的小牛犊，把男孩子们分派到放牧点……芦粟，西瓜，豆子还有许多其他的食物已经成熟，一连串欢宴的时候到了。如果雨水充沛就要杀一头山羊……［而后］四月中充满了男人们欢快口哨声和女人们轻声吟唱。我们这些孩子尽情玩耍，然后帮工，然后再玩耍，再帮工。夜晚我们听着妈妈和奶奶讲的故事筋疲力

尽地睡去。[①]

尽管这种在农村和城镇之间周期性流动的家庭生活对大多数的博茨瓦纳人来说都十分熟悉，但是随着人口逐渐城镇化，目前参与这种季节性迁徙的孩子和年轻人越来越少。因此，无论属于哪个民族，住在乡村和住在城市中的博茨瓦纳人之间的差异越来越明显。大部分保守的乡村家庭继续按照传统的方式生活，他们会被城市人称为“生活在丛林中的人或野人”（*managa*）。他们来到城市，面对差异和现代社会的做作规矩，围绕着他们的天真及其经历的文化震撼产生了无数个以野蛮人（*managa*）作为笑柄的笑话。安德鲁·塞西尼（Andrew Sesinyi）在1981年的小说《岩石上的爱》（*Love on the Rocks*）中生动地描写了这些困境。[②]

那些生活在城市遵循西方生活方式的人们时常试图将自己与野蛮人（*managa*）区分开，他们认为野蛮人是缺乏教养的乡下人，而他们则称自己为“猫”。对他们来说，猫是一个恰当的象征物，因为它是“一种干净而聪明的动物，它们走起路来漂亮而小心。它是温柔的、文雅的、现代的——与粗野相反。”[③] 年轻的城市“猫们”通常更愿意讲英语而不是茨瓦纳语，并将此视为他们有教养和世界性的标志，经常尽可能地假

---

① U·道（U. Dow），欺诈的真相（北墨尔本：三齿稃出版社），第4页，34页。获得本书出版社许可重新印刷。

② A·塞西尼，岩石上的爱（伦敦：马克米兰教育出版社，1983）。

③ 发给J. 丹博的电子邮件中的个人交流，2005年5月26日。

装有浓重的英国或美国口音。尽管他们将此视为世界性的标志，但是对其他人来说，它似乎就是一种傲慢的矫揉做作，人们不愿用“猫”来称呼他们，而称其为“资本主义者”或“恋物者”（*ba ba ratang dilo*）。

即使是在乡镇和城市里，传统与现代之间依然存在冲突。例如，教师们会鼓励那些进入英语授课小学学习的孩子们在家中也讲英语，以此作为提高英语水平的方法。但是家长们通常并不欢迎这种做法，他们希望孩子们在学校讲英语，而在家中讲茨瓦纳语或其他本土语言。当孩子们从学校回到家，人们经常能够听到父母们讽刺地说，“欢迎来到博茨瓦纳”。父母们一方面为孩子在学校取得的成绩而感到骄傲，而另一方面他们也感觉到家庭中文化传统的地位及对它应有的敬意受到了“西方式”教育的威胁。这是一种内在的矛盾。因此，有时候孩子们在学校——尤其是中学和大学——所学的知识，与家中父母更加传统的期望与信仰之间存在着相当普遍的冲突。例如，关于艾滋病的原因与结果的讨论就经常陷入这种对抗之中。

除了最为偏远的地区之外，目前大多数人都按照一种将传统和西方元素相结合的方式生活。例如，中产阶级村民居住的水泥砖房，有着草屋顶或马口铁屋顶，使用自来水和电力；房子上有一架卫星天线能够接收本地或国家电视节目。在院子前面，山羊们绕着德国或日本生产的现代化汽车悠闲地吃草，而用木材或旧卡车底座制作的驴车安静地停放在后院的树荫下，等待着下一次前往耕地。在几乎所有的地方，工业生产的商品替代了家庭制作的皮革服装，手工雕刻的木碗和木勺，还有手工陶器。甚至连祈雨典礼这样的仪式也受到了影响。许多传统价值观和做法还依然保留着，包括传统音乐和舞蹈在内的一些仪式开始复兴并作为一种表演形式出现在博茨瓦纳的广播和电视媒体上。越来越多的人们开始向传统占卜者、治疗者和草药专家求教，询问他们有关找工作的问题，年轻人如何吸引女朋友或男朋友的问题，或者是为了缓解疾病和其他问题带来的痛苦。

问候

一般来说，博茨瓦纳人友好而好客。客人们可以随意参观大多数地方，但是在乡镇和城市里，人们必须要留心扒手、小偷和闹事者，这些人有时候被称为“迪茨奥茨”（*ditsotsi*）。除非是在人群拥挤的街头，按照习俗人们在相遇时需要互致问候——否则将被视为一种无理的行为，因为它暗示对方并不重要而不值得理会。即使是乘坐公共交通工具的陌生人也应该相互致意，然后开始交谈。在公共场合看书而不与人交谈被认为是一种粗鲁的行为。巴茨瓦纳人喜欢人们用他们的语言互致问候，因为几乎所有人都能听懂茨瓦纳语，即使一个人只会讲这一句话，用它来问候也被认为是一种礼貌的行为。习惯性问候语以“*dumela*，*rra/mma*”（发音为 due-MAY-la，rra 或者 mma）开头；你好，（先生/女士）。在问候语后加上“*rra*”和“*mma*”（字面意思是“父亲”或“母亲”）是一种礼貌的称呼，尽管一些游客很难按照茨瓦纳语（或西班牙语）方式发出卷舌“r”的发音。[①] 在博茨瓦纳南部，人们通常会依据一天不同的时间在后面加上“*Le kae?*”（LAY-kai），意思为“你们都好吗?”当然回答是“*Re teng*”（RAY-teng），“我们在这里”。北方方言的问候语包含有“你是怎么醒来的?”这句话的各种变化形式。

年纪、资历和地位在社会性事务中非常重要，因此当我们向年长者致意时，来自博茨瓦纳北部的人们通常会使用礼貌的“第三人称复数”形式“*le*”而不是使用“第二或第三人称单数”形式“*O*”（Oh），这两者之间只有声调的区别。尽管在日常生活中的很多情况下性别都非常重要，但是茨瓦纳语中没有“他”和“她”的区分。这样一来，讲茨瓦纳语的人将英语中的这些词汇混淆是常有的事情，经常会出现奇怪的句子“他今天穿了一件非常漂亮的裙子。”

通常西方的问候语几乎不含有任何实际内容，几乎只是一种例行说法，但是博茨瓦纳的情况则有所不同，在博茨瓦纳“你好吗?”这句话是需要真正回答的。如果一个人头痛，你可以这么问候他；如果一个人碰伤了脚趾，你也可以这样说。但即使是对于巴茨瓦纳人，问候的礼节也会很快变得复杂起来。例如，尽管人们可以接受南方人在问候时问及老人的健康状况，但实际上这在恩瓦托人和塔瓦纳人看来是一种无礼的行

① “rre”和“mme”的字面意思为“我的父亲”和“我的母亲”，使用这种形式更为礼貌。另一种加强礼貌和尊敬的方法是，将某人称为虚构的“叔叔”（ntati）或者更好的方式是使用他的图腾：“Dumela tlou”（“你好大象”）。

为。对他们来说，这是一个关于地位和尊重的问题；年长者可以问候并询问年轻人他或她的近况，但是如果年轻人先问或回问年长者同一问题则是不礼貌的行为。习俗上的这些差异会在问候陌生人时出现非常微妙的状况。人们在决定是否能够问候对方健康状况之前，必须首先通过口音来猜测对方来自哪里，然后估计他和自己的年龄差。孩子们和地位较低的人在遇到上级或年长者时，需要稍微鞠躬以示格外的尊重。

客人们通常不会因为违反问候规则而受到责怪，但还是有一些微妙的陷阱存在。目前许多茨瓦纳人在饭店、商店和银行这些非传统的机构中工作，对于外国游客和茨瓦纳职员来说，在这些地方的身份地位可能被倒置或充满矛盾。就职员和访客而言，顾客具有更高的地位。但是由于茨瓦纳问候会受到非常复杂的年龄和地位因素影响，对对方而言，每一方的回答都有可能会不恰当。例如，当西方客人初次来到银行遭遇到（礼貌的）沉默，他可能感觉很尴尬，于是他们敷衍地回应服务的需求，而不会花时间来互致问候。银行职员则有完全不同的想法。根据顾客（尤其是年长者）至上的原则，银行职员在等顾客首先问候。如果顾客没有这么做，银行职员会认为顾客觉得自己不重要或不需要问候，因此也会以草率的方式对待对方。结果就是一次不友好的服务，双方都感觉自己在交往中被对方轻视。这种会面产生的负面情绪会招致茨瓦纳人尖锐的批评，“*Makgowa oa rata dilo*, *fela*”（字面意思为，“白种人只喜欢［物质的］物［与人相反］”，表示一个人的行为举止非常自负而傲慢）。

卡兰加人按照一种名为“果布齐拉（*go buchila*）”的习俗

向长者或尊者表示敬意，他们双膝跪地，双手合十，击掌三次，然后伸手和客人问候致意。反过来，尊者会亲吻他们的双手。另一个表达尊敬的动作是见到尊者时脱帽致意。包括犹太复国主义基督教会在内的一些教会成员会以问候语“平安与你同在（*kgotsong*）”或来问候对方。他们凭借戴在衣服上的银星和鸽子标志彼此辨识。年轻男孩子们不太正式的问候方式是“*ita da*”或者“*go jwang*”，意思是“怎么了？”。“同乡”，“闺蜜”，或“老乡”是另外一些用于问候的词汇，通常是由那些来自同一村庄，城镇或地区的人使用。

握手是习惯性问候的另一种方式。作为一种尊敬的表示，人们总是“使用双手”来握手，在握手时用左手握住右手的肘部。在“文明”群体中，人们在给别人递送东西的时候也会使用同样的动作。[①] 例如，即使人们在城市环境的公共汽车上向售票员递送硬币买车票时，也会使用这种动作。

年龄、资历和尊敬

年纪增长会带来特权，在博茨瓦纳人们同时也认为年纪会带来智慧。人们教育年轻人要尊重年长者并向他们致以敬意，因为人们认为年长者为社会发展做出了重要贡献。年长者不但能够指导父母和孩子以及老板与员工之间的关系，他们同时也

---

① 这在有些情况下会变得非常复杂。例如，在博茨瓦纳中部的一处考古挖掘遗址工作时，工人们在将沉重的石土块从自己的位置递送给他们的主管时，通常需要用一只手将它们举过头顶，而另一只手要抓住自己的右前臂以示尊敬。

是社会聚会中的重要角色——即使只有两个人情况也是如此。年龄差异非常重要，在新学年开始的第一个星期中，班级里所有的学生就要确定班级中所有同学的年纪和排序——“找出命令关系”就是他们需要做的事情。[1] 即使年龄差异非常微小，也有非常重要的作用，因为“年长者”有权命令年轻者完成某些工作和差事，包括取课本、拿饮料、刷盘子或其他日常工作。即使年轻者私下也有所怨言，但他们却不能公开抱怨。有时候年长者会在工作单位运用他们的资历来欺负下级，但这种情况随着受教育者逐渐占据高级职位而有所转变。但无论在工作中担任何种职务，即使是最高级的公务员在回到家乡村庄后，关于年纪和上级的传统也会胜过工作单位中的地位。但地位和年纪总是维持着一种微妙的平衡。例如，即使是酋长，他与母亲的兄弟们在一起时总是年幼者；而无论各自年纪如何，和父亲的兄弟在一起时，他都是年长者。同时年长者在面对有皇室血统的孩子时，也要致以尊重和尊崇。

并非只有茨瓦纳人重视年长者的地位并充分尊重他们；博茨瓦纳所有人都是如此。正如下面这则故事所讲述的那样，年纪和地位并不仅仅按照纪年日期来排列；它还包含更多在日常行为中表现和检验的复杂因素，就像下面这个马拉哈佩赫雷罗人社区的例子一样：

处理年纪问题最有说服力的场合之一就是男人们在婚

① 询问某人（他或她的）年龄是很常见的事情，但是一些妇女现在也依照西方的传统不予回应。

礼和葬礼上围坐的圈子。在这里年长男子们坐在火堆四周主人提供的椅子上，翻到的水桶上或其它类似的东西上，人们献上茶和食物，他们一边交谈，一边不时地吩咐年轻人做事。那些地位较低的或想要向年长者表示尊敬的年轻男子会靠近围坐的男子们，微微弯腰恭敬地向他们问好……年轻男子们随后坐在里圈外面的原木或翻到的木桶上。年纪在30岁上下的年轻男子坐在里圈是一种不够恭敬和顺从的行为。如果另外一个人进入里圈而他并未从椅子上起身的话，人们就可以认为他想要那个位子。或者他也可以拿一根拐杖，戴一顶呢帽，或是穿上一件长袍[这些都是年纪和地位的象征]。这么做是很冒险的行为，需要足够的信心——任何一种行为都可能……招致善意的嘲笑或斥责，或者当年长者命令年轻人去取东西或要求他要尊敬"父母"的时候，这一切就被破坏了……随着男人进入到40岁，他们在篝火边里圈就坐的愿望就更有把握实现了，但事情也并不尽然。有很多上了年纪的男子还是扮演着年轻人的角色，在更年长者或酋长到来的时候要表示恭敬或给外圈的人让出里圈的座位。一些50岁或更老的男子，牧童或那些无法独立生活、独立门户的人依然非常难于进入到男人圈中。①

在过去的启蒙仪式上，茨瓦纳社会中的所有男人和女人都

---

① D·达勒姆，"消失的青春：作为博茨瓦纳社会变迁标志的青年"，美国民族学家31（4，2004）：593~594。

要按照年纪组成不同的年龄组（*mephato*）。这给人们提供了一个清晰的年龄分界，那些属于不同团体的人们通常在酋长（*kgosi*）的管理下被分配不同的社会工作。每当有重要的国家项目或工程任务需要承担，酋长就会叫出一个特定年龄组（*mephato*）（单数的）的名字令其承担任务。这些项目包括保护村民和他们的牲畜免受狮子或猎豹这些捕食动物的侵害，还有修路、建水坝和国家粮仓。年龄组完成了博茨瓦纳许多重要的项目，包括修建位于帕拉佩附近的蒙哥大学（moeng college），修建在卡内和塞罗韦的大坝和社区会堂。当 20 世纪 80 年代末期“博格维拉（*bogwera*）”和“博杰勒（*Bojale*）”启蒙仪式被简略恢复的时候，人们在莫丘迪命名了最后一个年龄组。随着启蒙仪式被废止，除了一些仍以非常微弱的形式存在外，年龄组已经成为一种历史事物，它们曾经承担的许多责任目前已经转移到一些非正式组织之中，有时甚至是一些基于高中同学或其他关系而成立的组织。

政府近年来正式承认年长公民的重要性，并为每位超过 65 岁的公民提供小额补贴——每月大约 40 美元。抛开博茨瓦纳政府的其他失误，这一小额补贴是其众多举措的一种象征，政府试图将财政收入转向用于提高普通公民生活水平，而不是高调资助那些更具象征性而非实际价值的公共工作和地位。补贴即使按照农村标准来看额度也并不高，但它却满足了许多老人对五种玫瑰茶和糖的喜好，这些都是他们中的大多数人放纵自己所享用的奢侈品。这一姿态尤为重要，因为资金直接来自政府财政而不是个人退休金账户。一生从未领取过任何工资的农村牧民开始领取补贴——尽管一些人需要跨越相当的漫长的距离才能从家到最近的村子领取补贴。

性格

尽管在家庭和朋友圈子中的谈话通常都非常放松，博茨瓦纳人还是从英国人那里继承了一种在工作场合坚持礼节和正式称呼的嗜好。许多人坚持在工作中穿西装，打领带或穿套裙。在村庄或乡镇，一些职员和接待员会在午餐时间更换外套，以便在下午显得“洁净清新”。[①] 多数人在工作中希望人们用先生、女士、小姐、博士和教授这样的正式称谓来称呼他们。在名片和信纸抬头上，人们会在名字后面列出他们所属组织和机构的首字母缩写。[②]

将社会地位用外在形式表现出来也是非常常见的做法，许多城市人会使用政府补贴贷款购买昂贵的汽车，将其作为一种成功的标志；而另一方面，他们的家里可能还非常简陋。汽车作为地位象征的重要作用和房子前面精心装饰的“罗瓦帕”（*lolwapa*）墙壁的作用相似，它们都要一直保持无暇洁净。但是在下面两种情况下，人们却会随意地将锡铁罐、塑料袋和其他垃圾扔在院子外面任其逐渐堆积，或者从汽车里扔到住房之间的“无主之地”或路边的沟渠中。在农村地区，每家的垃圾堆通常位于院落的前门口边上，因此这里会给人一种非常不

① D·达勒姆，服装的困境，第397页。达勒姆记述，在马拉哈佩的赫雷罗人也有“非常挑剔的洁净观念，通常一天会洗两次澡，也经常洗衣服。”

② 在英国人的姓后面加上 F. R. S. 表明此人是“皇室成员的朋友”或者加上 OBE 意思是某人是按照英国王朝的顺序来命名的。

整洁的印象，直到你进入有围墙的“罗瓦帕”和房间里，那里通常整洁无暇。进入或离开村庄时，距此一两英里的路边通常四处散落着饮料罐、塑料袋和其他现代社会的残渣，缺少垃圾回收设施。

和所有地方的人一样，如果某人出生在一个占据重要职位或有很高社会地位的家庭中，巴茨瓦纳人会非常虚荣，这通常会“展现”在谈话中。然而与此同时，巴茨瓦纳文化认为简朴和尊严具有极高的价值，这种文化的横切现实平衡弱化了这些自我膨胀的外在表现。人们可能会吹嘘，高声谈论，但人们会赋予讲话安静轻柔的人以一种典型的微妙尊重，因其展现了“性格”（*botho*）这一词汇本土含义中所蕴含的特点。[①] 人们不应该在公共场合态度失控，如果某人看起来有可能失控，人们会提醒他或她“心灵就像是一只年轻的山羊，你需要用绳子把它系紧”（*pelo potsane*，*e boswa ka kgole*）。[②]

自我控制的另一维度是人们认为嫉妒、愤怒和生气的语言和动作会干扰社会中的精神和谐，会使触犯者和社会都处于缺乏祖先庇护的危险之中。例如，如果某人对另一个人的所做所

---

① *Botho* 一词对其自身国家发展计划来说也是中心内容，名为“展望 2016”的计划表达了博茨瓦纳对自己在 2016 年的愿景。负责博茨瓦纳远景规划的博茨瓦纳总统工作团队，博茨瓦纳远景规划框架（哈博罗内：政府印制厂，1996）

② 牛和村庄的比喻再次契合。如果一个孩子像父母一样行为得当，人们会说，“*e e mashi e a itsale*，”意为“有好奶的牛也会生下同样的小牛。”相反的，如果父母行为良好而孩子却被发现行为不端，人们会认为“*molelo o tswa molora*，”意为“火会烧出灰来。”

为不满意，人们相信随后发生的社会分裂会促使祖先“撤回他们的庇护”，将争执双方——可能是社会本身——暴露于危险之中。如果随后社会破坏的治愈过程——有些情况下通过土地的净化仪式——不能有效地达成和解，即使土地也会出现“不健康”和绝产的状况。[①] 因此，争论和言语攻击在博茨瓦纳被视为非常严重的状况，如果争执不能迅速解决，双方会求助于“卡古塔”或巫医（*dingaka*），不为分派罪责，而是为了达成和解，寻找解决方案和“治愈”方式。

对茨瓦纳人来说，性格（*botho*）这一概念还包含有民族自决的宿命论含义。人们认为每个人都是独一无二的，而同时既受“人性”力量的影响，又不完全受其控制。就像一位卡拉哈迪长者总结的那样，

> 一个人的行为可以通过良好的养育过程而塑造。但是一个人也不一定完全按照他被教导的那样行为，因为他生来具有的一些特性是培养所无法改变的。“我为幼小的荆棘除草，等它成长起来，却将我刺伤。”孩子们成长起来可能会让那些试图正确塑造他们的父母们感到伤心。一个人无力改变的事实会塑造一个人的行为。“即使我一直看着水井，它也会干涸。”[②]

① G. 恩提罗迪比—库兹瓦尼，班加卡，妇女和巫术，妇女的世界 99：第七届国际妇女跨学科大会，第七组：性别化的过去，特罗姆瑟，挪威，1999。

② 引自 H·艾弗森，黑暗之心的思想，第 113 页。

一些人会指责现代社会中的恶劣行为和对性格（*botho*）的认知损失，源于取消了殖民地时期的传统成人礼（“博格维拉/*bogwera*”和“博杰勒/*Bojale*”是分别属于男人和女人的成人仪式），这些仪式会教导年轻人尊重长辈并理解他们对家庭和社会所承担责任的性质。尽管从某些方面来说要求恢复“过去的传统”代表的是对现实问题的一种浪漫化的修正，酋长林池维二世（Linchwe II）还是在20世纪80年代在卡特伦区（Kgatleng）首府莫丘迪简单地重建了成人礼学校，向年轻人教授他们的历史、道德行为和家庭价值观。[①] 许多更为传统的巴茨瓦纳人认为与性格（*botho*）相关的传统并不能用正式的、西方式的教育体系来传承。成人礼学校在假期开课，吸引了卡特伦区内外大量的青少年。课程受到一些人的热烈欢迎，但是它并不能完全依照“传统”进行，因为作为旧有仪式中重要内容的割礼就不能再由“*rathipana*”（“手持小刀的男人”）依照传统方式实施，因为割礼可能会导致艾滋病的传播。[②]

另一些人认为孩子们在成长过程中就会从家庭中学到很多良好的行为方式和性格（*botho*）。但是目前许多农村地区的孩子为了就学便利而被送到城里的亲戚家生活。随着教育设施的扩展，多数城镇都已经有了社区初中，但是寄宿条件却经常无

---

① M. N. 莫索斯瓦尼，“关于莫丘迪‘巴加塔—伯—加—加费拉’人中启蒙学校的民族志研究（1874～1988）”，普拉：博茨瓦纳非洲研究报15（1，2001）：第144～165页。

② 当时南非医科大学（MEDUNSA）的一队医学院学生被找来代替完成割礼手术。

法满足需求。如果学生在城镇里没有亲戚，一些14或15岁的年轻人就不得不在上学期间过一种少有或几乎没有成年人监管和指导的租房生活。甚至在早年间，寄宿费的价格使得许多农村家庭无法负担孩子在初中就学。例如，在20世纪70年代马翁初中刚刚成立开学的时候，人们就发现一些非寄宿学生睡在外面的灌木丛中，他们白天在学校上学期间就将毯子丢进荆棘树丛中以防丢失。[①]

家和家庭

巴茨瓦纳人喜欢拜访和交谈。面对面的交流是首选方式，但是漫长的距离，低人口密度，以及巴茨瓦纳人在全国田地间往返旅行的生活习惯都为移动电话提供了坚实的市场基础。目前全国移动电话（超过270 000）的拥有量是固定电话的两倍。当一辆公共汽车长途穿越喀拉哈里沙漠来到移动通讯信号覆盖区域时，人们几乎同时掏出15或20部手机的现象相当普遍。由于使用现购现付的计费系统，手机费用花费不菲。当额度时间用尽，人们仍能接收信息，但只能等存满足够的钱去买另一张卡来充值之后才能够给对方回复。在所有地方都可以买到移动电话卡，商店、超市甚至街头摊贩都会出售。

无所不在的移动电话深切地影响了人们交流的方式。从前人们在别人家拜访或吃饭之前并不会预先约定，而现在“提前用电话联系”避免成为一名令人意外的访客逐渐成为习俗。

① J. 丹博在1970年至1973年在马翁初中工作时发现一些学生在灌木丛中搭帐篷过夜。他们来自贫困家庭，无力承担住宿的费用。

在移动电话普及之前，巴茨瓦纳家庭在晚餐时间都会准备额外的食物以备有人突然到访。按照茨瓦纳人的习俗，人们不能拒绝晚餐期间到访的客人。但是如果一个人总在那个时候出现就会被人们嘲笑为“用脚做饭吃”的人（*o apaya ka lonao*）。

社会集会和典礼

假期和节日

博茨瓦纳有很多个标志重要世俗和宗教事件的年度庆祝活动。这些活动赋予人们一种身份感和国家自豪感，也提供了消遣和娱乐的机会。这也是向祖先祈祷，祈雨和开始其他祝福仪式的时机。世俗假期包括新年（1 月 1 日）、劳动节（5 月 1 日）、塞雷泽·卡玛爵士节（7 月 1 日）、总统节（7 月 18 日）和博茨瓦纳独立日（9 月 30 日）。基督教节日包括耶稣受难节、复活节和圣诞节。大多数博茨瓦纳人会离开生活的城市去地区首府或农村的家乡欢度圣诞节，那里的习俗有传统的唱诗表演和庆祝活动。圣诞次日是人们用来社交聚会和野餐的另外一个假日。圣诞节之后的假期是从殖民地家庭中开始的传统，这一天仆人们和工人们会收到他们的圣诞节礼物（装在盒子中）。巴茨瓦纳的穆斯林们会过斋月节，从三月的新月开始至四月的新月，但这不是一个全国性的节日。

在春秋两季种植和收获的节日为人们提供了额外的欢庆机会。过去，农业周期由酋长统一规定。只有获得了他的许可，家庭才能够去农田开始耕作。直到酋长在“初产节”庆典上发出准许的命令（*go loma thotse*：“吃掉种子”），在此之前人们也不能随便吃自己收获的粮食。在随后的丰收庆典中（*dikgafela*），人们会将部分谷物敬献给酋长，他作为神和祖先的象征接受献祭的粮食并为丰收感恩祈祷。按照传统，在社区其他人开始耕种各自土地之前，年龄组（*mephato*）会被分派首先去耕种酋长的土地（*masotla*；“部落”土地）。过去违反这一规定会遭到传统律法的惩罚，在最严重的情形下，酋长甚至会将违法者家的房子烧成灰烬。祈雨也会通过向酋长的祖先——神——祈雨而将社会凝聚。部落土地（*masotla*）上产出的粮食会储存在部落粮仓（*sefalana*）中，以供干旱或其他全国性危机时取用。急需者或遭遇困境的人也可以用部落粮仓的粮食糊口。与目前政府的补贴体系非常相似，这些社区性制度意在保证没有人会忍饥挨饿。①

目前，这些庆祝仪式也被加入到多数的基督教日历中，并与更为传统的宗教实践相融合。庆祝仪式上通常会有传统歌曲、舞蹈、诵诗和戏剧表演。当博茨瓦纳人通过歌舞来当众表达自己的时候，他们并不会感到羞涩。例如，过去人们经常会见到一个人停下工作几分钟跳一段“凹凸摇摆”舞蹈，然后再继续工作。②

---

① 另一方面，社区的需要也要和目前能够提供的资源相互平衡。如果酋长（*kgosi*）需要太多，他就会听到人们抱怨“酋长的工作量足以杀死一名普通工人”（“*tiro ya kgosi e bolaya lesilo*”）。

② 凹凸摇摆舞（The Bump Jive）是一种性感的双人舞蹈，通常是一男一女将彼此的臀部相互碰撞。但是如果没有对舞的对象，他们会对着最近的物体碰撞——例如：一根柱子或一面墙壁。

娱乐和运动

本土游戏和休闲方式为我们了解博茨瓦纳习俗打开了一扇窗口，因为这些活动都是致力于社会和个人的普遍健康，幸福和体魄发展。例如，二位茨瓦纳男子就是最早参加奥林匹克运动会的非洲人，由于受到许多犯规者的破坏，莱涛（Len Tau）最终在 1904 年圣路易斯举办的奥运会暨博览会上获得马拉松比赛第九名的成绩。[①] 事实上，如果不是因为躲避狗的追赶而偏离路线多跑了半英里的话，他本来可以取得更好的成绩。

男孩子和女孩子们有许多传统的室内和室外游戏项目，多数都按照性别分别进行。男孩和女孩都会玩捉迷藏。他们也会用泥土、木材、铁丝甚至是废弃的锡铁罐制作多种多样的玩具和乐器，例如五弦琴和吉他。用线圈制作的细节精巧的卡车、汽车甚至是摩托车和飞机曾一度出现在几乎所有的村庄里，男孩子们在尘土飞扬的小路上追逐着他们的玩具，想象着这种旅途和操作的乐趣。随着大规模生产的塑料玩具、电视节目和其他活动的出现，这种手工制作的玩具已被取代，极为少见。女孩子们还在玩跳绳和名为“迪克托（*diketo*）”的抓子游戏——在小洞里填满光滑的小石子，将一颗石子扔向空中，看看人们能在接到这颗下落石子之前，最多能够移动多少颗石

① 莱涛（Len Tau）和让·玛什雅尼（Jan Mashiani）并不是真正接受训练的奥运会田径选手，而是在巧合下参加了作为布尔战争展览一部分的世界博览会。由于照片冲洗出来后显示比赛中原来的冠军搭上一辆汽车前往终点，他因此而被取消了成绩。

子。如果所有石子都被移动，石子将用同样方式放回，游戏有时候也会按照倍数的规则进行。

“莫拉巴拉巴（Morabaraba）”是非洲最古老的游戏之一，历史可以追溯到古代埃及，目前在整个东部和南部非洲以多种形式广泛普及。[①] 它的最常见形式是，在地上按平行 4 排挖洞，每排 12 个洞，每个选手得到一边的 24 个洞。先在每个洞中放入 2 颗石子，游戏开始后每个选手从自己的洞里拿出一颗石子，然后将它们一个挨一个地移动到其他洞里，一直到他的石子用尽。在这个过程中他需要努力吃掉与他要放置石子的位置相对的对手洞中的石子。但是他只有在洞里还剩下属于自己的两个以上石子时，才能够吃掉对方的石子。如果他最后只有一个石子在洞里，那么就要换成对手开始移动了。人们可以选择从 24 个洞中任意一个洞开始移动，随着游戏的进行，每个洞中的石子数目会上下浮动，游戏在策略上呈现出一种象棋的性质。好的选手会以闪电般的速度估算出每个洞里的石子数量，扫过一眼就会迅速移动石子；行动慢的选手或是那些下子前必须要计算石子数的人通常都是人们嘲笑的对象。[②]

另一种广受欢迎的棋盘类游戏“莫和乐（*mohele*）”有着古非洲的历史起源，在由三个相互嵌套的正方形所组成的棋盘上展开竞技。在正方形的中心画出一个十字，再加上对角线将

---

① 这是一个茨瓦纳词汇；其他的词汇还有很多，包括 *mankala* 和 *bau*，在西非，人们称之为 *Wari* 或者 *Waro*，还有许多其他词汇。

② 人们可以在网上在线玩很多“莫拉巴拉巴”（*morabaraba*）游戏的变种。http：//www. max99kbgames. com/mancala. html

角落连接起来，这就产生出24个交叉点，有时候人们会用圆圈标记出来。每位选手分得12头“牛”（用石子、瓶盖、豆子等等代表），游戏的目标就是通过用自己的两头动物包围对手牲畜的办法，尽可能地将对手的牲畜吃掉。（如果一头牛两边都被对手的牛包围，它就会被吃掉；三只排成一队就是“安全的”）。如果对手的牲畜少到无法三只排成一排，你就取得游戏胜利。博茨瓦纳国家体育委员会正在考虑将这些传统的“战争”游戏加入当地和国际体育比赛之中，作为足球、无挡板篮球、排球、武术、拳击和田径运动这些西方式体育项目的一种补充。[①] 这些传统的非洲游戏目前在世界上许多地方都有发展，南非在1996年甚至还派出了一只“莫和乐（*mohele*）”队伍赴泰国参加传统战争游戏冠军赛。

带狗狩猎是牧场和放牧点最受欢迎的娱乐活动，大多数的牧人会带着弹弓和飞镖捕猎鸟类和兔子。斗狗和赛狗也是常见的消遣，那些拥有最快和最勇敢的狗的主人会受到人们的尊敬。赛马和赛猴活动也广受欢迎。在牧场照料牲畜的时候，男孩子们经常用手里的牧羊棍参加多种多样的“战争游戏”。每一家都有自己的放牧地区，任何不尊重别人家放牧区域的举动都会引发争斗。在牧场，年长的资历更是被极大强化。年长的男孩子经常欺凌年幼者，抢走他们准备的内有高粱、玉米、牛奶和肉的午餐包。如果年轻男孩子不能保护自己，有时候年长的男孩子会寻机欺负他们。但是如果他们将受到欺负的事情告

① “BNSC将传统游戏融入体育规则”，博茨瓦纳每日新闻，2003年8月4日。

诉给成年人，这通常会被指责为“懦夫”，受到更严厉惩罚。

足球是全国最受欢迎的运动，但是由于博茨瓦纳人口少，国家足球队——斑马队——一直在非洲国家足球队中排名垫底。直到最近，他们也从未赢得过任何一场国际比赛。但是无论种族和政治立场有何分歧，爱国的巴茨瓦纳人都全力支持作为国家队的斑马队。斑马队的糟糕表现部分原因在于国内缺乏职业联赛，因为大多数球员都不得不在白天做其他工作才能负担他们在业余时间和周末踢球。但是近年来队伍水平有所提升，目前这些有天赋的博茨瓦纳球员在欧洲和美国职业足球联赛中踢球。他们曾参加过非洲杯比赛，正在备战 2006 年世界杯的资格赛。

当斑马队有比赛的时候，所有人都聚在一起欢庆“多元的团结”，并用他们自己的“赞歌”为他们欢呼。粉丝们敲着鼓，吹着号角，几乎每个人都穿着代表国家的蓝、黑、白色服装。门票会在斑马队比赛之前的一个星期销售一空，因为国家体育场无法容纳所有人入场，因此一些人不得不守在家里观看电视转播。斑马队一旦获胜，全国上下一片欢腾，哈博罗内的街道就会出现交通拥堵。

聚会

巴茨瓦纳人喜欢社会集会，生日聚会和各种聚会，你会经常听见有人说“*ke a throwa*,”这是英语的一个变体，意为“我正在举办［宴会］”。如果有人决定要“举办”宴会，人们希望他或她为客人们提供所有的食物和饮料。自带食品聚餐是外国的观念，但这种方式目前也越来越普遍。大多数人还是对“百家聚餐”的观念感到不舒服，因为人们认为这意味着主人没有足够的钱宴请宾客。另一个与庆祝仪式有关的关键语包括“*ke a turna*”，意为“我已经达到了［一定的年龄；这是我的生日］。”

其他公共集会

选举期间的公共集会为人们提供了机会可以自由表达他们对政府的看法，包括对腐败的指控、财富不合理分配、土地和代表权不公及其他议题。选举期间，带着扩音设备的轻型货车在清晨驶过住宅区高声颂扬他们所支持的候选人的优点，也随意地抹黑他们的对手——或是那些在公职岗位上被指控贪污或表现恶劣的人。事实上，能够相当自由地进行这样的批评是民主自由原则的一种体现，正是这些原则构成了自独立以来博茨瓦纳政府的哲学基础。将自由表达作为一种公认权力被认为是使博茨瓦纳成为非洲时间最长，最稳定可能也是最自由的多党民主政体的基础要素之一。

另外一种类型的公共集会通常很难为外人所理解，它包括在卡古塔执行的当众鞭刑，专门用来羞辱那些犯罪的人。在某些这样的集会中，诗人和歌手总会在现场创作一些下流的笑话。鞭刑使用的是一根藤条，通常会用牲畜的比喻来宣布执行。例如，酋长或他的议会用一句“山羊奶头”来宣布执行鞭打两下的鞭刑（*mabele a pudi*）①，用“牛奶头”表示鞭打四

① 玛比勒—阿—普迪（*Mabele a Pudi*）也是一个博茨瓦纳村庄常用的名字，附近有两个岩石峰顶，象征着“山羊的奶头”。

下。惩戒之后，犯罪的人有机会可以侮辱现场所有人而不会受到进一步惩罚——这些侮辱人的话可以作为承受“鞭笞之痛”（*manokonoko a thupa*）的回报而被原谅。犯罪者在接受鞭刑之后通常就会被接纳回归主流社会。鉴于监狱人满为患，这样的肉体惩罚逐渐被接受成为将罪行较轻者投入监狱之外的一种替代性选择。在许多巴茨瓦纳人看来，选择鞭刑是因为它很便宜，不需要律师，却同时可以对犯罪者产生直接影响。此外，人们认为这种方式可以避免将小偷小摸的罪犯投入监狱与监狱中的匪徒联合而成为非常顽固的罪犯。无论真实与否，人们通常认为博茨瓦纳的大多数严重犯罪都是由那些来自约翰内斯堡、开普敦和津巴布韦街头的“老谋深算的”或绝望的移民所为。

过去，鞭笞是对学校违规行为的一种常见惩戒方式，尤其是在寄宿学校，人们希望校长和主任能代替父母来教育孩子。人们非常普遍地深信谚语所言“闲了棍子，惯了孩子”，如果家长们认为校长们忽略了他们应承担的惩戒的责任，校长们会因此受到批评。整个过程非常仪式化，老师通常会派将受惩罚的孩子自己去灌木丛砍回惩戒所使用的藤条，“他或她自己会知道惩戒所需藤条的粗细”。猛打三下是通常的标准，人们期望藤条在最后一下的时候断掉。[①] 每一次惩戒都要求要在学校记录在案。依照习俗，酋长的继承人只能被有贵族血统或有较高社会地位的教师进行体罚——但即使是在那个时候，惩罚通常还是很难执行。目前对体罚更先进的认识即使没有使校园鞭笞完全消失，也已经使其不具有从前的合法性。

社区组织和自助委员会

村健康委员会

村健康委员会（VHCs）成立于20世纪70年代，通过提高公共健康条件来降低社区的疾病发病率。他们鼓励村民们建造厕所，保持院落的洁净，并提醒肺结核患者和怀孕妇女来诊所就诊。村健康委员会（VHCs）也会鼓励母亲们在家中开垦出小菜园种植蔬菜来保证孩子们得到正常的营养。他们会将捐献的衣物分发给需要的人们和那些艾滋病支持计划——例如家庭关怀——的参与者。在家庭福利教育工作者的指导下，村健康委员会（VHCs）和政府诊所的工作人员紧密合作。在一些

① J. 丹博曾经在1970年至1973年担任马翁初中的代理校长，他曾经被一位当地的议员批评，认为他忽略了他作为“父母缺席”情形下的责任，没有抽打这位议员的孩子。这位议员依据统一的程序教育了他。尤乃提．戴描写了莫丘迪在20世纪60年代一种更为残酷的制度，Monyatsi夫人用“‘九十度’来指称弯腰九十度而不能碰触自己的脚踝，还要被棍子重打九下。”U·道（U. Dow），欺诈的真相，第26页。获得本书出版社许可重新印刷。

村子里，那些著名的传统医生（*dingaka*）也是委员会成员。他们经常会抱怨村诊所那些受过医学训练的工作人员很难相处，他们会阻止或宣布不能使用传统药物。从积极的方面来看，将传统医生（*dingaka*）并入村健康委员会（VHCs）可以避免使其完全被排斥在健康医疗系统之外，让他们知道他们的工作是被认可和赞赏的。与此同时，另一个委员会成员则会强调一些像肺结核和艾滋病这样的疾病最好还是由经过科学技术训练的医务工作者进行医治。

红十字会

成员遍及全国的红十字会是博茨瓦纳历史最悠久的社区组织之一，尽管其成员数量呈现出逐年下降的趋势，但是它依然是一个至今相对活跃的组织。独立后的十年间，在博茨瓦纳首任总统塞雷泽·卡玛爵士的夫人鲁斯·卡玛的资助下，许多村庄建起了自己的红十字委员会。目前红十字会成员在农村地区简陋的茅草屋里讲授急救常识，在很多地区他们只提供与社区健康议题有关的焦点问题信息。红十字志愿者中有很高比例是女性，她们除了参与社区健康关怀之外，也参加诸如为穷人建房的项目，通过工作换食物项目满足某些社区中营养缺乏儿童的需求。其他的工作领域还包括艾滋病同龄人教育计划，村庄美化和植树运动，以及教授基本急救常识。

国民服务制度（Tirelo Sechaba）

国民服务制度与和平队或“为美国而教”等组织很类似，鼓励博茨瓦纳的年轻人通过为农村地区或国家欠发达地区的社区发展计划服务的方式为国家做贡献。同时，人们也希望年轻的参与者能够增长知识和技能，在将来进入就业市场后能够施展专长。尽管目标之一是让年轻人更多地了解他们自己的文化，而实际上情况则是，他们通常会被安排前往远离家乡的村庄，了解和欣赏的是与自己文化迥异的异文化。从 1980 年开始，完成高中学业（Form 5）的学生在读大学或进入就业市场之前都需要参加助教工作或其他志愿者工作。在 1992 年至 1993 年间，超过 6000 名年轻人参加了此项志愿者计划。

尽管国民服务制度有良好的意图，通过利用他们的技能和能量造福社会同时使年轻人增加社会认识，这一计划很快就受到了严厉的批评。它从未吸收全部符合标准的年轻人，也因为耽搁年轻男女取得高等工作资格而受到批评。此外，一些地区低劣的监管也意味着学生的技能时常未被充分利用或未能充分应用在适当的项目中。博茨瓦纳政府最终废止了这项计划，但是目前议会也有动议试图恢复它。例如，塔托纳时代杂志（*Tautona Times*）是一家主要通过互联网发布总统办公室通告的电子周刊，它近来总结认为，“如果年轻人在参加这一项目之前能够获得更高资质，这将会使项目更加有效也更加成果丰硕。随着博茨瓦纳教育体系的不断进步，国民服务制度（Tirelo Sechaba）所承担的教育功能的必要性将会被极大弱化。”①

① “陶托纳时代”，第 18 期（2005 年 5 月 21 日），http：//www. utexas. edu/conferences/africa/ads/716. html.（“Tautona” 一词或 “总统” 来源于意为 “公狮” 的词汇。）

怀孕、命名礼及其他仪式

茨瓦纳人和其他大部分南部非洲人一样，会用仪式来铭记人生中重要的阶段，例如新生婴儿的命名、出生、青春期、结婚和死亡。命名、结婚和死亡的仪式也是博茨瓦纳过渡仪式中花费最多的几种。为了应对这些花费，人们会在这些人生重大事件中的大部分场合设计出婚前送礼派对，股份团体，葬礼社团，以及其他一些馈赠礼物的机会，社会成员会聚集在一起，对那些承担新角色和新责任的家庭予以承认和经济上的支持。

怀孕

当一个女人怀孕后，根据习俗，人们希望她遵循一整套确保胎儿正常生长的生活方式。非常有趣的一点是，大多数禁忌规则都是与肉类食品相关。例如，她不应该吃动物的肠子，因为人们认为这会使她分娩困难还有可能导致腹泻。食用肝脏也被认为是危险的行为，因为它有可能导致出血。妇女在怀孕期间最好不要吃像巨型蜥蜴这样的爬行动物，因为一些人认为这会让婴儿永远像蛇一样爬行。最后，她也不能吃鸡蛋或饮酒，以防孩子大脑畸形或引发其它类型的精神错乱。怀孕的妇女通常会在母亲的帮助下生下第一个孩子，而婆婆则会出现在后面孩子的生产过程中，两位母亲都会参与孩子的抚养过程。[①]

---

① 关于分担抚养孩子责任有一句谚语“*kgetsi ya tsie o a tshwaraganelwa*”，或“孩子就像是一袋蝗虫，必须要大家分享。”

根据博茨瓦纳的习俗，社会成员在婴儿满三个月之后才能见到它。在限制期限结束之后，新生婴儿被初次带到社区公众面前，并被正式命名（*mantshol go ntaha botsetsi*）。一句古老的茨瓦纳谚语说，“孩子是来自祖先的礼物”（*Bana ke mpho ya badimo*），人们认为孩子在三个月的限制阶段“一直徘徊在此生与‘祖先’世界之间，因此‘礼物’必须得到承认。”[①] 那些在限制期间见到或碰触到婴儿的人必须禁欲，因为这有可能导致名为“热足（hot feet）（*maoto a a molelo*）”的一种非常危险的不洁情况的发生，人们认为这会传染给婴儿。

命名

根据特定的规则和习俗，命名典礼的举行标志着三个月限制期的结束。在某些民族中，在孩子限制期结束正式出现在社区中时，老人会为他取一个“正式的”名字（*mantsho*）。例如，给孩子取名为“肯尼维（Keneilwe）”意思是“我已被给予”，这是为了感谢祖先赐予孩子作为“礼物”。[②] 正式的名字（*mantsho*）通常会与孩子出生时的特定环境或事件有关。例如，一个雨天出生的男孩可能被叫做“雨先生（*Rrapula*）”，或者一对很难怀孕的父母生下的女孩可能被叫做“惊喜（*Kgakgamatso*）”。茨瓦纳人的所有名字都有含义。例如，芬

---

① 盖布里埃尔·塞提龙内（Gabriel Setiloane），索托语—茨瓦纳人中的神的形象（鹿特丹：A. A. 巴克玛，1976），第 178 页。

② 正如道在《欺诈的真相》（*Juggling Truths*）一书中所写，“克内维”（*Keneilwe*）这一名字的意思是“我已经被给予”意味着“感谢神和祖先”（第 5 页）。获得本书出版社许可重新印刷。

尤（Phenyo）意为“胜利”，赛博（Thebe）是指武士的盾牌。如果加上一个“丘吉尔”这样的英语中间名的话，结合在一起的意思就是强大令人生畏的。在接下来的人生历程中，人们还会在重要人生阶段添加其他的名字，例如在青春期和第一个孩子出生时。在过去，父亲的名字可以作为孩子的姓氏。在命名（*mantsho*）庆典上，牲畜、谷物、衣服还有钱都可以作为送给孩子父母的礼物，帮助他们支付抚养孩子的花费。人们通常在一对夫妇第一个孩子降生后，就应该根据孩子的名字来称呼他们，并依照性别使用前缀“Rra”（谁的父亲）或“Mma”（谁的母亲）。

在命名仪式的最后，人们要为婴儿进行人生第一次剃发，还要根据父母的宗教信仰进行一次由传统医生（*ngwaka ya setso*）或灵魂治愈者（*moporofiti*，来自英语中的“预言者”）主持的净化仪式（*phekolo*）的“医治”。[①] 在任一情况下，人们通常都会在命名仪式上将一个打结的布条或装满传统药物的小皮袋系在婴儿的腰间或脖子上，保护它免受嫉妒者或对其有恶意的施巫者（*baloi*）的侵害。这些有医治效果的物品可以一直带在身上直到它们自然掉落，然后就将它们留在坠落的地方，它们代表的是献给祖先的礼物。

在一些传统家庭里，人们认为要泼洒（*madi a tshologa*；“充满，溢出”）绵羊血或山羊血（不能是牛的血），还要准备啤酒敬献给“赐予”孩子的祖先。一些基督教徒和受过教育

① 在某些家庭，初次剃发要在婴儿出生后的一两周之内，由祖母或亲近的姨母来完成。

的人并不遵守这些社会习俗，但是在某些教堂这样的习俗性仪式仍在基督教洗礼仪式的遮蔽下隐秘地进行。

青春期仪式

当女孩子进入青春期，第一次月经来潮，人们认为“她看见了月亮”（*go bona kgwedi*）或“需要清洗”（*go tlhatswa*）。[①] 在过去年轻女孩需要度过一段封闭期，她将会从年长者那里学习如何照顾自己，而目前的大部分地区，人们会在家里或学校较为随意地对待这一向女性过渡的时期。按照较为传统的做法，有些情况下人们会将牛粪涂抹在她的身体上来“帮助血液流动”。随后，她的身体会被仪式性地覆盖一层油脂和红色赭石的混合物，年长的妇女们会教导她如何处理月经期事宜并警告她性行为的后果。在封闭期间，她不能用手吃饭，因为手被认为是不洁净的。盘子、罐子和其他家居用品也会放置在封闭用的茅草屋中“使她成为一名好妻子”。在封闭阶段的最后，人们会带年轻女人到河边清洗。随后，她要在一名兄长或堂表兄用藤条追赶下跑回家中。当她一进入家里的院子，女性亲属们就会用呼号和鼓掌来欢迎她成为成年女子。例如，人们还不让她们使用和其他人同样的椅子，有些情况下她们也不能烹煮食物给别人。

① *Kwedi* 也是用于表示月的茨瓦纳词汇，还是因为其循环性的特点。

葬礼与服丧

葬仪社

几乎每一位博茨瓦纳人都属于某一个葬仪社，它是最重要的村庄制度之一，在这一家庭生活最艰难的时刻提供经济上和情感上的支持。所有的葬仪社都会支付棺材费用，葬礼为宾客准备的食物费用以及其他一些葬礼支出。[①] 每个葬仪社支出费用额度各不相同，包括的费用种类也有差别。成员也需要在别人的葬礼上充当哀悼者，这样死者就不会悄无声息地前往另一个世界。有趣的现象是，女人们好像在葬仪社占主导地位。例如，在卡内观察到的两次葬仪社的会议上，出席的 40 名会员中只有 3 名男性。[②] 但是两次会议却都是由男人来主持。在一些村庄里，葬仪社的会议非常重要，当地警察会吹起他们的哨子召集成员前来开会。

尽管一个葬仪社的成员通常都同属于同一民族，但是他们却有着不同的家庭地位、年龄、职业、社会职位和经济地位。例如，在卡内的“赛格萨莫洛洛（Segotsamolelo）”葬仪社名字直译为“点火者”，意思是村子里总是应该有生命（火）存

① 一些殡仪馆也通过卖保险的方式开始经营这项生意，每月付费，包括棺材和葬礼的费用。

② 芬尤·C·赛博参与观察了 2005 年 5 月在博卡（Bokaa）举办的会议。

在。[1] 根据茨瓦纳习俗，火是生命的本质，因此在卡古塔里总要点燃着火堆。但是由于目前有超过一半的人口生活在城市地区，几乎没有人在村子的卡古塔里燃火，因此葬礼和婚礼通常是一个人唯一点燃火堆的机会。

葬仪社的成员每个月都要开会并缴纳会员费，处理成员违规的事件，并讨论影响社团管理的一般性事务。一个葬仪社成立时，每位会员都要缴纳入会费，通常是 5 至 6 美元左右，随后每年会费约 6 至 8 美元。会员费通常非常便宜，几乎每个人都能够负担。

每一位新加入的成员都要补缴相当于创立会员累计额度的会费。这种做法是为了保证葬仪社的经济安全，因为多数葬仪社都不会有大量的会员。例如，当一个有十年历史的葬仪社吸纳了一名新成员，如果这位成员在入会不久还未补缴全部会费就不幸过世，葬仪社就会蒙受严重的经济损失。因此，加入一个有较长历史的葬仪社就需要缴纳昂贵的入会费用，因此初次入会的年轻人会选择加入新近成立的葬仪社以避免缴纳高额会费。这就为那些古老葬仪社带来了另外一种新问题，它们的成员会相对迅速地固定下来。为了弥补成员数量的逐渐萎缩，通常允许会员的孩子们入会并免除补缴会费的义务。尽管极高比例的博茨瓦纳人都归属于某一葬仪社，但是那些由于多种原因缺乏亲朋支持的赤贫者和穷人则会由政府支付丧葬费用，在几乎没有任何仪式的情形下埋葬。

---

① *Segotsamolelo* 是葬仪社的另一个常用的名称，在逝者去世后的一两天里提供劳动力，食物和资源，或者在葬礼后提供金钱。

尽管利息会高达每月20%至30%，但对那些不符合商业银行资质审核的人来说，葬仪社也是一个贷款的渠道。如果一个成员想要借款，必须有另一位成员作为担保人，在他无法偿还贷款时负起责任。大多数人会选择在农耕季节开始前借款，希望能够在收获后偿还贷款。会员们能够最多借出与他们缴纳入会费相当的贷款，但如果他们无力偿还，他们的会员资格就会被终止而没有任何退款。

葬礼

葬礼仪式标志着生命循环中最后一个阶段。通常来讲，一个人生前的地位与葬礼仪式等级和死后的花费紧密相关。重要人物和富有的人会被庄严地埋葬，也会举办奢华复杂的葬礼。若要得到这样的丧葬待遇，一个人必须要有足够的年纪，拥有子女，并被认可拥有成功的一生。孩子尤其是婴儿的丧葬仪式通常不会公开举行，只有直系亲属才能参加。葬礼是一个公共集会，家庭成员关系在此公开；这是哀悼的时刻，也是祈望逝者平静地前往祖先世界的场合。人们通常能够接受年长者的逝世是一种自然现象，但是年轻人的过世总会被认为与巫术、恶灵、遭遗弃的祖先或邪恶的对手以及社区中的嫉妒有某种程度的关联。除了向死者表达尊重和敬意之外，在殖民地和种族隔离时期，参加葬礼也可以作为一种抵抗和中止工作的微妙方式，“远房亲戚放弃他们赖以为生的日常工作来参加葬礼，这种做法极大地惹恼了他们的欧洲主人和领主。”①

---

① 盖布里埃尔·塞提龙内，索托语—茨瓦纳人中的神的形象，第192页。

根据所属民族和宗教的差异，全国各地的葬礼仪式各不相同。在农村地区，因为没有太平间，人们都会将死者立即安葬。根据穆斯林教义中尽快安葬死者的要求，穆斯林通常都会在死后几个小时之内下葬。在至高无上的穆斯林体系里，葬礼通常非常简单而低调。而另一方面，卡兰加人在可能的情况下通常都会等上一个星期的时间才安葬死者，这是为了让家人和朋友有足够的时间赶来参加葬礼。逝者的私人物品有时会与他们一同埋葬，同时埋葬的还有与清洁和净化有关的传统草药。葬礼通常在凌晨极早的时刻举行。家庭中的直系亲属的肩膀上会别上一圈黑色或蓝色的布；其他哀悼者可以戴黑色或蓝色的项链或袖章。在19世纪中期，由“黑色或蓝色鸵鸟羽毛”制成的太阳伞也是作为哀悼的标志来使用。[①]

茨瓦纳人的葬礼通常在周末举行，这样方便更多人出席。像“蒂塔托罗（*Ditatolo*）”或“迪克茨所·茨·丁索（*Dikitsiso tsa Dinstho*）”这样在晚上8点左右播出的夜间广播节目会宣读出近期逝世者的名单，那些生活在偏远农村地区的人或远离家乡旅行和工作的人能够通过收听广播获悉是否有朋友或亲人过世。由于艾滋病影响了死亡率，尤其是年轻人的死亡率，甚至那些二十或三十岁的人也开始每晚静默地收听这些节目。如果不是因为距离过于遥远，他们只要有时间都会出席葬礼。

---

① C·J·安德森，恩加米湖，或，西南非洲四年荒野漫游的探险与发现（纽约：哈珀和兄弟出版社，1856），第257页。鸵鸟阳伞也用来“保护面部皮肤。”

在传统的葬礼仪式上，逝者的尸体会在葬礼前夜送到逝者家中，人们来到这里献上他们最后的敬意，念诵祈祷并分享茶和小吃。葬礼费用昂贵，因为逝者家庭一般要为每位出席者准备食物；那些有能力的人家标准的做法是宰杀几头牛。[①] 南非的移民矿工率先开始“守夜”仪式（*Tebelelo*）。矿工们来自许多国家，当有人去世，他的工友们通常会代替家人来出席葬礼。一般情况下没有足够的地方接待他们，即使有地方也非常昂贵，于是他们就发明出守夜仪式或整夜醒着交谈、歌唱并念诵谚语等活动，消磨时间直至凌晨举行葬礼。基督教集会将这种早期整夜的“守夜”仪式（*Tebelelo*）进一步完善，在这段时间里布道并安慰哀悼者，同时唱歌、就餐并发言赞颂逝者的美德。

第二天在墓旁吟唱的歌曲通常改编自基督教赞美诗歌曲的合唱，“在异国土地上创作的曲调，如今却恰当自在……各部分极度和谐地混合，旋律在高原微风中飘散，热带草原上的草也歪倒下来，好像在鞠躬向深重的含义致以敬意。”[②] 当亲人和哀悼者列成一队走过墓前，每个人都在棺木上撒上一把土，歌声持续直到墓穴填平，表面放满圆石。随后人们仪式性地祈祷呼唤“冷静”（*a go nnetsididi*）。一直以来，人们会将酋长与家中长者安葬在紧挨着卡古塔的家庭牛栏里。女人和孩子则葬在房子的场地（*lapa*）下面或院子里。人们在博茨瓦纳超过一千年以上的考古遗址里就发现了这种丧葬形式，这至少表明

---

① 穷人和普通人的葬礼可能仅有很少人参加，也花费较少。

② 盖布里埃尔·塞提龙内，索托语—茨瓦纳人中的神的形象，第 193 页。

丧葬仪式在这一时期一直具有某种延续性。在遥远的过去，对那些至今仍坚守传统的人来说，身体要以一种弯曲婴儿状或以坐姿面向西方安置，西方是落日的方向也是祖先的世界。尽管目前大部分村庄都有位于乡镇郊区的官方墓地，但是在博茨瓦纳的某些地区，人们依然会将逝者安葬在“罗瓦帕”院落中。[①] 被怀疑拥有巫术的人或是那些被认为死于巫术的人会被特殊对待，比如那些被雷电击中的人。人们会用仪式性的药物将他们的墓装饰起来，防止他们再来骚扰生者。他们通常会被葬在远离城镇的仪式性的“清凉”之地，例如河岸边的湿地上，他们的灵魂在那里会平静下来，减少对生者的危害。[②]

根据宗教信仰的要求，逝者家中的所有成员在葬礼之后都要剃头并施以传统草药或圣水。犹太复国主义基督教会的某些成员还要求寡妇在长达一年的服丧期间，将一件与他们教会制服相同颜色的蓝色布料搭在肩上。而其他民族的文化传统则规定，妇女们应该穿黑色裙子象征着阴郁和悲伤，男人们戴黑色帽子并将一块黑色或蓝色的布戴在袖子上。在为期一年的服丧期间，男人和女人不能握手，寡妇不能进行长途旅行或离开储存逝者衣服的地方。在服丧期结束之前，家庭成员和近亲们会举行另外一个名为“卡勃罗”（*kapolo*）的仪式，寡妇可以在这个仪式上脱下黑色或蓝色的丧服；随后一位传统医生或灵魂

---

① 居住在哈博罗内南郊的特龙夸人是依然坚持这种传统的民族之一。逝者被埋葬在院子里后，人们通常会在墓上搭建一个简单的棚子或房子。

② I·沙佩拉，茨瓦纳部落的祈雨仪式（莱顿：非洲研究中心，1971），第111～112页。

治疗师会主持一个死亡宣告仪式。如果“卡勃罗”仪式是为男人举行，人们需要泼洒公牛的血；如果是为女人举行，要宰杀的就是母牛。此时，逝者的衣服和用品会分给近亲们，他们可以从中拣选合适的物品。

像赛皮皮索四世国王（kgosi Seepepitso IV）这样的一些当权者认为黑色的哀悼服装是来源于西方的观念，因为花费昂贵而应被废除。事实上，从20世纪90年代早期开始，葬礼费用的上涨趋势就与艾滋病的死亡人数增长趋势相一致。可能这是因为国家目前经济比较繁荣，多数人有足够的收入可以支付葬礼费用，昂贵的棺木，精致的墓碑，除了在墓地铺放简单的卵石外，现在还会支起小帐篷来遮护祖先并向其表达敬意。毫无疑问，死者家人通过以“令人尊敬的”方式安葬逝者可以为他们赢得一定程度的社会尊重和地位。但是随着葬礼的平均花费达到1，500美元，这一数字开始令多数家庭财政吃紧，“改进葬礼制度”的议题近来得到许多家庭的热烈响应。人们相信，如果他们不赞颂或纪念逝者，祖先会心怀嫉妒，侵扰病人或伤害他们的后代。这种观念为那些近年来出现的复杂仪式设定了额外的寓意，尤其目前年轻人直接或间接艾滋病死亡率不断攀升，情况尤甚。

191 # 8 音乐、舞蹈和戏剧

"博古拉（boguera）"是一个世俗的而非宗教的地点。人们会选出所有年龄在十岁和十四五岁之间的男孩子作为酋长某一位儿子的终身伙伴。他们被带到森林中的废弃地点，盖起茅草屋作为他们的住所；老年男子出来教他们跳舞，同时也逐步给他们传授关于非洲政治和政府的全部秘密。①

巴马恩格瓦托（Bamangwato）是个欢乐的民族，尤其是女人们。他们几乎每夜都歌唱舞蹈，整夜狂欢直至凌晨……贝专纳人使用的唯一乐器就是舌簧，在他们的月光舞蹈中显得单调而不和谐，人们将一个中空的葫芦背面靠边绷紧一根扭曲的皮筋弦就制成了一把乐弓；用一根细木棍拨弄它，用手指在弦上移动来调整曲调。这一乐器也是

---

① 戴维·利文斯通，南非的传教士旅行和研究（纽约：哈珀和兄弟出版社，1858），第 147 页。

布须曼人的最爱，人们靠它消磨了许多时光。[1]

在上文这些描写所处时代的一百多年以后，由于传教活动，殖民者的谴责以及广播电视及其他娱乐形式对社会生活和宗教实践所产生的综合影响，鼓声、笛声、歌声和那些用于宗教祈祷和赞美的传统圣歌曾经在博茨瓦纳村庄上空“几乎彻夜”回响，而目前却只留下一片寂静。尽管主流基督教派竭力消减宗教、占卜和灵魂治疗之间的融合，但实际上这些都是博茨瓦纳所有人文化生活中的主要部分，像犹太复国主义基督教会（ZCC）这样的大多数本土基督教会还是会使用净化和新生的歌曲舞蹈来进行灵魂治疗，并以此作为他们礼拜仪式中的一部分。此外，得到祖先启发激励的新一代牧师、预言者和治疗师继续从事他们的传统活动，有时候这类活动甚至会愈加兴盛起来，他们在塞罗韦和弗朗西斯顿这样的主要中心城市外围的隔绝山顶上修建起信念治疗中心，并在那里召集祖先（*badimo*）和神灵帮助信众们获得健康。就这样，古老的庆典和仪式不但没有消失，它们只是转换形式，从村庄生活的中心进入到一种更加隔绝隐蔽的背景环境，人们在那里舞蹈、歌唱、祈祷，并继续为祖先们供奉祭品。

就这样，表演艺术成为了博茨瓦纳文化与习俗的主要组成

① 詹姆斯·查普曼和E·C·泰布勒，在南非内地旅行：十五年的狩猎和贸易生活，从纳塔勒到沃维茨海湾的穿越大陆之旅，并到访恩加米湖和维多利亚瀑布，第一卷（开普敦：A·A·巴尔科玛，1971），第152页。日记条目大约在1854年10月20日左右完成。

内容。作为每个社会娱乐形式的一部分，歌曲和舞蹈赋予博茨瓦纳人以一种团结和归属的精神，与此同时也为他们提供了表达感情和悲喜的一种呈现方式。过去，歌曲和舞蹈也是青年男女的“博格维拉（*bogwera*）”和“博杰勒（*Bojale*）”入门仪式中的一个重要组成部分。当妇女们一起用沉重的木制研体碾碎谷物时，或是聚在一起准备帮助其他家庭耕种土地的时候，歌曲和“踏步”也一直伴随着社区中的工作群体。如今，所有的巴茨瓦纳人都为自己丰富多彩的舞蹈形式和歌曲而感到自豪，这些都是从不同文化的历史往昔中继承而来，也正是这些不同文化构成了这个国家。尽管在社会和文化生活中的许多方面都发生了急速的变化，这个国家的政治统一仍是建立在对不同传统与自由的尊重之上，人们只有通过文化表演才能够表达他们的多样性。

因此，召集跳舞就非常贴近博茨瓦纳所有文化的核心。在茨瓦纳语中，至今仍用来询问某人图腾名的一句话是，“*O binang*?”意为“你跳什么舞?”然而令人感到疑惑的是，这里的人们却并没有关于图腾动物舞蹈的传统或记忆。最早的欧洲客人们也从未描写过任何向博茨瓦纳图腾众神——鳄鱼，猴子，小羚羊，大象，野兔，水牛，或其他动物——表达敬意的舞蹈。事实上，大多数在19世纪初次接触博茨瓦纳多样文化的欧洲人们都不能理解，在舞蹈、歌曲、宗教和灵魂治疗之间存在着一种宇宙论的和文化性联系，而这些才是大多数“传统”音乐性表演的本质。欧洲人通常会将文化和自然的世界区分成具体而分离的不同类别——“药物”、“宗教”和“舞蹈”，他们很难认识到这些区分和类别在巴茨瓦纳人的文化世界中是模糊的，或者甚至是不存在的。例如，早期传教士和探险家唯一承认“有疗效”的本土活动就是人们会模仿他们本身使用根茎，草药和药膏的行为；非洲人使用祈祷、歌曲、舞蹈、护身符和其他被欧洲人称为“盲目崇拜”的神灵化身来保护自己免受邪恶侵袭，欧洲人将这种做法视为原始的“魔法”而不予理会，认为它与欧洲人向全能神祈求的行为有质的“不同”。因此，当他们看到非洲人在唱歌和跳舞，就会毫不令人惊奇地通过与自己文化的类比将其简单地解释为聚会和世俗娱乐，或如1822年记载的那样，“纯粹身体的娱乐，完全谈不上精神品质或高雅……锻炼身体并保持身体健康的娱乐性方式，用抖掉怒气的方式，扩展心中最美好的特性之一——社会性感情。”① 有时候欧洲的观察者是正确的，但舞蹈和歌曲的重要性在他们的观察中是无法理解的。

欧洲人被他们自己文化眼镜的折射所蒙蔽，对19世纪音乐和舞蹈的描写有严重的缺陷。19世纪50年代的一段描写将赫雷罗人和叶伊人的舞蹈称为是对“长颈鹿的笨拙步伐，斑马的敏捷小跑，美丽跳羚的生动跳跃”的一种“愚蠢而无趣的”模仿，它凸显出多数欧洲旅行者，在面对娱乐招待他们

---

① J·伯切尔，南部非洲内陆的旅行（伦敦：巴奇沃斯出版社，1822），第413页。

的本地文化的文化复杂性时，有一种冷漠的鄙视。[①] 鲜有例外，欧洲人发现，他们只能看到那些他们自己文化已经准备好让他们看到的东西：有着丰富野生动物的非洲，处于人性觉醒期的生活典型，一块原始而返祖的大陆。在欧洲狩猎者和探险家们对本地仪式和舞蹈观点的误导下，人们可以补充传教士们"将这些表演视为不加掩饰的荒淫，急需基督教的介入"的观点。正如一位传教士在1839年的评论所言，"我也可以很高兴地说，贝专纳人的习俗和仪式正在大量地消亡。某些情况下，本土舞蹈还依然存在，但是我时常会在跳舞时前往，公开反对这种行为，并向那些准备聆听的人们进行布道。"[②]

甚至那些具有同情心的观察者也通常无法认识到在他们所见的多数现象之中所蕴含的深层精神意义。例如，在另外一个对萨尔瓦人催眠舞蹈的准确描写中，J·伯切尔准确描写了进入出神状态（trance）的灵魂治愈者那种特殊的俯身姿势，最后使用两根棍子支起上身。但是对作者来说，这个舞蹈仅仅是娱乐而已，他将这种难于理解的姿势形容为"一种极不自然的，可想象的最不适合舞蹈的动作"，这完全没有理解动作的

① C·J·安德森，恩加米湖，或，西南非洲四年荒野漫游的探险与发现（纽约：哈珀和兄弟出版社，1856），第193～194页。在评价他和他的同伴时，他写道，"我们没有加入到舞蹈行列中，但却可以欣赏女性而自娱。她们的魅力绝非微不足道，而（可能是最重要的是）她们向我们表现出了极大的敬意，这些少女几乎彻底破坏了我们心灵的平静。"

② 理查德·基德（Richard Giddy）是一位1938年在南非萨贝恩周（Thaba Nchu）向茨瓦纳人传教的传教士。引自 G·Setiloane，*The Image of God among the Sotho-Tswana*（Rotterdam：A. A. Balkema，1976），第92页。

真正意图——这个动作是为了使一些人的超自然能力（*n/um*）进入舞蹈者的身体，舞蹈可以使超自然能力（*n/um*）变热甚至沸腾，激发它的能力并通过传递能力来治病。[①] 正如一位空人（! Kung）治疗师在一个半世纪以前描写的那样，

> 你一直跳舞，跳着，跳着，跳着。然后超自然能力（*n/um*）在你的腹部将你举起也在后背举着你，然后你开始颤抖。是超自然能力（*n/um*）使你震颤；非常热……你四下环顾，因为你可以看见一切，你能看到给每个人带来麻烦的东西。快速急促的呼吸会使超自然能力（*n/um*）停下来。我的上身用来呼吸，两条腿也在同时跳舞……然后超自然能力（*n/um*）就会进入身体的每个部分，直到你的脚尖甚至你的头发里。[②]

茨瓦纳语中关于舞蹈和图腾的参考信息能够勾勒出目前已被忘记的过往历史，那些能够召唤动物的超自然能力帮助治疗或作为月经初潮舞蹈一部分的舞蹈同样也是萨尔瓦人文化的重要内容。但是在东部博茨瓦纳，这些舞蹈仅剩下碎片化的记忆残留，那些曾经表演过这些仪式的老人们目前已经散居在四处的放牧点和村庄里，要想恢复这些仪式所需的社会环境和氛围

① 伯切尔，南部非洲内陆的旅行（伦敦：巴奇沃斯出版社，1822），第 63 页。

② R·卡尔茨，沸腾的能量：喀拉哈里昆人的社会治疗（剑桥，麻省：哈佛大学出版社，1982），第 42 页。

变得非常困难。但在博茨瓦纳的西北部，能够进入出神状态的舞蹈者继续召唤非洲旋角大羚羊、长颈鹿、非洲长角羚和其他充满灵性的动物来帮助保护社区免受疾病和邪恶侵害。但即使在这里，尤其是在那些更为西方化的杭济（Ghanzi）周边的租赁农场，那些曾经遍布整个社区的治愈性舞蹈已经转变成为更加个人化的表演，专业萨满向他们的“客户”收取费用来进行服务。[①] 近来，这些出神舞者的舞台表演主要是为了引起共鸣而非一种真实状态，这已经成为许多游猎营“旅游体验”中的一个常规性项目。然而尽管有这些商品化的例子存在，但是在整个博茨瓦纳，舞蹈、歌曲和灵魂力量之间的深层联系依然非常紧密。

传统音乐和舞蹈

试图在非洲音乐作品中将音乐从肢体动作中剥离出来是一件不现实的事情，因为许多乐器——尤其是鼓和舞蹈哒哒声——包含着与手、手臂、躯体和腿上动作的复杂结合。此外，尽管每位音乐家可以贡献单一的音乐符号，当这些结合在一起，复杂的多重节奏和多重韵体的作品就诞生了。通常声音会以同样的方式用于制作和谐的和应答式的问答表演，“合唱团”中的不同元素有时会表演出完全不同的各个部分，开始进入摇摆，甚至在作品中出现相互重叠的间歇。博茨瓦纳合唱

① M·G·冈瑟，“杭济省农场布须曼人中，作为社会变化中介的出神舞蹈者”，博茨瓦纳笔记与记录 7（1975）：第 161 ~ 166 页。

音乐的另一常见特色是旋律分节和乐器伴奏有时会稍微“偏离”或“不在节拍上”，在它用简单的元素创造出复杂紧密关联结构的同时，也给音乐加上了一个动力。与流行观念恰恰相反，多声部和声演唱通常在人们的观念里都与传教士带来的赞美诗吟唱相关，但它实际上展现的是像舌簧舞蹈这样的早期音乐表演的特点——它绝不仅仅是一个文化融合的产物。①

传统乐器

从博茨瓦纳考古发掘中修复的最古老的乐器是一把在骨碎片上粗略雕刻的牛吼器（*seburuburu*）。它是在位于马翁郊区马特拉蓬（Matlapaneng）的一个铁器时代早期遗址挖掘出土。②这件文物出土时已经破损，经过修复发现在两端各钻有一个孔（就像一些修补过的那样），本应该在那里拴上一根弦，声音绕着顶部旋转发出轰鸣之音；它的历史比千年稍长一些。

在塞罗韦以西 80 公里的博斯茨韦（Bosutswe）发掘出一件年代稍近的，一孔音栓笛或哨子。它的挖掘地点就在地面下约一米深的一个史前牛栏遗址处，一定是主人将它掉落或遗失

① 人们可以在史密斯森协会（联合国博物馆）的网站上收听（或购买）关于茨瓦纳音乐中传统多节奏和弦和“滞后”或“拖拍”特点的演示性表演。http：//www. smithsonianglobal-sound. org/containerdetail. asp？ itemid = 2856.

② J·丹博（J·Denbow）在马特拉蓬（Matlapaneng）的挖掘日志，1984 年冬。

在那里，这个主人可能是900年前的一名牧童。[①] 这件长约六英尺的乐器原本应该像排箫那样来吹奏，用一根手指交替开关下面的开口，单边的开口就可以吹奏出各式各样的音符。它是使用掏空后的某种大型鸟类的腿骨制作而成，沿着它的长度装饰有紧密排列的环型凹槽，这些凹槽因为长期使用而被磨得极为光亮和破旧。除此之外，在博茨瓦纳的考古发掘中没有发现其他的乐器，但这并不出乎意料，因为它们多数是使用木材、芦苇、葫芦和其他易腐蚀的材料制作而成，难于长久保存。

史前的笛子和牛吼器显示出它们曾被长期精心使用，这也是一直延续至19至20世纪的一个特点。在这一时期，主人在长达几十年之久的时间里珍视保存他们心爱的乐器是一个非常常见的现象。一些乐器被认为是社会“珍宝”，没有酋长的许可不能进行买卖；其他的乐器则对主人来说有独特的情感价值，“在和乐器分离之前，［老年男人］真的会为它唱上一首送别曲；如果他没有另外一支的话（非常不同寻常的事情），我根本无法从他手中拿走这一支。”[②]

语言也是博茨瓦纳传统乐器演奏和音乐表演方式中的一部分。包括茨瓦纳语、卡兰加语、赫雷罗语和叶伊语在内的所有南部非洲班图语言都是“声调语言”，这意味着通过为音节赋予不同的音高和音调，许多单词就会产生彼此间的区别。例

---

① J·丹博（J·Denbow）在博苏茨维（Bosutswe）的挖掘日志，2002年7月。

② P·R·卡比，南非本土种族的乐器（约翰内斯堡：威特沃特斯兰德大学出版社，1968），第199页。

如，“高粱”（*mabele*）和“野兽”（*mabele*）两个词之间的差别仅在于不同的音调。母语是英语的人通常无法分辨这些差异，即使是对语言有一定熟悉程度的人也需要非常细心才能辨别；例如，大卫·利文斯通发现这一困难后，就会写下一张单词表，上面记录着那些因为使用错误音调或在辅音后呼气而易于造成混淆的尴尬单词。[①] 传统的笛子和哨子有时候会利用语言的声调结构来传达难于理解的“信息”，人们会通过变换音符的音高来模仿单词或短句。[②]

利用声调来创造出有意义的语句声音还有其他一些例子，包括模仿那些帮助寻找蜂蜜的鸟叫声，生活在奥卡万戈的人们相信这种鸟会带领人们找到“产蜜树”的位置。它在飞行的过程中会发出听起来类似于茨瓦纳语中“*kwa pele*；*kwa pele*”，意为“到前面来，到前面来”。[③] 当地专家说，一旦树被砍到，人们取走蜂巢，一定注意要留下部分蜂巢给鸟作奖励——否则下次它非但不会指引蜂蜜的方向，反而会将人们引向饥饿的狮子。萨尔瓦年轻男孩子有时候也会用乐弓模仿动物的蹄声，他们在休闲时会用乐器消磨许多时光。

最后一点，乐器在过去并不仅仅是能够发出乐符或节奏性声音的器具；人们也相信制作乐器所使用的材料里蕴含着天赋的超自然能力。在许多情况下，祈祷和祝福也“改造”了这

① D·利文斯通和I·沙佩拉，家书，1841～1856，第1卷（韦斯特波特，考恩：绿林出版社，1975），第206页。

② 卡比，南非本土种族的乐器，第80页。

③ 对讲英语的人来说，灰色洛瑞鸟的叫声是“gawaaay”，通过相似语音的解释，它的绰号就是“走开（go away）”鸟。

些鼓、笛子和哨子。因此，人们使用这些乐器之声吸引祖先的关注，从而帮助营造祈雨、庄稼丰收、武士得胜、获取足够食物的仪式所需的环境氛围。其他一些哨子则有更加私人化的用途，人们经常看到茨瓦纳男人会将珠子或其他物品作为护身符佩戴在颈上和手臂上，保护他们免受邪恶侵袭；其中之一就是在危急时刻可以吹响的小哨子。

打击乐器

鼓

在博茨瓦纳北部和东北部的森林地区，人们用大树树干的一段来制作各种尺寸的鼓，树干被砍下后再用斧子将中间掏空。人们通常会首选像跳羚或巨蜥这样的野生动物皮来作鼓面，因为它们足够薄又能够产生良好的回声效果。动物皮需要“湿着”使用，这样它们就会在鼓顶变干后收缩变紧；“装配”上木质或荆棘制作的按钉将顶部位置固定。特别精美的鼓有时候会将命名和一些几何图案雕刻或烫制在表面。有些鼓的长度达到四英尺，它们根据大小和形状的不同而发出不同的“声音”。在使用之前，人们通常会将它的顶部靠近火堆加热变紧来“调整音调”。有些情况下，人们还会在鼓的顶部涂上厚厚的一圈蜂蜡来帮助完成调音过程。非常大型的鼓通常用手演奏，鼓身在鼓手的两腿间呈一定角度放置，乐器底部的开口朝向后面。

一些巴茨瓦纳人仍在继续使用一种类型不太常见的木鼓——摩擦鼓，使用者主要是那些居住在奥卡万戈三角洲西北边缘地带的姆布库舒人。这种鼓通常长度不足两英尺，在内部栓下来一根芦苇，在鼓头中心绑上一根皮筋。鼓手用一只手臂固定鼓，另一只手弄湿后上下摩擦这根芦苇使鼓头震动，发出非常响亮和特别的嘶吼声。

目前大多数的鼓都不是单面木鼓，而是将湿牛皮覆盖在石蜡罐上或是覆盖在从 44 加仑重的铁桶上截下的一段铁皮环上面而制成“双面”乐器。赫雷罗人也使用一种更为传统的双面鼓（*ongonia*），演奏它需要使用木棍而不是用手，主要用于宗教和婚礼仪式。[①] 过去，人们有时候也会用陶罐来制作鼓，这可能是因为全国许多地方都没有那么多可用的大型树木。除了摩擦鼓之外，大多数的鼓都是用手敲击或使用木棍来演奏。卡特拉人妇女们从 1871 年开始在她们的“博杰勒（*Bojale*）”入门仪式上使用的一只鼓目前被放置在莫丘迪的法塔迪寇波（Phutadi Kobo）博物馆中。它在仪式过程中被当做子宫的象征，开放的一端则代表产道。[②]

舞蹈响环

不同大小的鼓以复杂的交错节奏共同演奏是在非洲大部分地区的传统音乐中最为常见的元素之一。在喀拉哈里干燥的稀树草原上，直径足够用来制鼓的巨型树木通常极难获得。这可能导致的结果就是，博茨瓦纳大多数民族——尤其是茨瓦纳人和萨尔瓦人——的传统音乐中的打击节拍通常来自鼓掌的手

① 卡比，南非本土种族的乐器，第 46 页。

② M·N·莫索斯瓦尼，“关于莫丘迪‘巴加塔—伯—加—加费拉’人中启蒙学校的民族志研究（1874～1988）”，普拉：博茨瓦纳非洲研究报 15（1）：第 152 页。

（总是来自于女人）和舞蹈或者腿部响环（男人和女人都可以用它们来跳舞，这取决于文化）。

舞蹈响环是所有传统舞蹈中最重要的装备，通常在较大规模城镇的传统市场都有销售。它们是用两种野生蚕的蚕茧制作而成。蚕茧只生长在可乐豆木（mopane）和某些品种的合欢树上，因为表面上覆盖着细小的毛刺会穿透刺痛手指，因此人们需要小心地采集和处理它们。[①] 将大约两英寸长的坚硬纤维长豆荚浸泡在水中将其软化。然后将它们沿着一端撕开，装入小石子。然后再将撕开端用力压合令其干燥封闭，再将蚕茧的两端分别绑在卷成桶状的纤维板或皮绳的两根带子上。制作一条腿上的响环通常就需要超过100个蚕茧，长度为六英尺或者更长。响环在不同的语言中有多种多样的名称，人们将它们绑在脚踝和膝盖之间的小腿上，通过舞者脚部快速跺脚和滑动而演奏出声音。由于舞蹈动作非常激烈，多数的响环使用一两年后就需要更换。在那些没有格诺麦塔（*Gonometa*）蚕茧的地区，过去的腿部响环有时也用晒干的跳羚耳朵装上小石子制作而成。[②]

拍手

拍手和舞蹈响环结合在一起能够创造出一种复杂的打击节

---

① 博茨瓦纳全国各地都有“白斑枯叶蛾（*Gonometa postica*）”，它以各种合欢树（*Acacia erioloba*，*A · melifera*，*A · tortilis*）为食。红菌枯叶蛾（*Gonometa rufobrunnea*）仅分布在博茨瓦纳东北部，蚕虫在那里只以可乐豆树（*Cholophospermum mopane*）为食。活跃的贸易将舞蹈响环卖到博茨瓦纳那些没有这些树和蚕虫的地区。

② 卡比，南非本土种族的乐器，第4页。

奏，拍手经常与鼓点节奏出现变奏差异。尤其是茨瓦纳人，他们拍手节奏通常会拖后 4/4 或 2/4 拍。只有女人才能做拍手动作，她们通过各种不同方式将手隆起做成杯状，发出多种多样的打击声音，用来配合宗教的和世俗的舞蹈。以女人拍手为内容的岩画在南部非洲的岩画艺术作品中非常常见，这些岩画作品通常与表现出神状态舞蹈的主题有关。① 某些当权者甚至认为，一些岩画被故意大声地敲下、切割并剥落，这都与它们作为圣物的用途有关。②

管乐器

哨子和笛子

尽管简单的鼓点是博茨瓦纳传统音乐和舞蹈作品中的一个重要组成部分，但是茨瓦纳人和萨尔瓦人最具有代表性的乐器却是笛子、哨子和一弦弓琴。早期传教士们经常会评论那些有时囊括百名乐手的调谐芦笛合奏。大卫·利文斯通在他的《传教士旅行》一书中放入了一张名为“月光下的芦笛舞蹈”的蚀刻板画，但是图片的配文却是对科洛洛人另一种舞蹈的描写，没有笛子伴奏，男人“同时抬起一条腿，重重地向下跺两下，然后抬起另一条腿，向下跺一下”，而女人们则“在旁

① J·D·里维斯—威廉姆斯，信仰与观看：南部桑人岩画的象征涵义（伦敦：学术出版社，1981）。

② S·奥兹曼，“观看就是欺骗：岩画艺术与不可视物”，世界考古学 33（2，2001）：第 237 ~256 页。

边鼓掌拍手。”①

有人说，茨瓦纳人的芦笛舞蹈能够持续长达十个小时，男人们演奏各式各样不同大小的笛子，同时围成一圈逆时针方向跳着舞蹈，外面由女人们和少女们组成的外圈所环绕，她们拍手还不时地呼号。一份 1812 年的描写写到，

> 当全部由男人组成的舞者们为他们的芦笛调好音，他们就站成一圈，有时候会多达 30 个人，其他时候不会超过 10 或 12 个人，这取决于加入者或离开聚会者的兴趣；但却未曾注意到有任何能够观察出的秩序，或者任何预先安排的动作。圈子的大小按照人数方便能够允许的紧密程度排列；每个人都会独立跳舞，不会遵循任何特殊的舞步或后天习得的脚步动作；任何时候都不会加入手部动作。他们就以这种形式一体地环形移动，一起合着拍子，在一小群没有加入舞蹈队伍也围成一圈的妇女和女孩的协助下，以拍手作为精确的标准规定着他们的步伐；没有任何歌声或任何噪音……音乐令人愉快而和谐。这不是一群欢快的演员，毫不吵闹，也不懒散或沉重；但却支配着一些令人愉快和慰藉的东西，能够使人免受听觉疲劳之苦。②

---

① D·利文斯通，南非的传教士旅行与研究；包括在非洲内陆定居十六年速写，西海岸从好望角到罗安达的旅行；继而穿越大陆，沿赞比西河直到东海岸（弗里波特，纽约：图书馆书籍出版社，1972），第 225 页。

② 伯切尔，南部非洲内陆的旅行，第 411 ~ 412 页。

用河中芦苇制成的笛子长度通常大约在一英尺至六英尺之间，通常会用一根木棍从中穿过使其中空。放置在芦笛下端的塞子或音栓通常由纤维板或山羊皮制成，用一根木棍来调整音栓就可以为每一支芦笛调节或"调整"音高。音高较高的短笛被称为"姆蓬雅内（*mpenyane*）"，而音调较低的长笛名为"梅颇罗（*meporo*）"。[①] 为了发出深沉的低音，人们会将多根芦苇捆绑在一起组成一根长管，但是将连接处妥善封口总是一件困难的事情。到20世纪30年代，靠连接芦苇制成的长管已经被长节金属管所全部替代。给乐器调音需要在首领的指挥下进行，他负责每件乐器的调音工作，这样所有单音笛同时发声所创造出来的和弦或协奏才会和谐一致。过去喀拉哈里地区芦笛合奏所使用的技巧与美国南部许多教堂中的铃声和弦的原理非常相似，教堂里的每一个铃铛都能发出一个单音，但却在同时发声时构成和弦。

一位音乐学家在20世纪30年代非常幸运地亲眼见证了一次芦笛合奏的二度创作，他在报告中写到"调音系统和南非的纳马霍屯督人（Nama Hottentots）的四高主音笛（four highest principal flutes）完全相同……人们告诉我这首歌的起源以及与之相关的词语内容是妇女们为古老习俗所发出的哀叹，这已经被酋长玛卡巴（Makaba）［恩瓦凯策人的］在莫法特传教士的建议下废止了。"[②] 为芦笛合奏所创作的以及它们所演奏的歌曲内容不仅仅是赞美诗或赞颂社会成绩，也有很多

① 卡比，南非本土种族的乐器，第149～150页。

② 同上，第150页。

对现行做法的责备和批评。表演结束后，笛子和调音棒要收藏在羊皮袋子里，由一名管理者看管，将它们安全地保存在他们家房子草屋顶下面靠近椽子的地方。

其他类型的笛子和哨子是由小羚羊角和中空骨制作而成。过去，这些乐器有多种用途：牧者用它们来互相联络并在畜群中召唤自己的牛；年轻的幼子会在入门仪式的舞蹈期间演奏它；传统医生有时吹响它们召唤精灵前来占卜和治疗。传统医生或“蒂纳卡”（*dinaka*）戴在脖子上的哨子里面常有可以装药的塞子或音栓。实际上，“蒂纳卡”一词意为“角”，因为传统医生经常在项链中挂上小动物的角，并在里面装上药物。有一个例子，从名为“风（*phefo*）”的树上取下的纤维与牛肾周围取下的油脂混合起来装入“治疗”哨子中，人们认为它可以“吹走”瘟疫。拉莫茨瓦的一名莱特人医生，也是一只这种哨子的主人，同时将“传说中‘闪电鸟’的一根羽毛放在小管子里，因为这只哨子也可用于防止雷电［袭击］。”[①] 非药用的笛子和哨子也会将羽毛或者其他材料填在其中，让他们保持润滑，防止因劈开或断裂而作废。

弓状竖琴和诗琴

一弦弓状竖琴

博茨瓦纳几乎所有民族——尤其是茨瓦纳人和萨尔瓦人——都弹奏各式各样的一弦弓琴，它们在茨瓦纳语中名为“恩考克瓦纳”（*nkokwane*）或者在一些萨尔瓦人方言中被称

① 同上，第97页。

为“吉瓦什”（*//gwashi*）。最简单形式的弓琴仅是一张猎弓，用一根木棍或一支箭拨动琴弦来演奏。演奏者通过手指触动或“停止”弓弦来弹奏音符；当箭拨动弓弦时，箭也会发出伴随的敲击声。演奏者可以将弓的末端放进自己口中、一个葫芦里，甚至是一个废弃的锡铁罐中，将它们作为共鸣器使用。“竖琴”会将葫芦或皮革制成的共鸣器永久性地固定在乐器上，被称为“赛格瓦纳”（*segwana*）。

一种将弦乐和管乐结合的同类乐器表面看上去和弓状竖琴非常相似，但是弹奏方法却迥然不同，它在茨瓦纳语中被称为“莱斯巴”（*lesiba*）或“夸迪”（*kwadi*）或者在萨尔瓦方言中被称为“戈拉”（*gora*）。在这件乐器里，弓弦的一端被直接固定在木质弓上，而另一端首先被固定在一根羽毛管上，然后将羽毛管穿过弓身另一端的孔或裂缝。将羽毛管放在唇间，它就可以产生振动，演奏者只需要吸气呼气，而并不用真的触动它们。通过变换口型，它就会发出不同的音节，“非常令人愉悦，享受弦乐和管乐的音质，让人以为是一架风弦琴；它的音量变换范围可以从微弱的低语到一种有力欢快的声音，口中的气量和喉部就是一个共鸣器。”①

另一种有些类似于小提琴的一弦乐器名叫“塞加库鲁”（*segankuru*）或“塞加巴”（*segaba*），人们使用一张用牛尾毛做的摩擦弓拨弄单弦来演奏它。将弦按在乐器的木质颈部或轴上，通过改变其长度来发出不同的音节，将一个锡铁罐固定在乐器颈部的另一端作为共鸣器。有些情况下，人们会使用贯穿

① 同上，第189页。

乐器颈部的木质调音栓来加紧或放松单弦。

多弦诗琴

在博茨瓦纳西北部的部分地区有时依然可以见到一种终弦琴（final stringed instrument），萨尔瓦人以及过去的姆布库舒音乐家会弹奏它。在萨尔瓦人的不同方言中，它被分别称为“道加诗”（*daukashe*），“果卡斯”（≠*gou kha*：*s*），“佐玛”（*dzoma*），或“罗比”（*lobi*），它的弦与诗琴相似，有四至七根小弓状的颈部固定在木质共鸣器的一端，或者有时候固定在一个大乌龟壳上。通过调节连接共鸣器箱和弓身末端的皮筋长度就可以发出不同的音节。演奏者坐在地上将共鸣器朝向身体，用手指拨弄琴弦就可以弹奏出音符和和弦。这种演奏方式与另外一种类型的乐器——拇指钢琴或“塞卡内”（*seinkane*）——非常相似，拇指钢琴属于生活在博茨瓦纳东北部的卡兰加人的一种重要古物。

拇指琴

关于拇指琴最早的记录是来自一位葡萄牙修道士让·道·桑托斯（Joao dos Santos）在1586年写下的关于“安比拉（*ambira*）”的详细描写，他描写了绍纳人是如何使用它们演奏出“完整的一首甜美轻柔而和谐的协奏音乐”。[①] 老道的乐者在弹奏中所展现出的音乐品质给后来到博茨瓦纳的旅行者詹姆斯·查普曼也留下了愉快的印象。他从19世纪40年代开始描写这种乐器：

---

① G·M·锡尔，东南部非洲记录（伦敦：威廉克劳斯和儿子们出版社，1899），第202~203页。

> 马绍纳人（Mashuna）和班纳巴人（Banabea）对于乐器有一种……创造性的天才，有些乐器在一位能干的演奏者手中能够产生出悦耳的音乐。我曾经目睹过两次值得一提的表演。其中一次，8长8短的16只铁键固定在一只巨大的葫芦内部；每只按键的末端都连在一片木条上，按键依靠一条细横木条从中间升起，使按键能够自由演奏。演奏者用他们的拇指就能灵活弹奏它们。①

人们目前经常将锡铁罐作为共鸣器，有时也会放入铁珠，乐器演奏时会发出“嗡嗡声”。将两三架拇指琴合为一体一起演奏是相当常见的现象。道·桑托斯（dos Santos）描写的另一种乐器是一种本土马林巴琴（marimba）或木琴（xylophone），也被称为“安比拉（*ambira*）”，尽管在塞罗韦和弗朗西斯敦不时能够听到马林巴琴的合奏，但是与巴茨瓦纳人相比，它通常更能体现文达族（venda）和绍纳人（Shona）的传统音乐特点。尽管西北部的祖奥斯人（*Zhu/oasi*）或萨尔瓦音乐家们直至20世纪50年代才开始接触“塞卡内”（*seinkane*），但是目前博茨瓦纳全国各地都在弹奏它，而木琴的分布却很有限。即使是在萨尔瓦人的地区，这种乐器也开始逐渐取代了多弦诗琴（*daukashe*），年轻的音乐家们通过拇指拨弄来弹奏它。正如一位人类学家所写，“老年人甚至几乎不会拿起这种乐器［拇指琴］，他们更愿意弹奏古老的音乐猎弓

---

① 詹姆斯·查普曼和E·C·泰布勒，在南非内地旅行1849～1863，第152页。日记条目大约在1854年10月20日左右完成。

或……五弦和四弦的诗琴样式的乐器。”[①] 由于这种乐器非常新，直到最近才有几首专门为它谱写的乐曲。几位年轻的萨尔瓦艺术家，包括一位名为卡哈（! Kaha）或“杰克”的演奏者，将其称为斯特格纳（*sitengena*），东谷（*dongu*）和戈玛（! *goma*），他们在 20 世纪 70 年代早期开始为这种乐器创作乐曲，而这位杰克也同时作为“通往出神状态的灵媒和与神对话的中介”。[②] 在他的一首歌曲的摘录中，杰克将自己在拇指琴上的才华（以及他的命运）归功于神的意愿（*//gauwa*）：

一个年轻的灵魂生活在西方的天空中
还在不断学习
这是我的眼泪
我为死亡哀悼，一年又一年——
这就是我不得不说的事
神说话，告诉我要使用
这些金属片和这木片
用它们来歌唱。[③]

号和喇叭

过去人们使用各种各样动物的角——捻角羚、南非长角

① M·比塞尔，“戏法大师创作的歌词：喀拉哈里桑人的拇指钢琴音乐”，博茨瓦纳笔记与记录 7（1975）：第 172 页。

② 同上，第 171～188 页。

③ 同上，第 171 页。

羚、山羊和牛——制作号和喇叭，但目前已经比较少见，这可能是因为像战争这样的需要使用这些乐器的仪式和活动目前几乎不再存在。例如，在仪式场合和需要警告人们战争无处不在的危险时，赫雷罗人会使用一种名为“奥利瓦”（*ohiva*）的侧吹的长角羚角，但它从未直接作为战争号角来使用。一种用捻角羚或黑马羚的角制作的名为“勒帕帕塔”（*lepapata*）的茨瓦纳乐器也在各种各样的仪式场合中使用，包括在“割礼仪式上受伤，或当杀死狮子或豹的时候”[①] 都会吹响它。制作这种乐器需要先将角浸泡在热水中，使外面的角质层和中心的骨头松开。角尖处是角质覆盖层终止变硬并中空的部分，就从这里切开外层制作洞口或吹奏口。在一些精巧的作品中，人们会将角的外层刻下或削薄来将吹奏口支起，留下一个支起的表皮环绕着吹奏口。尽管侧吹象牙角因其体积巨大和精美雕刻而在中部非洲闻名，但是还没有任何博茨瓦纳民族制作它们。

包含音乐和舞蹈在内的传统仪式

音乐和乐器始终伴随着所有重要的仪式和庆典，包括月经初潮和入门仪式、祈雨祈祷、战争动员、结婚、命名仪式以及葬礼。在有些情况下，歌曲和舞蹈也可以用来进行抗议。例如在有些情况下，人们认为酋长因为忽视了祖先而无法履行祈雨或阻止干旱和灾荒的义务。尽管早期旅行者和传教士们经常记录像芦笛舞和与祈雨、战争和丰收有关的世俗性舞蹈，但他们

① 卡比，南非本土种族的乐器，第 78 页。

对巴茨瓦纳人以治愈或治疗为目的献给祖先和其他神灵的许多舞蹈通常无法辨识。

祈雨的祈祷和歌曲

在19世纪，酋长的主要责任之一就是与祖先合作带来足够的降雨使庄稼生长，牧场青翠，河流、小溪和山泉有丰沛的水量确保人和动物的生存繁衍。在很多情况下——尤其是在干旱时期——人们会召唤仪式专家或名为“莫罗卡·亚·普拉”（*moroka ya pula*）的“医生”前来帮助降雨。仪式中还包括“固定土地”环节，通过在十字路口或其他地点钉木桩的方式来阻止恶势力入侵截留或“偷走”雨水。此外，人们会在酋长居所附近的“祈雨圈地”中燃烧专门药物，其中包括野生球茎、狮子油脂，甚至还有已牺牲的人类受害者身体的一部分。人们将祈雨药物放在动物角中，当这些成分放在火中如果升腾出黑色的油烟就意味着有祖先的祝福，它会同情地让云洒下甘霖（*pula*）。根据一段描写所述，

> 一听说全国某处下了第一场雨，祈雨巫医就会带着遴选出的年轻处男处女前往落雨地点。女孩子带着还未用于烹饪或其他用途的全新罐子，并将药（melemo）装入其中。他们一边走，“一边唱着令人心碎的祈雨歌曲。”当他们到达了目的地，男孩子将他们“全身”涂抹淤泥，而女孩子们则将罐子盛满雨水。然后，他们“依旧唱着祈雨歌”启程回家。当他们来到距离村庄只有听力所及范围的时候，女孩子们将罐子摔在地上打碎它们，男孩子

们则用油膏涂抹身体将淤泥去除。他们随后返回家中，依旧唱着祈雨歌曲。①

由于国王卡玛三世在自己皈依基督教后禁止举行祈雨仪式，恩戈瓦托人最后一次祈雨仪式发生在19世纪60年代。W·威洛比牧师与恩戈瓦托人共同生活超过了25年，他记录了这次最后仪式中一首祈雨歌曲的神秘片段，这是由一位不知名的信息人在1893年讲给他的。这次庆典发生在多次祈雨祈祷和仪式失败之后，这些活动都未能阻止一次严重的干旱发生。仪式开始时人们献祭了一整头黑公牛，之后人们

> 站立并敬拜，在他们酋长的带领下，吟诵关于已逝酋长的“赞美歌曲”，并念着，“我们用这头牛前来求雨，酋长，我们的父亲！”祈雨歌曲也被咏唱着；人们大喊着四散，“雨！雨！雨！酋长，我们要死了——我们是你的人民！让雨落下！”当他们走在回家的路上，他们的祈雨歌声响彻云霄；“并且，”我的老朋友补充道，“就在这一天的晚上下了一场透彻的大雨。”在这个场景下吟唱的祈雨歌曲中，我的信息人只能记住一首
>
> Kololo a éé kaka ea komakoma;
> Kgomo co moroka di letse di sa nwa,
> Megobyane e kgadile.

① I·沙佩拉，茨瓦纳部落的祈雨仪式（莱顿：非洲研究中心，1971），第126～127页。

第一行字迹有些模糊，但是我试着将其翻译出来：

> 让山羚离开，抓住这温柔的雨；
> 祈雨巫医亲戚家的牛昨天晚上因为干渴而倒下，
> 蓄雨池已经干涸。[①]

事实证明，著名的狩猎者R·戈登·卡明在1846年前后就在恩戈瓦托首府附近生活，这比威洛比的信息人文件要早15年。他用非凡的描写证实祈雨仪式上使用了活山羚的鸣叫：

> 然而，通常发生的情况却是，面对祈雨者的请求，无情的云层却在消退，地里的玉米幼苗逐渐干涸枯萎。人们转而求助于其他方案。大量的男子们动身出发，组成一个范围宽大的圆圈，围住某些山边的土地，在那里可能会遇到经常在岩石中出没的山羚，就像我们古代的苏格兰山地祖先一样，他们的包围圈逐渐缩小，他们通常能够活捉到各种各样的山羚，人们认为它们的叫声能够有唤雨的作

---

① W·C·威洛比，班图人的灵魂：关于非洲班图部落神奇的宗教惯例与信仰的同情研究（花园城，纽约：两日，杜兰 & 公司，1928），第209页。沙佩拉，茨瓦纳部落的祈雨仪式，第120页；将此译为“让雨落下”。他也记录了作为“用于求雨过程的第一种动物”的山羚，在130页提及E·劳埃德（E·Lloyd）也在1895年观察到相同的做法。人们也在如下文件中发现使用活山羚来求雨的文献。H·A·布莱登，南部非洲的枪和照相机：在贝专纳兰，喀拉哈里沙漠和恩加米兰的河湖区游荡的一年（伦敦：E·斯坦福，1893），第440～441页。

用。这被捉的不幸小羚羊被带到牛栏四周展示，同时祈雨者开始掐它，使它发出呼号。[①]

人们为什么在祈雨仪式上一贯地选择山羚（同时也有非洲旋角大羚羊和岩蹄兔或蹄兔）至今不得而知。对于蹄兔和山羚来讲，有可能是因为它们生活在岩石山上的习性以及山羚悲苦的“歌声”被描写为口部大开可以发出隆隆响声，这些都让人们将它们和雨联系起来。活山羚和活人献祭通常只发生在极不寻常的干旱年份，如果情况一旦出现，人们会组织各个年龄组的人们前往灌木丛中搜寻“非自然的”或其他“令人惊奇的物品”，可能是巫师将它们摆放在那里阻断了降雨。

舞蹈和治疗

和过去相比，目前的现代净化和治愈仪式（*phekolo*）也会有来自其他民族的多族裔的人们参与其中。[②] 此外，那些曾经在村子卡古塔中共同举行的治愈舞蹈和祈祷目前只会在更加谨慎的地点进行——尤其会选择那些隔绝的、岩石外露的灌木

---

① R·戈登·卡明，南非猎狮者：南非内陆的五年历险，关注到本地部落和野生动物（伦敦：约翰·穆雷出版社，1911），第 337～338 页。

② 例如，在库布·拉·定沙（*Khubu la Dinsha*）的信仰祖先教派（*Tumelo mo Badimong*）分别用不同的陶土（*phekolo*）盆用来表示派蒂人、卡兰加人、卡拉加迪人、胡鲁策人和恩瓦托人的祖先灵魂。尽管没有专门的盆来表示，教会也有许多成员具有萨尔瓦人祖先（2002 年 7 月，J·丹博在库布·拉·定沙（*Khubu la Dinsha*）与莫斯法拉·莫拉图（*Mothofela Molato*）的访谈）。

丛或者是和祖先有强烈联系的古代考古遗址里，例如在马卡迪卡迪盆地中马绍洛（Mmashoro）和库布（Khubu）岛附近的库布·拉·定沙（Khubu la Dingtsha）（狗山）考古遗址。为祖先灵魂献上的歌曲和舞蹈，与灵魂附体一起，成为这些仪式中的主要特色，正如一位牧师评论的那样，

> 人们没有得到任何药。他们就痊愈了，他们的问题就解决了，他们通过跳舞就得到了幸运。如果人们说他们希望升职［在工作中］，我们就会告诉他走过去和脚下扬起的尘土［从舞蹈而起］一起并向它祈求，然后第二天再洗掉它们。这就是他们被治愈、被祝福、问题被解决的方式。我们相信“巴迪默”（*badimo*［祖先］）和他们的灵魂就在人们的血管中（*ditshika*）。它们也是决定西方药物能否生效的关键。如果一个人抗拒医院的治疗，在向“巴迪默”（*badimo*［祖先］）祈祷并跳舞之后他们就会痊愈。①

在净化（*phekolo*）仪式的舞蹈中所表演的歌曲通常并不是从古代流传下来的那些，例如，在每年七月库布·拉·定沙（Khubu la Dingtsha）举行的净化仪式上演唱的歌曲就是现代问答式作品，歌唱过去的光荣，同时也欢迎“整体的”祖先

① 2002年7月15日，J·丹博在库布·拉·定沙（Khubu la Dinsha）与莫斯法拉·莫拉图（Mothofela Molato）的访谈。

灵魂到来并帮助治愈仪式。[1] 正如“信仰祖先”（*Tumelo mo Badimong*）教派的创立者莫斯法拉·莫拉图（Mothofela Molato）所言，“当我到了那里，我会利用任何一个最先回应的祖先（*badimo*），我和它们交流。”[2] 有时也会有一些关于耶稣的圣经比喻点缀在献给祖先的歌曲中。在治愈仪式举行的当天晚上，在漆黑一片的山顶，一个女子“合唱团”领头歌唱，用绑有响环的双腿踏出快速同步的节奏，同时单一节奏的鼓点也会根据是卡兰加人还是茨瓦纳人的歌曲而不断变换。那些用于治愈和净化的舞蹈也是同样，戴着响环的舞者围成一圈，每个人都以自己的方式来唱歌。随着舞蹈的进行，尽管舞场地面已经被清扫过，但是从陈年封土中散发出来的尘土云团还是逐渐升腾超过人的头顶，在月光下创造出一种笼罩在他们身上的光环效果。时不时就有几位舞者会灵魂附体、呻吟、咆哮或者在集会的其他成员开始注意到他们时讲些不为人知的语言。尽管细节各不相同，一些犹太复国主义基督教会（ZCC）的集会都会举行同样的治疗仪式。

传统的音乐与舞蹈

歌曲独唱者演唱一个章节，使用重复问答形式的动作和音

---

① 这些词汇来自2002年7月在库布·拉·定沙（Khubu la Dinsha）记录的叠句中的两个。

② 与莫斯法拉·莫拉图（Mothofela Molato）的访谈，J·丹博，库布·拉·定沙（Khubu la Dinsha），2002年7月。

乐，另外的歌手则在副歌中应答，这就是博茨瓦纳传统舞蹈的特点。多数的舞蹈都伴有节奏性的拍手并通常以女性参与者们热情而高音频的呼号为结束。不同年龄阶段的男人和女人在跳舞时都会使用创造性的腿部和肢体动作，尤其是女人会强调臀部的动作以及脸部表情的变换；优雅的身体姿态和面部表情与音乐之美相得益彰。

服装是传统舞蹈中的另一项重要内容。例如，除了为旅游者或者仪式目的穿着传统服装之外，多数博茨瓦纳人现在都穿着西式服装。居住在博茨瓦纳东部的萨尔瓦男人尽管已经抛弃毛皮缠腰带很长时间，但是在那些出于传统目的在家举行的出神状态舞蹈中，他们还是依然会脱去衬衫，卷起裤腿，或者为这些舞蹈穿上短裤。在茨瓦纳人的表演中，跳舞的年轻女人们会穿着皮裙，头戴珠子、豪猪刺、动物羽毛甚至乌龟壳装点的头饰。萨尔瓦人和茨瓦纳人都会佩戴传统的踝部响环。

在博茨瓦纳的不同地区有着各不相同的流行性传统舞蹈形式。例如，“赛达帕（*setapa*）”就是男女协作表演的列队式舞蹈——主要由恩戈瓦策男人们在婚礼庆典或丰收庆典上表演。在舞蹈中，男人的腿部和手部动作在精心编排下两两相对，互成镜像，并在舞蹈过程中不断变换姿势。“措茨比（*Tsutsube*）”是一种最早诞生于卡拉卡迪和杭济区的舞蹈。舞蹈中，舞者们有时候会表演一些事件，例如一位传统医生在努力救治一位患者或者男人们出门打猎。舞蹈十分受欢迎，因为人们通常会在其中加入前空翻、后空翻和其它一些精彩的杂技般的动作。“法提斯（*Phatisi*）”是一种起源于奎嫩地区的舞蹈，男女可以共舞。舞蹈中充满活力的跺脚动作使人联想起与南非矿山有关的“橡胶靴”动作。舞蹈经常以生动的即兴独舞表演开场，这种舞蹈在昆纳人中间非常流行。“博兰卡纳（*Borankana*）”是以词语“*go rankana*”命名的一种舞蹈，意为“跳来跳去或是做一种喧闹的动作，”这种舞蹈由于结合了多种舞蹈的动作而在全国各地十分盛行。有些人将之称为博茨瓦纳舞蹈，它其实是一种上述所有舞蹈的综合体。舞蹈表演时，作为赞美牛的一种动作，人们会将手高高举起。一种名为“豪萨纳（*Hosanna*）”的舞蹈最初流行于东北地区的卡兰加人中，女性舞者会通过舞蹈取悦作为赐雨者的神（*Mwali*）。[①] 而另一种名为“迪瓦尔（*Diware*）”的传统舞蹈表演范围并不广泛，它来源于一种姆布库舒人的治愈舞蹈。表演者在舞蹈中会晃动披着动物皮毛的肩膀。这是治愈患者时所跳的舞。姆布库舒人在欢庆丰收时会跳“提文吉（*Thiwinji*）”，在庆祝女孩进入青春期会跳“迪波克（*Diboki*）”舞。

在1991年，为了在博茨瓦纳恢复对传统舞蹈的兴趣，一个名为“莫格瓦纳”（Mogwana）的团体在哈博罗内成立。团体里有青少年也有成年人，他们练习并表演全国许多不同民族的音乐和舞蹈。这个先锋性的团体走访了全国许多地区，学习不同的传统舞蹈形式，然后将它们都编排到一个固定节目中，这让他们在国内和国外都受到广泛欢迎。除了传统舞蹈比赛之外，这个团体还为许多国内与国际慈善项目做表演。最近，这

---

① “霍萨那”（Hosanna）也是形容一种祖先灵魂类型的词汇。在某些宗教教派中，这种祖先灵魂能够占据舞蹈者的身体。在弗朗西斯敦，这些教派中的一个在舞台上穿着黑色、白色和红色的服装表演舞蹈。

个团体将关注点转向其他议题，包括环境问题、青少年问题以及艾滋病问题。

赛茨瓦纳语传统歌曲

为颂扬、愤怒或仅仅为了娱乐而创作的传统歌曲是博茨瓦纳文化与习俗中另一重要内容。例如在一首叙述了一个人一生的歌曲中，创作者塞楞（seleng）发现在他结束移民工人的工作返乡后，人们却只想嘲笑和欺骗他，歌曲描写了他当时的心情。另外的一些歌曲，例如一位马绍洛（Mmashoro）妇女演唱的歌曲就批评像茨科迪·卡玛（Tshekedi Khama）这样的酋长是软弱的领导者，他导致了部落的分裂。歌词有时候会使用诗歌或者仅为让人们了解茨瓦纳人的日常生活而写成。最后，还有大量的歌曲专门为婚礼、入门仪式、耕种、收获仪式和葬礼的使用而创作和录制。许多现代艺术家的独唱歌曲都会选择使用像“塞加库鲁”（*segankuru*）和“塞加巴”（*segaba*）这样的传统乐器来伴奏，例如塞楞（seleng），博鲁鲁·奥更（Boruru Oageng），斯比池·麦迪麦比（Speech Madimabe），和斯迪克·索拉（Sticker Sola）。合唱歌曲通常会使用鼓、芦笛和号等乐器伴奏。

现代音乐

由于殖民时代的欧洲人几乎完全不能欣赏博茨瓦纳的传统音乐和舞蹈，因此关于它们的文字记载也较为少见。然而音乐和舞蹈依然是这个国家无形遗产中重要的组成部分——这是一种深深扎根在人们思想和记忆中的遗产，它将不断地通过宗教和民族音乐以及更为现代的作品形式来展现。事实上，我们通过茨瓦纳语中的一个词——“梅迪松（*Maitisong*）”——就能够捕捉到这一地点的精神内核，人们在夜晚聚在“梅迪松（*Maitisong*）”一起聊天、做游戏，享受着他人的陪伴。近年来，尤其是在博茨瓦纳电视台的影响下，人们又兴起了一股传统舞蹈的热潮，舞者们会穿上包括毛皮围裙和缠腰带在内的传统服装的复制品。随着舞者欢快而充满激情地舞动身体，人们依然使用拍手和踝部响环来敲击出舞蹈的节奏。不同村庄之间经常举行男女共舞的表演比赛，有时他们也为官方节日或其他文化活动而表演。有一首名为“马拉拉维（*Malalaswi*）”的歌曲讲述了一个叔叔试图在前往放牧点的路上勾引一位年轻表亲的故事，并声明道“在我们的文化中，事情就是这样的”。像这样的许多新近受到欢迎的歌曲贯通了民族差异，并且茨瓦纳人和萨尔瓦人表演者都将其作为“传统”来演唱。

现代背景下的传统音乐

合唱团

合唱音乐在博茨瓦纳十分受欢迎。一些歌曲代代流传，其中许多歌曲包含的旋律优美的和声在一年中被人们不断练习，每当博茨瓦纳的节日和家庭聚会时，人们会在全国各地的村庄里表演。例如，在圣诞夜，由家庭成员组成的合唱团通常会唱起他们已经排练过的歌曲，与村子里其他家庭合唱团一起比赛。圣诞节通常是在雨季中，此时正是分散到田地、放牧点、村庄和城镇的大家庭成员聚在一起庆祝节日的时刻。哈博罗内的居民中有超过一半的人会出城前往放牧点和田地去欢度节日季。在四十年前几乎没有人在城镇中定居生活，因此几乎所有人都有一个位于乡村的家，他们与乡村之间的联系尤为强烈。尽管通常没有电和自来水，但是在大多数博茨瓦纳人眼中，乡村的放牧点并不是一个艰苦的地方，它是一个文化符号，代表着健康和家庭生活。在节日季中，家庭中的长者会宰杀一头牛或山羊，人们不断排练传统歌曲的和声合唱，人们每晚聚集在星光下的火堆旁享受着彼此的陪伴，舞蹈、故事和八卦将会娱乐每一个人。老年男子则在一弦提琴、自制吉他或其他乐器的伴奏下表演传统的赞颂胜利的歌曲或赞美诗歌，以及名为“迪科马（*dikoma*）”的挽歌。

出于文化保护的目的，孩子们目前在学校里就会学习这些传统音乐和舞蹈。每天早晨学校集会开始前都会演奏国歌，通常接下来是福音合唱或传统歌曲演唱。即使在博茨瓦纳大学里，也有一个名为“恩格瓦·波萨瓦（*Ngwao Boswa*）”的舞蹈团体，曾经在国内外进行演出。在商业化表演方面，演唱合唱曲目的合唱团体“卡勒蒙·图米迪索·莫茨茨（Kgalemang Tumediso Motsetse）”被通俗地称为“KTM”，他们是全国最有才华也最受赞赏的合唱音乐团体之一。

传统乐团

名为“马切萨（Machesa）”的团体以他们的专辑《*Tshipidi*》——意为“孩子的第一步”——赢得了2003年著名的全非科拉音乐奖（All-Africa Kora music award）中的最佳非洲传统团体奖。这个团体由三名音乐家组成，巴茨勒·莱赛特迪（Batsile Lesetedi），克图茨·莱赛特迪（Keduetse

Lesetedi）和莱比索·伽罗莫罗内（Lebitso Galemorone），他们的音乐会使用类似于哨子、一弦提琴和具有现代节奏的拍手这样的传统乐器。歌曲“赛泊诺诺（*seponono*）”呼吁婆婆们来照顾和关心他们的媳妇。2004 年发行的团体专辑《科拉（Kora）》就是以同名音乐奖项命名。据克图茨·莱赛特迪（Keduetse Lesetedi）所言，“我们给这张专辑取名为《科拉》是因为这个奖项已经成为非洲优秀音乐的同义词。我们觉得这就是一张出色的专辑。”① 在台上演出时，观众对这一团体演唱的传统歌曲狂热地回应以“*Bojalwa jo re a bonwa jo*”（“让我们来喝这传统啤酒吧”），因为他们让人们回忆起那些传统歌曲和舞蹈作为家庭娱乐主要形式的过往岁月。

现代民间音乐

丁戈·卓瓦（Ndingo Johwa）是博茨瓦纳民间或民族音乐类型所诞生的新星之一。他的音乐反映了卡兰加人的历史，卡兰加人有一句谚语“*Boshe Bagele Dombo balanda pasi*, *dziha ko buzwaza Njiba*,”意为“国王住在山顶而其他人住在下面。”卓瓦的音乐风格向这种社会等级传统致敬，用广为人知的民间传说形象唤醒土地精灵。尽管音乐是过往历史的回响，但是它也表达了卡兰加人在博茨瓦纳多民族社会中所面对的身份以及变化中的社会环境等现代性问题。他的一首热门单曲

① L·穆克兹，“马切萨，马基克·戴奥先生在圣路易斯音乐会上领衔表演”，梅吉一瓦一迪卡恩，2005 年 2 月 23 日。这一艺术节在哈博罗内的蓝树俱乐部举行，并不是在美国密苏里州的圣路易斯市，最受欢迎的乐曲是来自路易斯·阿姆斯特朗，或称为“圣路易斯”。

“*Makungulupeswa*”就毫不妥协地批判了像上校雷伊（colonel Rey）这样的殖民执政者对民族间政治以及酋长制度所产生的影响。在这首使用了丰富惯用语的歌曲中，他认为酋长制度根植于过往历史，无论一位酋长代表哪个民族，他都不应该被认为比其他酋长更重要。因此，在现代政治舞台上，卡兰加人的领袖应该拥有和其他民族首领同样的权力，就涉及到本民族人民的议题来“畅所欲言（*lebeleka*）”。在另一首和艾伯特·马里科瓦（Albert Malikongwa）合作的作品《*Tjililo Africa*》中，艾滋病给社会生活带来的摧毁性破坏被比喻成“被一把机械枪攻击”。

夸脱（*Kwaito*）

奥迪里尔·森托（Odirile Sento）被他的粉丝们充满感情地称为“维（Vee）”，他自称是夸脱（*kwaito*）之王。夸脱（*kwaito*）是一种带有共鸣节奏的音乐类型，它是从一种早期都市风格音乐的混合体中发展而来，其中包括20世纪20年代的“马拉比（*marabi*）”，20世纪50年代的“昆拉（*kwela*）”，还甚至包括嘻哈音乐和爵士乐。这个名字来源于南非荷兰语中的词汇“*kwaai*”，意为“愤怒的”，它以南非城镇人的艰苦生活和文化为基础，用其浑厚的低音音符，及其与烟雾腾腾的酒吧（shebeens），拥挤的出租车和深夜聚会之间的联系展现了一种所谓的“冈斯特说唱乐（gangsta）”[①] 形象。与其“驯服的”茨奥茨（*Tsotsi*）根源相一致，它与特殊的走路、舞蹈和

① “玛鲁—阿—普拉”（Maru-a-Pula）意思是“雨云”，它是国内最早私人开办的初中之一。

着装方式有关。“维（Vee）”的名为《卡西天使（Kasi Angel）》的专辑就清楚地表明了这位年轻艺术家的艺术根源和对贫民区的情感联系。在专辑中，他为观众献上改编过的舞蹈，将“兹瓦则则（Dziwanzenze）”和“夸萨—夸萨（Kwasa-kwasa）”这样的舞蹈用一种他称之为“塔库—塔库（Taku-taku）”的风格进行改编，其中包含了迈克尔·杰克逊的太空步和霹雳舞舞步的片段。他具有将祖鲁语、赛茨瓦纳语和英语歌词混编的能力，这使得他的作品具有极为广泛的感染力。

街头音乐和舞蹈

在20世纪80年代最流行的音乐舞蹈风格之一就是街头舞蹈（*Pantsula*），这种舞蹈就是以运动动作和一种“我就是酷且时髦”风格为基本特点。南非小镇上，不同帮派为争抢地盘和地位而相互竞争，这种舞蹈就起源于此。在这一时代，街头舞蹈（*Pantsula*）音乐与其后的“音乐女王”布伦达·法西（Brenda Fassie）在当地迪斯科界占据统治地位。

夸萨—夸萨（*Kwasa-kwasa*）

诞生于20世纪80年代刚果共和国（扎伊尔）的另一种流行音乐类型名为“夸萨—夸萨”。与在美国流行的身体摇摆的嘻哈风格相类似，“夸萨—夸萨”舞蹈在保持脚部相对较少动作的同时，包含了有节奏的臀部和腰部旋转。夸脱（*kwaito*）中的音乐包含有索卡斯（soukous）[①] 和伦巴（rhumba）节奏的一种融合体，并以复杂的吉他独奏和较少重低音为基本特点。尽管起源于刚果，但是“夸萨—夸萨”风

① 一种中非舞曲，糅和拉丁美洲音乐节奏的成分。

格最广为人知的重要人物之一是茨瓦纳歌手弗朗哥（Franco），他在自己名为《巴恩塔托拉（*Ba Ntatola*）》的单曲专辑中，哀悼了一个活着却被错误宣布死亡的不幸。另一个团体，“雷雄夸萨—夸萨全明星（Loxion Kwasa Kwasa All Stars）”，近来利用国家足球队的名气创作出一首热门单曲名为“斑马赞歌（Zabras Anthem）”。

女歌手奥勒比勒·马克西·赛丢麦迪（Olebile Maxy Sedumedi），或简称为马克西（Maxy），通过包含有流行音乐和“布须曼人音乐”中的咔哒声的传统音乐表演，鼓舞了许多博茨瓦纳艺术家们。马克西（Maxy）是博茨瓦纳最有天赋也最负盛名的音乐家之一，人们时常会颂扬她为“拥有金嗓子的女人”。许多人会将她的嗓音与南非国际巨星布伦达·法西（Brenda Fassie）的嗓音作比较。她的专辑包括2001年的《马克西—马克西玛姆（*Maxy-Maxymam*）》，2003年的《马克拉克莱莎（*Makorakoretsa*）》和2004年的《寇斯寇斯（*Kothikothi*）》。马克西是一位具有社会自觉的艺术家，她积极参与到为艾滋病患者、孤儿、年长者及残疾人的募款活动之中。马克西的社会活动令凯拉勒勒·恩塞皮（Kgalalele Ntsepe）——2004年在哈博罗内举办的首届“艾滋病去污名化小姐”选美比赛的获奖者——将其视为自己的动力源泉之一。

爵士乐

南非曾经是非洲主要的爵士乐演出场所之一——不仅因为此种音乐广受欢迎，同时也是由于它与美国黑人和“黑人力量”之间的联系使得演奏爵士乐成为对种族隔离文化压迫的一种抵抗形式。尽管这种形式在20世纪90年代已经不再流行，但似乎又有在爱好者支持下卷土重来之势，哈博罗内及其郊区有数家夜总会专门演奏爵士乐，包括梅罗帕（Meropa）爵士俱乐部和爱神（Eros）。巴茨瓦纳观众也对最近在哈博罗内和弗朗西斯敦上演的爵士音乐会和表演极为欣赏。莫斯·库马洛（Moses Khumalo）曾经与像豪·玛茨科拉（Hugh Masekela）和塞博吉尔·库马洛（Sebongile Khumalo）这样的国际大师共同表演，与他齐名的最受欢迎的表演者还有路易斯·姆兰加（Louis Mhlanga），尼克·纳巴（Nick Ndaba）和马基克·戴奥（Magic Diau）。普纳·加巴塞纳（Puna Gabasiane）是一位冉冉升起的女爵士歌手，她向我们证明了天赋并不会受性别所限。另一位爵士大师索卡·马拉戈莫（Socca Moruakgomo）是博茨瓦纳国内最有天赋的爵士演奏者之一，他经过十年的沉寂之后重返舞台。与大多数博茨瓦纳现代表演者的社会承诺相一致，他在一首最受欢迎歌曲《我们的祖国》（*lefatshe*）的歌词中哀叹道"*Ke cholera e dira thoromo ya lefatshe la rona……e merwalela, dikotsi tsa dikoloi, Oh re tla di tshabela kae?*"（"霍乱使我们国家颤抖……艾滋病毒……是它的飞机……它们飞往各地，这些危险的被施以魔法的东西……逃到哪里我们才能躲开它们?"）。

摇滚乐和街头音乐家们

一个来自洛巴策的乐团"喧闹公路（Noisy Road）"是博茨瓦纳重要的摇滚乐队之一。由于许多乐团存在的时间段都非常短暂，因此很难描述摇滚乐的基本情况，例如"T联合（Tjoint）"，"尤尼克吸引力（Unik Attractions）"和"神学家

(Divine)”乐队经过短暂的组合，仅因为版税和其它分歧就分道扬镳。其它一些流行乐团还包括“BY2”，“马鲁勒罗(Marulelo)”，“莫克瓦纳(Mokorwana)”和“马拉比(marabi)”。

著名音乐家约翰尼·科比迪（Johnny Kobedi）的绰号是“DJ 科学家”，他也被一些人戏称为“博茨瓦纳至高无上的酋长”。人们经常会在哈博罗内等候公共汽车的队列旁边听到他在“他的角落”节目中的表演，他在那里大声说唱他的“淘汰知识竞赛广播节”，吸引了成群感兴趣、准备开怀大笑的观众。他认为他的淘汰知识竞赛是“博茨瓦纳首个商业广播演播室——远超前于‘RBII’，‘亚罗纳调频（Yarona FM）’和‘哈博茨调频（Gabz FM）’”。人们要做好心理准备，因为他有时会将女人的连裤丝袜穿在他的短裤外面，将紧身胸衣和一顶有钱男人的帽子（*stapora*）戴在头上。如果观众不同意他的观点，他刻薄的言辞则口无遮拦，这位 DJ 科学家以将人们踢出他的“节日”节目而闻名。

盘腿坐在人行道上，脸上带着淘气的微笑，他的装备包括一个简陋的扩音器、一对破旧的两波段风暴广播、一把自制的吉他和几面鼓。尽管近年来他已经将设备升级为一只质量稍好的麦克风、一台磁带录音机、一个放大器和不那么破旧的扩音器，但他还在继续使用他的自制锡铁罐吉他。他的最新自制专辑《莫斯维·莫家茨科（*Moswi Mogatsake*)》里有一首悼念一对去世夫妇的歌曲非常值得一听。“DJ 科学家”目前在推销售卖他自己的专辑，因为他认为曾经为他售卖磁带的推销者和企业家都欺骗了他——许多音乐家都有这种共同的抱怨，他们认为在博茨瓦纳做一名全职音乐家几乎无法获得任何回报。

前往观看“DJ科学家”的表演无疑是免费的，但是他也希望观众们能够为他的表演付费。一个已经使用多年的破旧锡铁罐被传递一圈希望人们能够向里投放“一点东西”。但只有在收集到“足够”费用之后，约翰尼才会同意表演几分钟，有时他会用通过话筒放大的咳嗽声和打嗝声来暖场。如果他的罐子里没有收到足够的布施，他经常会去嘲弄并讥讽观众。半是街头戏剧演员半是音乐家，他的“粉丝俱乐部”成员们了解嘲讽是他的全部节目中重要的组成部分。他大喊着，“我通常一首歌收8普拉，我现在将价钱折半，但是你仍然拒绝付钱。你是傻瓜。你想让我免费表演吗?”“DJ科学家”经常将公务员作为嘲笑的目标。因为他们都会在每月二十日同一天收到工资，随后的几天里，等待存款或兑现支票的人们排起的队伍会延伸出银行外。“DJ科学家”绝不会错失任何机会在人行道上开始乞讨，“*Batho ba di* 20，*a o lo ntshe mogoshane o ke o gelele. Mose o tsoga o fedile*，*lo be lore tlhomola pelo*”（“你们这些人每个月二十日都会领到工资，将你们微不足道的工资给我吧。你知道反正你的钱明天就会花光，然后你将很悲伤而已”）。

尽管科比迪（kobedi）坚持认为人们“热爱他的歌曲”，但是他的歌因为锐利的评价和刻薄的机智，很少能在国家广播电台中播出。和博茨瓦纳许多其他音乐家们一样，他的野心之一就是通过自己的才华来对抗艾滋病并对国家福利有所助益，尤其是鼓励人们去接受艾滋病检测。他认识到成功的途径可能有许多种，他的这种更加喜剧化的方式也可以产生效果——至少在某些部分的人口中有效。

戏 剧

梅迪松（Maitisong）（此名是指那些传统上供人们夜晚聚集在火堆旁聊天游戏的地方）是哈博罗内一间拥有 450 个座位的剧场的文化中心，它是在马鲁—啊—普拉（Maru-a-Pula）中学的基础上建造起来。[①] 这里每年赞助支持举办一系列艺术、戏剧和文化活动，包括每年 3 月至 4 月间举行的为期九天的梅迪松（Maitisong）艺术节。从 1987 年艺术节创立至今，包括著名的开普敦爵士钢琴演奏家阿卜杜拉·伊布拉罕（Abdullah Ibrahim）在内的许多国际艺术家一直参加艺术节的表演活动。艺术节的另一个精彩内容是来自津巴布韦的一队表演者带来的话剧《超级爱国者和傻子（Super Patriots and Morons）》。这部剧描写了一位迷恋权力的非洲领导者遭到贫苦民众反对的故事。这个故事被认为隐晦地批评了穆加贝政权。博茨瓦纳其他的一些主要剧团——里茨纳（Reetsanang），马鲁普拉（Maruapula），法卡玛（Phakama），莱特萨茨（Letsatsi）和波帕哈纳（Bopaganang）——也参加了艺术节活动。梅迪松中心也组织关于各种欧洲和非洲乐器的音乐培训课程，还赞助了一个音乐训练营，每年可以接纳超过 100 名参与者。

和本章谈及的现代音乐家们一样，由于艾滋病这种流行病

---

① Maru-a-Pula 意思是“雨云”，它是国内最早私人开办的初中之一。

正在摧毁国家，大多数戏剧团体都会通过娱乐的方式，承担传播其相关信息的额外责任。例如，在帕特里克·艾比沃（Patrick Ebewo）指导下的一个博茨瓦纳大学戏剧团，就将剧场和戏剧作为一种干涉和获得许可的工具来协助认识艾滋病的教育工作。剧团在博茨瓦纳和莱索托两地写作并上演剧目，通过观众的参与，鼓励他们了解疾病的成因和相关的预防知识。弗朗西斯顿本地的贫民区艺术家与青年健康组织（Youth Health Organization）合作，在博茨瓦纳全国许多地点巡回演出，传播艾滋病预防知识。

选美比赛

尽管严格来讲，选美无法归类于音乐和舞蹈类别，但是我们不能不提及 19 岁博茨瓦纳女孩姆普勒·昆拉格比（Mpule Kwelagobe）夺得 1999 年环球小姐冠军一事。这一荣誉使她成为此选美比赛 48 年历史上第三位获此殊荣的黑人女性。因为这是博茨瓦纳第一次派出代表参加选美比赛，因此她的胜利更是令人印象深刻。对电子工程十分感兴趣的哥伦比亚大学学生昆拉格比（Kwelagobe）是一位代表艾滋病受害者的全球活动家；她在 2000 年被任命为联合国人口基金亲善大使。

2004 年，另一位博茨瓦纳选美参赛者，17 岁的穆斯林女孩苏玛雅·马洛比（Sumaiyah Marobe）受邀参加“欧盟小姐”选美比赛。根据许多资料显示，她很有优势赢得比赛，但是组织者却因为来自非洲而非欧盟的原因拒绝授予其冠军皇冠。她最终赢得的是非洲小姐桂冠——这是一个略显空洞的头衔，因为她是唯一的一名非洲参赛者。[1]

最后值得一提的是，来自马翁的卡奥内·卡里奥（Kaone Kario）赢得了“诺基亚非洲面孔”比赛，带回家乡一份价值125,000美元的合同。由于这些领域大多数要以名气和魅力为基础，因此尽管模特和选美比赛的成功会极大鼓励年轻巴茨瓦纳女孩们怀抱明星幻想，但是现实只会偶尔才能梦想成真。不过，博茨瓦纳女性现在已经开始在国际舞台上展现她们的美丽、自信、优雅和智慧——尽管这个国家已经以其民族的包容性、言论自由度、民主原则和健全的经济管理而闻名，但对这个非洲国家而言，这依然是一个出色的补充资源。

① 莫洛瓦·法拉，“莫茨瓦纳女孩在欧洲选美比赛中‘获胜’”，梅吉—瓦—迪卡恩，2004年5月6日。

词汇表 223

除特别说明外，此表均为赛茨瓦纳语词汇。

= Gaishi，N！adima，或 = Gao N！a：（克瓦桑语）与人类距离遥远的造物神。

//Gauwa，//Gauwa-si，G//awama，或 G/ama dzi：（克瓦桑语）与死神相关恶神，也被认为会带来疾病或不幸。

amarula：用桑葚树的果实制作的饮料，出口至全世界。

badimo：祖先

baloi：女巫，鬼魂；怀有嫉妒或怨恨的人。

baporofiti（复数）：声称能和祖先灵魂沟通的预言者。

baroka（复数），moroka 或 moraka ya pula（单数）：唤雨专家。

Batswana：博茨瓦纳人

biltong：（南非荷兰语）用细长肉条制作的肉干，用盐有时还有其他香料进行腌制。在茨瓦纳语中称为 segwapa。

bogadi：送给新娘父母的牛和钱，作为他们家族失去一位女儿及其子女的一种补偿象征。有时也称为 lobola。

bogobe：用高粱面和水制作的粥。 224

bogwera：男孩子们的传统入门仪式学校；过渡仪式。

bojale：女孩子们的传统入门仪式学校；过渡仪式。

bojalwa：传统高粱啤酒。

bokgosi：王位和酋长身份。

boloi：巫术。

botho：性格。

Chibuku：商业化制作的，使用高粱酿造的传统啤酒。

difalana：酋长管理下的集中粮仓。

Difaquane/Mfecane：指称 19 世纪前二十年在南非发生的突袭和人口混乱。

dikgafela：为丰收向祖先表示感谢的传统仪式。

dikgosi（复数），kgosi（单数）：茨瓦纳酋长；国王。

dikobo：保暖的毛皮毯子（也被称为 karosses）。

dingaka（复数），ngaka（单数）：传统医生，将装满药物的小动物的角戴在传统医生的脖子上。

dipitso（复数），pitso（单数）：*kgotla* 会议。

ditlhare：传统药物（字面意思为，“树木和灌木”）。

ditoropo（复数），toropo（单数）：城市。

go alafa：治疗疾病。

kapolo：死亡宣布仪式。

kgolta：茨瓦纳社会用来自我管理家庭和社会事务的制度。也是政治议题讨论举行的物理性场所。

khadi：使用蜂蜜，格莱维亚浆果（grewia berries）和猴面包树种子制作的酒石乳脂作为原料酿制的酒精饮料。

kraal：中心动物围栏（也被称为 lesaka）。

lebelebele：谷子。

Leina（单数），maina（复数）：名字；也指一个人赞扬自己和其他人的颂词。

lenyalo：婚姻。

lesaka：中心动物围栏（也被称为 lesaka）。

lolwapa：连接一个家庭主要房屋门前区域的有围墙的院落；与家庭，家和一家人同意的开放院落（也被称为 *lelapa* 和 *lelwapa*）。

maboko：赞美诗歌。

madila：酸牛奶。

maere：（赫雷罗语）传统方法制作的黄油。

mafisa：外接动物以吸引追随者的制度体系。

magwinya：油炸脂肪蛋糕。

maitisong：传统上靠近火堆的地点，人们在夜晚聚集于此交谈，做游戏，享受彼此的陪伴。

Makgowa（复数），Lekgowa（单数）：白种人。

managa：灌木丛中生活的民族。

mantsho：命名仪式。

mashi：牛奶。

mashimo：牧场。

mateitshe：妇女的传统服装——用德国布制作的统一服装，一件披肩式的毯子（mogagolwane），一条头巾（tukwi；doeke），和软凉鞋。

mephato（复数），mophato（单数）：过渡仪式设定的年龄。

merafe（复数），morafe（单数）：国家，部落，族群。

meraka：放牧点。

Modimo：神。

mogwana：（克瓦桑语）萨尔瓦人治愈舞蹈。

mopane worms：以可乐豆木树叶为食的背部多刺的干毛虫；成虫阶段为帝蛾（*imbrasia belina*）。

mosese：有各种装饰物的裙子。

Mosi o a Thunya："响着雷声的烟雾"，指维多利亚瀑布。

Mwari/Ngwale：（卡兰加语）神。

n/um：（克瓦桑语）超自然的治疗能力或力量。

Ndjambi：（赫雷罗语）神。

nyatsi：作为一个已婚男人外遇对象的未婚女友。

okuruo：（赫雷罗语）位于家宅东边的圣火。

paletshe：用玉米面（玉米粉）和水制作的粥或硬面糊，浓稠度相当于土豆泥。

patlo：两个家庭为订婚而进行的订婚仪式或谈判。

phekolo：与祖先有关的净化或治愈仪式。

pitso：kgotla 会议。

pula：雨；博茨瓦纳国家性的口号，意思是“下雨吧”；国家货币单位。

samp：（南非荷兰语）粗碾的玉米粒。

Sangoma：灵魂预言者和治疗者。

Sarwa：在博茨瓦纳用于指称国内所有讲克瓦桑语的民族。

sefalana：直径超过两米的巨型谷物储存筐，单独由男人制作完成（也被称为 *sesigo*）。

seswaa：煮熟的肉用盐腌制，然后持续敲打直到它变成肉丝状态。

setilo sa dikgole：kgotla 椅子；用生牛皮条编制的折叠硬木椅。

shabeen：酿造提供传统啤酒的街区酒吧。

tebelelo：守夜仪式；哀悼者整夜保持清醒。

thapo：哀悼。

tukwi：绑在头上的布头巾。

tokolosi：民间传说中一个可以善恶不同目的的小魔神形象。

tsotsi（单数），ditsotsi（复数）：口语中表示罪犯，小偷或闹事者的词汇。

tsotsitaal：*ditsotsi* 所使用的俚语；是混合南非荷兰语和其他班图语的一种语言。

1 简 介

负责博茨瓦纳远景规划的博茨瓦纳总统工作团队（1996），博茨瓦纳远景规划框架。哈博罗内：政府印制厂。

Botswana Presidential Task Group for a Long Term Vision for Botswana. (1996) . *A Framework for a Long Term Vision for Botswana*. Gaborone: Government Printer.

科马洛夫，J和J·L·科马洛夫（1991，1997），论启示与革命，第一卷和第二卷。芝加哥：芝加哥大学出版社。

Comaroff, J. , and J. L. Comaroff. (1991, 1997) . *Of Revelation and Revolution*, *vol.* 1*and* 2. Chicago: University of Chicago Press.

丹博，J和J·S·丹博（1985），揭开博茨瓦纳的过往。哈博罗内：国家博物馆纪念馆和美术馆。

Denbow, J. and J. S. Denbow. (1985) . *Uncovering Botswana's Past*. Gaborone: National Museum Monuments and Art Gallery.

埃雷特，克里斯托弗（1998）一个非洲的经典时代：世界历史中的东部和南部非洲，公元前1000年到公元400年。夏洛茨维尔：弗吉尼亚大学出版社；牛津：I·柯里。

Ehret, Christopher. （1998）, *An African Classical Age: Eastern and Southern Africa in World History*, 1000*B. C. to A. D.* 400. Charlottesville: University Press of Virginia; Oxford: I. Currey.

李，R（1979），桑地的空人：一个觅食社会中的男人女人和工作。纽约：剑桥大学出版社。

Lee, R. （1979）. *The ! Kung San: Men Women and Work in a Foraging Society.* New York: Cambridge University Press

勒·洛克斯，W 和 A·怀特编辑（2004）桑人之音。开普敦：奎拉出版

Le Roux, W., and A. White, eds. （2004）. *Voices of the San.* Cape Town: Kwela Books.

梅恩，M（2002）博茨瓦纳非洲探险者指南。开普敦：斯特洛伊克。

Main, M. （2002）. *African Adventurer's Guide to Botswana.* Cape Town: Struik.

玛鲁雅玛，J（2002）中部卡拉哈里哈维人与加纳人的安置生活与社会关系。京都：亚非地区研究院。

Maruyama, J. （2002）. *Resettlement Livelihood and Social Relationship among the /Gwi and //Gana in Central Kalahari.* Kyoto: Graduate School of Asian and African Area Studies.

莫扎菲—海勒，P（2002）分裂的世界，一致的生活：博茨瓦纳的差异政治。韦斯特波特，康恩：伯金 & 加维。

Motzafi-Haller, P. （2002）. *Fragmented Worlds, Coherent Lives: The Politics of Difference in Botswana.* Westport, conn: Bergin & Garvey.

恩雅缇—拉马哈伯，L（2000）"博茨瓦纳的语言现状"，目前的语言问题 1（2）：第 242 ~ 300 页。

Nyati-Ramahobo, L, (2000). "The Language Situation in Botswana," *Current Issues in Language* 1 (2): 242 ~ 300.

帕森，J（1981）"博茨瓦纳乡村的牛，阶级和地位"。南部非洲研究杂志 7：第 236 ~ 255 页。

Parson，J. （1981）. “Cattle，Class，and state in Rural Botswana.” *Journal of Southern African Studies*7：236～255.

雷，查尔斯和N·帕森斯（1988）我所调查的君主：贝专纳兰日记，1929～1937。哈博罗内：博茨瓦纳社会；纽约：L·巴伯出版社。

Rey，C. F.，and N，Parsons. （1988）. *Monarch of All I Survey*：*Bechuanaland Diaries*，1929～1937. Gaborone：Botswana Society；New York：L. Barber Press.

沙佩拉，I（1930）南非的克瓦桑语族：布须曼人和霍屯督人（伦敦：G. 路特雷奇出版社）。

Schapera，I. （1930）. *The Khoisan Peoples of South Africa*：*Bushmen and Hottentots*（London：G. Routledge.

沙佩拉，I（1941）一个非洲部落的婚后生活。纽约：谢里丹出版社。

Schapera，I. （1941）. *Married life in an African Tribe.* New York：Sheridan House.

沙佩拉，I（1970）茨瓦纳人法律与习俗手册。伦敦：F·卡斯。

Schapera，I. （1970）. *A Handbook of Tswana Law and Custom*. London：F. Cass.

沙佩拉，I和J·L·卡马洛夫（1991）茨瓦纳人。伦敦：基根保罗国际与国际非洲学院。

Schapera，I.，and J. L. Comaroff. （1991）. *The Tswana.* London：Kegan Paul International in association with the International African Institute.

托马斯，S和P·肖恩（1991）喀拉哈里的环境。剑桥：剑桥大学出版社。

Thomas，S.，and P. Shaw. （1991）. *The Kalahari Enviroment.* Cambridge：Cambridge University Press.

特罗，T（1985）恩加米兰的历史，从1750至1906：一个非洲国家的形成。哈博罗内：麦克米兰—博茨瓦纳。

Tlou，T. （1985）. *A History of Ngamiland*，1750 *to* 1906：*The*

Formation of an African State. Gaborone：Macmillan Botswana.

特罗，T 和 A·C·坎贝尔（1997）博茨瓦纳历史。哈博罗内：麦克米兰—博茨瓦纳

Tlou，T.，and A. C. Campell.（1997）. *History of Botswana*. Gaborone：Macmillan Botswana.

万斯纳，简（2004）社会如何诞生：公元 1600 年前中西部非洲的统治方式。夏洛茨维尔：弗吉尼亚大学出版社。

Vansina，J.（2004）. *How Societies Are Born*：*Governance in West Central Africa before* 1600. Charlottesville：University Press of Virginia.

文·宾斯伯根，W（1994）"两种非洲境遇中的少数民族语言、民族与国家"，见非洲语言、发展与国家，R·法登与 G·福尼斯编辑，第 142～188 页。伦敦：路特雷奇出版社。

Vin Binsbergen，W.（1994）. "Minority Language，Ethnicity and the State in Two African Situations." In *African Language*，*Development and the State*，edited by R. Farden and G. Furniss，142～188. London：Routledge.

维维罗，F·R（1977）西部博茨瓦纳的赫雷罗人：一支讲班图语的牧牛群体变化的各个方面。圣保罗，明尼苏达：韦斯特。

Vivelo，F. R.（1977）. *The Herero of Western Botswana*：*Aspects of Change in a Group of Bantu-Speaking Cattle Herders*. St. Paul，Minn.：West.

沃森，R 和 K·库斯曼编辑（1986）克瓦桑人的当代研究：纪念奥斯温·科勒尔 75 岁生日。汉堡：H·布斯克出版社。

Vossen，R.，and K. Keuthmann.（1986）. *Contemporary Studies on Khoisan*：*In Honour of Oswin Keohler on the occasion of His* 75'h *Birthday*. Hamburg：H. Buske.

韦伯纳，R·P（2004）博茨瓦纳的理性激进分子与公民权：卡拉扬精英的公共人类学。布鲁明顿：印第安纳大学出版社。

Werbner，R. P.（2004）. *Reasonable Radicals and Citizenship in Botswana*：*The Public Anthropology of Kalanga Elites*. Bloomington：Indiana University Press.

威尔姆森，E·N（1989）遍布苍蝇的土地：喀拉哈里的政治经济。芝加哥：芝加哥大学出版社。

Wilmsen，E. N.（1989）. *Land Filled with Files*：*A Political Economy of the Kalahari*. Chicago：University of Chicago Press.

威尔姆森，E·N（1989）我们在这里：土著土地期权的政治。伯克利：加州大学出版社。

Wilmsen，E. N.（1989）. *We Are Here*：*Politics of Aboriginal Land Tenure*. Berkeley：University of California Press.

扎菲罗，J·J（1993）“博茨瓦纳的大众媒体，政治和社会：20世纪90年代及以后”，今日非洲40（1）：第7~25页。

Zaffiro，J. J.（1993）. “Mass Media，Politics and Society in Botswana：The 1990s and Beyond.” *African Today* 40（1）：7~25.

2 宗教与世界观

艾弗森，H（1978）黑暗之心的思想：南部非洲茨瓦纳人的价值观和自我认同。新港，康涅狄格州：耶鲁大学出版社。

Alverson，H.（1978）. *Mind in the Heart of Darkness*：*Value and Self-Identity among the Tswana of Southern Africa*. New Haven，Conn.：Yale University Press.

坎贝尔，A，J·丹博，和E·威尔姆森（1994）“像雕刻一样的绘画：措迪洛的岩画艺术”，收于争辩的形象：南部非洲岩画艺术研究的多样性，T·道森和D·里维斯·威廉姆斯编辑，第131~158页。约翰内斯堡：威特沃特斯兰德大学出版社。

Campbell，A.，J. Denbow，and E. Wilmsen.（1994）. Paintings Like Engravings：Rock Art at Tsodilo. In *Contested Images*：*Diversity in Southern African Rock Art Research*，edited by T. Dowson and D. Lewis-William，131~158. Johannesburg：Witwatersrand University Press.

科马洛夫，L（1985），抵抗精神力量的主体：一个南部非洲民族的文化和历史。芝加哥：芝加哥大学出版社。

Comaroff, J. （1985）. Body of Power Spirit of Resistance: The Culture and History of a South African People. Chicago: University of Chicago Press.

科马洛夫，J和J·L·科马洛夫（1997），论启示与革命：一个南部非洲边界的现代性辩证法，第一卷与第二卷。芝加哥：芝加哥大学出版社。

Comaroff, J., and J. L. Comaroff. （1991, 1997）. *Of Revelation and Revolution: The Dialectics of Modernity on a South African Frontier*. vol. 1and 2. Chicago: University of Chicago Press.

德·豪施，L（1980），“热量，生理学和宇宙起源：松加人的过渡仪式”，见非洲思想体系探索，I·卡普和C·博德，第27~43页。布鲁明顿：印第安纳大学出版社。

De Heusch, L. （1980）. “Heat, Physiology, and Cosmogony: Rites de Passage among the Thonga.” In *Explorations in African Systems of Thought*, edited by I. Karp and C. Bird, 27 ~ 43. Bloomington: Indiana University Press.

丹博，J（1999），“心灵与灵魂：中部非洲卢安果海岸墓穴岩石绘画中的思想意识和宇宙观浅析”。美国民间文学杂志112：第404~423页。

Denbow, J. （1999）. “Heart and Soul: Glimpses of Ideology and Cosmology in the Iconography of Tombstones from the Loango Coast of Central Africa.” *Journal of American Folklore* 112: 404 ~ 423.

福一凯，A（1969），穆孔戈及其周边世界：刚果的宇宙起源。金沙萨：国家发展研究办公室。

Fu-Kiau, A. （1969）. *Le Mukongo et le monde qui l'Entourait: Cosmogonie-Kongo*. Kinshasa: Office National de la Researche et de Development.

冈瑟，M·G（1975），“杭济省农场布须曼人中，作为社会变化中介的出神舞蹈者”，博茨瓦纳笔记与记录7：第161~165页。

Guenther, M. G. （1975）.” The Trance Dancer as an Agent of Social

Change among the Farm Bushmen of the Ghanzi District. ” *Botswana Notes and Records* 7：161 ~ 165.

冈瑟，M·G（1999），魔神与出神状态的人：布须曼人宗教与社会。布卢明顿：印第安纳大学出版社。

Guenther，M. G.（1999）. *Tricksters and Trancers*：*Bushman Religion and Society*. Bloomington：Indiana University Press.

哈根布赫—萨格里潘迪，F.（1973），卢安果王国，刚果人民共和国政权的精神基础。巴黎：O. R. S. T. O. M（海外省科学技术研究办公室）。

Hagenbucher-Sacripanti，F.（1973）. *Les Fondements spirituels du pouvoir au royaume de loango*，*Republique populaire du Congo*. Paris：O. R. S. T. O. M. [Office de la recherché scientifique et technique outre-mer].

雅克布森—威汀，A（1979），作为思想方式的“红—白—黑”：在下刚果民族的仪式象征和认知思想中色彩三重分类研究。乌普萨拉：斯德哥尔摩大学。

Jacobson-Widding，A.（1979）. *Red-White-Black as a Mode of Thought*：*A Study of Triadic Classification by Colours in the Ritual Symbolism and Cognitive Thought of the Peoples of the Lower Congo*. Uppsala：Stockholm University.

詹曾，J（1982），伦巴人，1650 ~ 1930：非洲与新世界中痛苦的鼓声。纽约：花冠出版社。

Janzen，J.（1982）. Lemba，1650 ~ 1930：*A Drum of Affliction in Africa and the New World*. New York：Garland Publishing.

卡普，I和C·博德编辑（1980），非洲思想体系探索。布鲁明顿：印第安纳大学出版社。

Karp，I.，and C. Bird，eds.（1980）. *Explorations in Systems of African Thought*. Bloomington：Indiana University Press.

卡兹，R（1982），沸腾的能量：喀拉哈里昆人的社会治疗。剑桥，麻省：哈佛大学出版社。

Katz，R.（1982）. *Boiling Energy*：*Community Healing Among the*

Kalahari Kung. Cambridge, Mass.: Harvard University Press.

拉尔森，T（1985），“恩加米兰的汉布库舒人的死亡信仰与丧葬习俗”，博茨瓦纳笔记和记录17：第33~37页。

Larson, T. (1985). "Death Beliefs and Burial Customs of the Hambukushu of Ngamiland." Botswana Notes and Records 17: 33~37.

里维斯—威廉姆斯，J·D（1981），信仰与观看：南部桑人岩画的象征涵义。伦敦：学术出版社。

Lewis-Williams, J. D. (1981). *Believing and Seeing: Symbolic Meanings in Southern San Rock Paintings*. London: Academic Press.

麦克加菲，W（1986），中部非洲的宗教与社会：下扎伊尔的巴刚果人。芝加哥：芝加哥大学出版社。

MacGaffey, W. (1986). Religion and Society in Central Africa: The Bakongo of Lower Zaire. Chicago: University of Chicago Press.

麦克加菲，W（1993），震惊与权力。华盛顿特区：史密斯森学会出版社。

MacGaffey, W. (1993). Astonishment and Power. Washington, D. C.: Smithsonian Institution Press.

莫索斯瓦尼，M·N（2001）“关于莫丘迪‘巴加塔—伯—加—加费拉’人中启蒙学校的民族志研究（1874~1988）”，普拉：博茨瓦纳非洲研究报15（1）：第144~165页。

Mosothwane, M. N. (2001). "An Ethnographic Study of Initiation Schools among the Bakgatla bog a Kgafela in Mochudi (1874~1988)." Pula: Botswana Journal of African Studies 15 (1): 144~165.

恩古巴尼，H（1977），祖鲁医药中的身体与精神：关于恩育思瓦—祖鲁人思想与实践中的健康与疾病的民族志。伦敦：学术出版社。

Ngubane, H. (1977). *Body and Mind in Zulu Medicine: An Ethnography of Health and Disease in Nyuswa-Zulu Thought and Practice*. London: Academic Press.

奥兹曼，S（2001），“观看就是欺骗：岩画艺术与不可视物”，世界考古学33（2）：第237～256页。

Ouzman，S.（2001）．"Seeing Is Deceiving：Rock Art and the Non-Visual." World Archaeology 33（2）：237～256.

沙佩拉，I（1978），博格维拉，卡特拉人仪式。莫丘迪，博茨瓦纳：法塔迪寇波博物馆；由博茨瓦纳图书中心发行。

Schapera，I.（1978）．*Bogwara，Kgalta Initiation.* Mochudi，Botswana：Phuthadikobo Museum；Distributed by the Botswana Book Centre.

塞提龙内，G（1976），索托语—茨瓦纳人中的神的形象。鹿特丹：A·A·巴克玛。

Setiloane，G.（1976）．*The Image of God among the sotho-Tswana.* Rotterdam：A. A. Balkma.

汤普森，R和J·科奈特（1981），太阳的四个时刻：两个世界中的刚果艺术。华盛顿特区：国家艺术画廊。

Thompson，R. and J. Cornet.（1981）．*The Four Moments of the Sun：Kongo Art in Two Worlds.* Washington，D. C.：National Gallary of Art.

威洛比，W·C（1928），班图人的灵魂：关于非洲班图部落神奇的宗教惯例与信仰的同情研究。花园城，纽约：两日，杜兰&公司。

Willoughby，W. C.（1928）．*The Soul of Bantu：A Sympathetic Study of the Magico-Religious Practices and Beliefs of the Bantu Tribes of Africa.* Garden City，N. Y.：Double-day，Doran&Company.

3 文学和媒体

比塞尔，M（1975），"戏法大师创作的歌词：喀拉哈里的桑人的拇指钢琴音乐"，博茨瓦纳笔记与记录7：第171～178页。

Biesele，M.（1975）．"Song Texts by the Master of Tricks：Kalahari San Thumb Piano Music，" *Botswana Notes and Records* 7：171～178.

比塞尔，M（1993），肉一样的女人：喀拉哈里朱罗安人的民间传说和搜寻思想。印第安纳波利斯：印地安那大学出版社。

Biesele, M. (1993). *Women Like Meat: The Folklore and Foraging Idology of the Kalahari Ju/oan.* Johannesburg: Witwatersrand University Press; Bloomington: Indiana University Press.

克劳德，M（1988）鞭打菲尼亚斯·麦金托什：关于殖民地的荒唐和非正义的童话：贝专纳兰，1933。新港，康涅狄格州：耶鲁大学出版社。

Crowder, M. (1988). *The Flogging of Phineas McIntosh: A Tale of Colonial Folly and Injustice: Bechuanaland*, 1933. New Haven, conn: Yale University Press.

道，U（2000），遥远与超越。旧金山：鲁特阿姨出版社

Dow, U. (2000). *Far and Beyon'*. San Francisco: Aunt Lute Books.

道，U（2002），无辜者的尖叫。北墨尔本：三齿稃出版社。

Dow, U. (2002). *Screaming of the Innocent.* North Melbourne: Spinifex Press.

道，U（2003），欺诈的真相。北墨尔本：三齿稃出版社。

Dow, U. (2003). *Juggling Truths.* North Melbourne: Spinifex Press.

芬尼根，R·H（1970），非洲的口头文学。伦敦：克莱兰顿出版社。

Finnegan, R. H. (1970). *Oral Literature in Africa.* London: Clarendon Press.

海德，B（1969），B·海德，当雨云汇聚：一本小说。伦敦：加兰茨。

Head, B. (1969). *When Rain Cloud Gather: A Novel.* London: Gollancz.

海德，B（1971），玛鲁：一本小说。伦敦：加兰茨。

Head, B. (1971). *Maru: A Novel.* London: Gollancz.

海德，B（1973），一个关于权力的问题：一本小说。伦敦：戴维斯—波因特。

Head, B. (1973). *A Question of Power: A Novel.* London: Davis-Poynter.

海德，B（1977），珍宝收藏者，和其他博茨瓦纳村庄的童话。伦敦：海涅曼教育出版社。

Head, B. （1977）. *The Collector of Treasures, and Other Botswana Village Tales*. London: Heinemann Educational.

海德，B（1981），塞罗韦，风雨中的村庄。伦敦：海涅曼教育出版社。

Head, B. （1981）. *Serowe, Village of the Rain Wind*. London: Heinemann.

海德，B（1986），着魔的十字路口：一段非洲史诗。纽约：佳作出版社。

Head, B. （1986）. *A Bewitched Crossroad: An African Saga*. New York: Paragon House.

休伊特，R（1986），南部桑人叙述中的结构，意义和仪式。汉堡：H·布斯克出版社。

Hewitt, R. （1986）. *Structure, Meaning and Ritual in the Narratives of the Southern San*. Hamburg: H. Buske.

昆克奇克，M（1999），新闻道德：第三世界中关于他们观念的读本。波恩：费德里西—艾伯特—斯蒂夫腾国际发展合作部。

Kunczik, M. （1999）. *Ethics in Journalism: A Reader on Their Perception in the Third World*. Bonn: Division for International Development Cooperation of Friedrich-Ebert-Stiftung.

拉尔森，T·J（1972），来自奥卡万戈的传说。开普敦：蒂明斯（霍华德）。

Larson, T. J. （1972）. *Tales from the Okavango*. Cape Town: Timmins (Howard).

拉尔森，T·J与博茨瓦纳社会（1994），来自奥卡万戈的叶伊人与姆布库舒人的传说。哈博罗内：博茨瓦纳社会。

Larson, T. J., and the Botswana Society. （1994）. *Bayeyi and Hambukushu Tales from the Okavango*. Gaborone: Botswana Society.

麦考尔·史密斯，A（1998），第一女子侦探社。开普敦：D·菲利普。

McCall Smith，A. （1998）. *The No. 1 Ladies Detective Agency*. Cape Town：D. Philip.

麦考尔·史密斯，A（2002），漂亮姑娘们的道德。纽约：船锚出版社。

McCall Smith，A. （2002）. *Morality for Beautiful Girls*. New York：Anchor Books.

麦考尔·史密斯，A（2002），长颈鹿的眼泪。纽约：船锚出版社。

McCall Smith，A. （2002）. *Tears of the Giraffe*. New York：Anchor Books.

麦考尔·史密斯，A（2003），喀拉哈里男子打字学校。纽约：万神庙出版社。

McCall Smith，A. （2003）. *The Kalahari Typing School for Men*. New York：Pantheon Books.

米基森，N（1966）回到仙女山。伦敦：海涅曼。

Mitchison，N. （1966）. *Return to the Fairy Hill*. London：Heinemann.

莫加匹，K（1986），恩格瓦—亚—塞茨瓦纳。哈博罗内：曼珀迪出版社。

Mogapi，K. （1986）. *Ngwao ya Setswana*. Gaborone：Mmampodi Publishers.

恩雅缇—拉马哈伯，L（2000）“博茨瓦纳的语言现状”，目前的语言问题1（2）：第242～300页。

Nyati-Ramahobo，L. （2000）. “The Language Situation in Botswana,” *Current Issues in Language* 1（2）：243～300.

帕森斯，N（1998），国王卡玛，皇帝乔和伟大的白人女王：非洲人眼中的维多利亚时代的英国。芝加哥：芝加哥大学出版社。

Parsons，N. （1998）. *King Khama，Emperor Joe，and the Great White Queen：Victorian Britain through African Eyes*. Chicago：University of Chicago

Press.

雷，C·E和N·帕森斯（1988）我所调查的君主：贝专纳兰日记，1929～1937。纽约：L·巴伯出版社。

Rey, C. E., and N. Parsons. (1988). *Monarch of All I Survey: Bechuanaland Diaries*, 1929～1937. New York: L. Barber Press.

沙佩拉，I（1965），茨瓦纳酋长的赞美诗。牛津：克莱兰顿出版社。

Schapera, I. (1965). *Praise-Poems of Tswana Chiefs*. Oxford: Clarendon Press.

沙佩拉，I（1971），茨瓦纳部落的祈雨仪式。莱顿：非洲研究中心。

Schapera, I. (1971). *Rainmaking Rites of Tswana Tribes*. Leiden: Afrika-Studiecentrum.

塞卜尼，B，“我为何写作与我写什么”

Seboni, B. (n. d.). "Why I Write and What I Write,", http://www. uiowa. edu/-iwp/EVEN/documents/SeboniWhyIWrite. pdf

沃庭，H（1990），勒卡佛·卡玛纪念馆评论1988～1989。塞罗韦：塞罗韦印刷。

Vorting, H. (1990). *Lekgapho Khama Memorial Museum Review* 1988～1989. Serowe: Serowe Printers.

十九世纪及二十世纪早期游记和民族志

安德森，C·J（1856），恩加米湖，或西南非洲四年荒野漫游的探险与发现。纽约：哈珀和兄弟出版社。

Anderson, C. J. (1856). *Lake Ngami, or, Explorations and Discoveries during Four Years' Wanderings in the Wilds of Southwestern Africa*. New York: Harper and Brothers.

布莱登，H·A（1893），南部非洲的枪和照相机：在贝专纳兰，喀拉哈里沙漠和恩加米兰的河湖区游荡的一年。伦敦：E·斯坦福。

Bryden, H. A. (1893). *Gun and Camera in Southern Africa: A Year of Wanderings in Bechuanaland, the Kalahari Desert, and the Lake River*

Country, *Ngamiland*. London：E. Stanford.

伯切尔，J（1822），南部非洲内陆的旅行。伦敦：巴奇沃斯出版社。

Burchell，J. （1822）. *Travels in the Interior of Southern Africa*. London：Batchworth Press.

坎贝尔，J（1974），南部非洲旅行，应伦敦传教会的邀请而进行。开普敦：C·斯特洛伊克。

Campbell，J. （1974）. *Travels in Southern Africa*，*Undertaken at the Request of the London missionary Society*. Cape Town：C. Struik.

查普曼，J和E·C·泰布勒（1971），在南非内地旅行：十五年的狩猎和贸易生活，从纳塔勒到沃维茨海湾的穿越大陆之旅，并到访恩加米湖和维多利亚瀑布。开普敦：A·A·巴尔科玛。

Chapman，J.，and E. C. Tabler. （1971）. *Travels in the interior of South Africa*，1849 ~ 1863：*Hunting and Trading Journeys from Natal to Walvis Bay&Visits to Lake Ngami&Victoria Falls*. Cape Town：A. A. Balkema.

达根—克罗宁，A·M（1928），南非的班图部落：摄影研究的复制品。剑桥：戴顿，拜耳。

Duggan-Cronin，A. M. （1928）. *The Bantu Tribes of South Africa*：*Reproductions of Photographic Studies*. Cambridge：Deighton，Bell.

戈登·卡明，R（1911），南非猎狮者：南非内陆的五年历险，关注到本地部落和野生动物。伦敦：约翰·穆雷出版社。

Gordon Cumming，R. （1911）. *The Lion Hunter of South Africa*：*Five Years' Adventures in the Far Interior of South Africa*，*with Notices of the Native Tribes and Savage Animals*. London：John Murry.

霍勒布，E和E·E·弗鲁尔，南非七年：在钻石土地与赞比西河之间旅行，研究和涉猎探险（1872 ~ 1879）。波士顿：霍顿·米夫林。

Holub，E.，and E. E. Frewer. （1881）. *Seven Years in south Africa*：*Travels*，*Researches*，*and Hunting Aderventures*，*between the Diamond Fields and the Zambesi*（1872 ~ 1879）. Boston：Houghton Mifflin.

利希滕斯坦，H和O·H·斯珀尔（1973），开普省的基础［与］关于贝专纳人。开普敦：A·A·包科马。

Lichtenstein，H.，and O. H. Spohr. （1973）. *Foundation of the Cape* [*and*] *About the Bechuanas*. Cape Town：A. A. Balkema.

利文斯通，D（1858），南非的传教士旅行和研究。纽约：哈珀和兄弟出版社。

Livingstone，D. （1858）. *Missionary Travels and Resources in South Africa*. New York：Harper and Brothers.

利文斯通，D与I·沙佩拉（1975），家书，1841～1856。韦斯特波特，考恩：绿林出版社。

Lingstone，D.，and I. Schapera. （1975）. *Family Letters*，1841～1856. Westport，Conn.：Greenwood Press.

麦肯齐，J（1871），橙河北的十年1859～1869。伦敦：弗兰克·卡斯。

Mackenzie，J. （1871）. *Ten Years North of the Orange River* 1859～1869. London：Frank Cass.

莫法特，R（1842），南部非洲传教士的劳动和场景。伦敦：J·斯诺。

Moffat，R. （1842）. *Missionary Labours and Sences in Southern Africa*. London：J. Snow.

莫法特，R（1976）罗伯特·莫法特的马塔贝列人日记，1829～1860。索尔兹伯里：罗德西亚国家档案。

Moffat，R. （1976）. *The Matabele Journals of Robert Moffat*，1829～1860. Salisbury：National Archives of Rhodesia.

奥斯维尔，W·E和D·利文斯通（1990），威廉姆·科顿·奥斯维尔，猎人和探险者：至今未发表过的，从一些信件和利文斯通私人日记中所截取的片段而组成的他生活中的故事。伦敦：W·海涅曼。

Oswell，W. E.，and D. Livingstone. （1990）. *William Cotton Oswell，Hunter and Explore：The Story of His Life with Certain Correspondance and Extracts from the Private Journal of David Livingstone，hitherto*

Unpublished. London：W. Heinemann.

帕萨其，S（1904），死亡的喀拉哈里。柏林：迪特里希·里莫。

Passarge，S. （1904）. *Die Kalahari.* Berlin：Dietrich Riemer.

帕萨其，S 和 E·N·威尔姆森（1997），齐格弗里德·帕萨其的喀拉哈里民族志（1896～1989）：19 世纪克瓦桑语族与班图语族：译自德语版本。科隆：卢迪戈·考普。

Passarge，S.，and E. N. Wilmsen. （1997）. *The Kalahari Ethnographies （1896～1898） of Siegfried Passarge：Nineteenth Century Khoisan-and Bantu-Speaking Peoples：Translations from the German.* Koln：Rudiger Koppe.

锡尔，G·M（1989）东南部非洲记录。伦敦：威廉克劳斯和儿子们出版社。

Theal，G. M. （1899）. *Records of South-Eastern Africa.* London：William Clowes and Sons.

4　艺术与建筑

阿什莫尔，W 和 B·纳普（1999），风景的考古学：当代视角。莫尔登，麻省：布莱克威尔。

Ashmore，W.，and B. Knapp. （1999）. *Archaeologies of Landscape：Contemporary Perspectives.* Malden，Mass.：Blackwell.

伯切尔，J（1822），南部非洲内陆的旅行。伦敦：巴奇沃斯出版社。

Burchell，J. （1822）. *Travels in the Interior of Southern Africa.* London：Batchworth Press.

达根—克罗宁，A·M（1928），南非的班图部落：摄影研究的复制品。剑桥：戴顿，拜耳。

Duggan-Cronin，A. M. （1928）. *The Bantu Tribes of South Africa：Reproductions of Photographic Studies.* Cambridge：Deighton，Bell.

格兰特，S 和 E·格兰特（1995），博茨瓦纳装饰一新的家。开普敦：科莱达出版社。

Grant, S., and E. Grant. (1995). *Decorated Homes in Botswana*. Cape Town: Creda Press.

哈迪，G（1994），“茨瓦纳表现空间的延续与变化”，南非艺术与建筑历史杂志 4（2）：第 34～44 页。

Hardie, G. (1994). “Continuity and Change in Tswana Expressive Space.” *South African Journal of Art and Architectural History* 4 (2): 34 ~44.

霍夫曼，T（1982），“非洲铁器时代的考古学与民族历史”，人类学年度评论 11：第 133～150 页。

Huffman, T. (1982). “Archaeology and Ethnohistory of the African Iron Age.” *Annual Review of Anthropology* 11: 133 ~150.

库珀，A（1980），“南部班图人住宅的象征性特点”，非洲 50：第 8～22 页。

Kuper, A. (1980). “Symbolic Dimensions of the Southern Bantu Homestead.” *Africa* 50: 8 ~22.

拉尔森，A 和 L·拉尔森（1984），传统的茨瓦纳人住宅。斯德哥尔摩：斯潘齐伯格斯·泰克耶尔。

Larsson, A., and L. Larsson. (1984). *Traditional Tswana Housing*. Stockholm: Spangbergs Tryckerier.

米勒，D（1996），措迪洛珠宝：博茨瓦纳北部的金属加工。隆德博世：开普敦大学出版社。

Miller, D. (1996). *The Tsodilo Jewellery: Metal Work from Northern Botswana*. Rondebosch: University of Cape Town Press.

5 烹饪和传统服饰

伯切尔，J（1822），南部非洲内陆的旅行。伦敦：巴奇沃斯出版社。

Burchell, J. (1822). *Travels in the Interior of Southern Africa*. London:

Batchworth Press.

达根—克罗宁，A·M（1928），南非的班图部落：摄影研究的复制品。剑桥：戴顿，拜耳。

Duggan-Cronin，A. M.（1928）. *The Bantu Tribes of South Africa：Reproductions of Photographic Studies*. Cambridge：Deighton，Bell.

达勒姆，D（1999），“服装的困境：文化身份的多价性和反语”，美国民族学家 26（2）：第 389 ~ 411 页。

Durham，D.（1999）. “The Predicament of Dress：Polyvalency and the Ironies of Cultural Identity，” *American Ethnologist* 26（2）：389 ~ 411.

达勒姆，D（2004），“消失的青春：作为博茨瓦纳社会变迁标志的青年”，美国民族学家 31（4）：第 589 ~ 605 页。

Durham，D.（2004）. “Disappearing Youth：Youth as a Social Shifter in Botswana” . *American Ethnonologist*31（4）：589 ~ 605.

亨德里克森，H（1996），服装与差异：殖民与后殖民时期非洲的象征身份。达勒姆：杜克大学出版社。

Hendrickson，H.（1996）. *Clothing and Difference：Embodied Identities in Colonial and Post-Colonial Africa*. Durham，N. C.：Duke University Press.

利希滕斯坦，H 和 O·H·斯珀尔（1973），开普省的基础［与］关于贝专纳人。开普敦：A·A·包科马。

Lichtenstein，H.，and O. H. Spohr.（1973）. *Foundation of the Cape* [*and*] *About the Bechuanas*. Cape Town：A. A. Balkema.

马丁，P（1972），卢安果海岸的外部贸易 1576 ~ 1870。牛津：克拉伦登出版社。

Martin，P.（1972）. *The External Trade of the Loango Coast* – 1576 ~ 1870. Oxford：Clarendon Press.

米勒，J·C（1988），死亡方式：商业资本主义与安哥拉人奴隶贸易，1730 ~ 1830。麦迪逊：威斯康辛大学出版社。

Miller，J. C.（1988）. *Way of Death：Merchant Capitalism and the Angolan Slave Trade*，1730 ~ 1830. Madison：University of Wisconsin Press.

6 性别角色，婚姻和家庭

艾弗森，H（1978）黑暗之心的思想：南部非洲茨瓦纳人的价值观和自我认同。新港，康涅狄格州：耶鲁大学出版社。

Alverson, H. (1978). *Mind in the Heart of Darkness: Value and Self-Identity among the Tswana of Southern Africa.* New Haven, Conn.: Yale University Press.

比塞尔，M（1993），肉一样的女人：喀拉哈里朱罗安人的民间传说和搜寻思想。印第安纳波利斯：印地安那大学出版社。

Biesele, M. (1993). *Women Like Meat: The Folklore and Foraging Idology of the Kalahari Ju/oan.* Johannesburg: Witwatersrand University Press; Bloomington: Indiana University Press.

科马洛夫，J和J·L·科马洛夫（1997），论启示与革命：一个南部非洲边界的现代性辩证法，第一卷与第二卷。芝加哥：芝加哥大学出版社。

Comaroff, J., and J. L. Comaroff. (1991, 1997). *Of Revelation and Revolution: The Dialectics of Modernity on a South African Frontier.* vol. 1and 2. Chicago: University of Chicago Press.

达勒姆，D（1999），“服装的困境：文化身份的多价性和反语”，美国民族学家26（2）：第389~411页。

Durham, D. (1999). “The Predicament of Dress: Polyvalency and the Ironies of Cultural Identity,” *American Ethnologist* 26 (2): 389~411.

达勒姆，D（2004），“消失的青春：作为博茨瓦纳社会变迁标志的青年”，美国民族学家31（4）：第589~605页。

Durham, D. (2004). “Disappearing Youth: Youth as a Social Shifter in Botswana”. *American Ethnonologist*31 (4): 589~605.

吉布森，G（1956），“恩加米兰地区赫雷罗人的双系血统及其相互关系”，美国人类学家58：第109~139页。

Gibson, G. D. （1956）. “Double Descent and Its Correlates among the Herero of Ngimiland,” *American Anthropologist*, 58：109～139.

格里菲斯，A·M·O（1997），在婚姻控制下：一个非洲社会的性别与正义。芝加哥：芝加哥大学出版社。

Griffiths, A. M. O. （1997）. *In the Shadow of Marriage*：*Gender and Justice in an African Community*. Chicago：University of Chicago Press.

汉，C·H·L 等（1928），西南非洲的本土部落。开普敦：开普时代。

Hahn, C. H. L., et al. （1928）. *The Native Tribes of South West Africa*. Cape Town：Cape Times.

赫尔伯特，E·W（1993），铁，性别和权力：非洲社会中的过渡仪式。布鲁明顿：印第安纳大学出版社。

Herbert, E. W. （1993）. *Iron*, *Gender*, *and Power*：*Rituals of Transformation in African Societies*. Bloomington：Indiana University Press.

沙佩拉，I（1941）一个非洲部落的婚后生活。纽约：谢里丹出版社。

Schapera, I. （1941）. *Married life in an African Tribe*. New York：Sheridan House.

沙佩拉，I（1947）移民劳工和部落生活：关于贝专纳兰保护领地的条件研究。伦敦：牛津大学出版社。

Schapera, I. （1947）. *Migrant Labour and Tribal Life*：*A Study of Conditions in the Bechuanaland Protectorate*. London：Oxford University Press.

沙佩拉，I（1970）茨瓦纳人法律与习俗手册。伦敦：F·卡斯。

Schapera, I. （1970）. *A Handbook of Tswana Law and Custom*. London：F. Cass.

施耐德，H·K（1981），非洲人：一份民族志报告。恩格尔伍德，新泽西州：普伦蒂斯·豪尔。

Schneider, H. K. （1981）. The Africans：An Ethnological Account. Englewood Cliffs, N. J.：Prentice Hall.

万斯纳，简（2004）社会如何诞生：公元1600年前中西部非洲的统治方式。夏洛茨维尔：弗吉尼亚大学出版社。

Vansina，J.（2004）. *How Societies Are Born：Governance in West Central Africa before* 1600. Charlottesville：University Press of Virginia.

维维罗，F·R（1977）西部博茨瓦纳的赫雷罗人：一支讲班图语的牧牛群体变化的各个方面。圣保罗，明尼苏达：韦斯特。

Vivelo，F. R.（1977）. *The Herero of Western Botswana：Aspects of Change in a Group of Bantu-Speaking Cattle Herders.* St. Paul，Minn.：West.

7 社会习俗与生活方式

伯切尔，J（1822），南部非洲内陆的旅行。伦敦：巴奇沃斯出版社。

Burchell，J.（1822）. *Travels in the Interior of Southern Africa.* London：Batchworth Press.

科马洛夫，J和J·L·科马洛夫（1997），论启示与革命：一个南部非洲边界的现代性辩证法，第一卷与第二卷。芝加哥：芝加哥大学出版社。

Comaroff，J.，and J. L. Comaroff.（1991，1997）. *Of Revelation and Revolution：The Dialectics of Modernity on a South African Frontier.* vol. 1and 2. Chicago：University of Chicago Press.

丹博，J（2002），“偷来之地：喀拉哈里史前晚期身份的考古学与政治学”，见非洲化知识：穿越规则的非洲研究，T·法罗拉和C·詹宁斯编辑，第345~374页。新布伦瑞克，新泽西州：交易出版社。

Denbow，J.（2002）. “Stolen Places：Archaeology and the Politics of Identity in the Later Prehistory of the Kalahari.” In *Africanizing Knowledge：African Studies across the Disciplines*，edited by T. Falola and C. Jennings，345~374. New Brunswick，N. J.：Transaction Publishers.

道，U（2000），遥远与超越。旧金山：鲁特阿姨出版社

Dow，U.（2000）. *Far and Beyon'* . San Francisco：Aunt Lute Books.

道，U（2002），无辜者的尖叫。北墨尔本：三齿稃出版社。

Dow，U. （2002）. *Screaming of the Innocent*. North Melbourne：Spinifex Press.

道，U（2003），欺诈的真相。北墨尔本：三齿稃出版社。

Dow，U. （2003）. *Juggling Truths*. North Melbourne：Spinifex Press.

达勒姆，D（1999），“服装的困境：文化身份的多价性和反语”，美国民族学家 26（2）：第 389 ~ 411 页。

Durham，D. （1999）. “The Predicament of Dress：Polyvalency and the Ironies of Cultural Identity，” *American Ethnologist* 26（2）：389 ~ 411.

达勒姆，D（2004），“消失的青春：作为博茨瓦纳社会变迁标志的青年”，美国民族学家 31（4）：第 589 ~ 605 页。

Durham，D. （2004）. “Disappearing Youth：Youth as a Social Shifter in Botswana”. *American Ethnonologist*31（4）：589 ~ 605.

格里菲斯，A·M·O（1997），在婚姻控制下：一个非洲社会的性别与正义。芝加哥：芝加哥大学出版社。

Griffiths，A. M. O. （1997）. *In the Shadow of Marriage：Gender and Justice in an African Community*. Chicago：University of Chicago Press.

冈瑟，M·G（1999），魔神与出神状态的人：布须曼人宗教与社会。布卢明顿：印第安纳大学出版社。

Guenther，M. G. （1999）. *Tricksters and Trancers：Bushman Religion and Society*. Bloomington：Indiana University Press.

海德，B（1977），珍宝收藏者，和其他博茨瓦纳村庄的童话。伦敦：海涅曼教育出版社。

Head，B. （1977）. *The Collector of Treasures，and Other Botswana Village Tales*. London：Heinemann Educational.

拉尔森，T（1985），“恩加米兰的汉布库舒人的死亡信仰与丧葬习俗”，博茨瓦纳笔记和记录 17：第 33 ~ 37 页。

Larson，T. （1985）. “Death Beliefs and Burial Customs of the Hambukushu of Ngamiland.” Botswana Notes and Records 17：33 ~ 37.

拉尔森，T·J（1972），来自奥卡万戈的传说。开普敦：蒂明斯（霍华德）。

Larson，T. J. （1972）. *Tales from the Okavango.* Cape Town：Timmins（Howard）.

拉尔森，T·J与博茨瓦纳社会（1994），来自奥卡万戈的叶伊人与姆布库舒人的传说。哈博罗内：博茨瓦纳社会。

Larson，T. J.，and the Botswana Society. （1994）. *Bayeyi and Hambukushu Tales from the Okavango.* Gaborone：Botswana Society.

李，R（1979），桑地的空人：一个觅食社会中的男人女人和工作。纽约：剑桥大学出版社。

Lee. R. （1979）. *The！Kung San：Men Women and Work in a Foraging Society.* New York：Cambridge University Press

利文斯通，D（1858），南非的传教士旅行和研究。纽约：哈珀和兄弟出版社。

Livingstone，D. （1858）. *Missionary Travels and Resources in South Africa.* New York：Harper and Brothers.

莫扎菲—海勒，P（2002）分裂的世界，一致的生活：博茨瓦纳的差异政治。韦斯特波特，康恩：伯金 & 加维。

Motzafi-Haller，P. （2002）. *Fragmented Worlds，Coherent Lives：The Politics of Difference in Botswana.* Westport，conn：Bergin & Garvey.

沙佩拉，I（1930）南非的克瓦桑语族：布须曼人和霍屯督人（伦敦：G. 路特雷奇出版社）。

Schapera，I. （1930）. *The Khoisan Peoples of South Africa：Bushmen and Hottentots*（London：G. Routledge.

沙佩拉，I（1941）一个非洲部落的婚后生活。纽约：谢里丹出版社。

Schapera，I. （1941）. *Married life in an African Tribe.* New York：Sheridan House.

沙佩拉，I（1947）移民劳工和部落生活：关于贝专纳兰保护领地的条件研究。伦敦：牛津大学出版社。

Schapera, I. （1947）. *Migrant Labour and Tribal Life: A Study of Conditions in the Bechuanaland Protectorate*. London: Oxford University Press.

沙佩拉，I（1970）茨瓦纳人法律与习俗手册。伦敦：F·卡斯。

Schapera, I. （1970）. *A Handbook of Tswana Law and Custom*. London: F. Cass.

沙佩拉，I（1971），茨瓦纳部落的祈雨仪式。莱顿：非洲研究中心。

Schapera, I. （1971）. *Rainmaking Rites of Tswana Tribes*. Leiden: Afrika-Studiecentrum.

沙佩拉，I（1978），博格维拉，卡特拉人仪式。莫丘迪，博茨瓦纳：法塔迪寇波博物馆；由博茨瓦纳图书中心发行。

Schapera, I. （1978）. *Bogwara, Kgalta Initiation*. Mochudi, Botswana: Phuthadikobo Museum; Distributed by the Botswana Book Centre.

沙佩拉，I和J·L·卡马洛夫（1991）茨瓦纳人。纽约：约翰威利&儿子们。

Schapera, I., and J. L. Comaroff. （1991）. *The Tswana*. New York: John Wiley&Sons.

塞提龙内，G（1976），索托语—茨瓦纳人中的神的形象。鹿特丹：A·A·巴克玛。

Setiloane, G. （1976）. *The Image of God among the sotho-Tswana*. Rotterdam: A. A. Balkma.

万斯纳，简（2004）社会如何诞生：公元1600年前中西部非洲的统治方式。夏洛茨维尔：弗吉尼亚大学出版社。

Vansina, J. （2004）. *How Societies Are Born: Governance in West Central Africa before* 1600. Charlottesville: University Press of Virginia.

文·宾斯伯根，W（1994）“两种非洲境遇中的少数民族语言、民族与国家”，见非洲语言、发展与国家，R·法登与G·福尼斯编辑，第142~188页。伦敦：路特雷奇出版社。

Vin Binsbergen, W. （1994）. “Minority Language, Ethnicity and the

State in Two African Situations." In *African Language, Development and the State*, edited by R. Farden and G. Furniss, 142 ~ 188. London: Routledge.

威尔姆森，E·N和P·A·麦卡利斯特（1996），差异的政治学：一个权力世界中的民族前提。芝加哥：芝加哥大学出版社。

Wilmsen, E. N., and P. A. McAllister. (1996). *The Politics of Difference: Ethnic Premises in a World of Power.* Chicago: University of Chicago Press.

8　音乐、舞蹈和戏剧

安德森，C·J（1856），恩加米湖，或西南非洲四年荒野漫游的探险与发现。纽约：哈珀和兄弟出版社。

Anderson, C. J. (1856). *Lake Ngami, or, Explorations and Discoveries during Four Years' Wanderings in the Wilds of Southwestern Africa.* New York: Harper and Brothers.

比塞尔，M（1975），"戏法大师创作的歌词：喀拉哈里的桑人的拇指钢琴音乐"，博茨瓦纳笔记与记录7：第171～178页。

Biesele, M. (1975). "Song Texts by the Master of Tricks: Kalahari San Thumb Piano Music," *Botswana Notes and Records* 7: 171 ~ 178.

伯切尔，J（1822），南部非洲内陆的旅行。伦敦：巴奇沃斯出版社。

Burchell, J. (1822). *Travels in the Interior of Southern Africa.* London: Batchworth Press.

查普曼，J和E·C·泰布勒（1971），在南非内地旅行：十五年的狩猎和贸易生活，从纳塔勒到沃维茨海湾的穿越大陆之旅，并到访恩加米湖和维多利亚瀑布。开普敦：A·A·巴尔科玛。

Chapman, J., and E. C. Tabler. (1971). *Travels in the interior of South Africa, 1849 ~ 1863: Hunting and Trading Journeys from Natal to Walvis Bay ξ Visits to Lake Ngami ξ Victoria Falls.* Cape Town: A. A. Balkema.

戈登·卡明，R（1911），南非猎狮者：南非内陆的五年历险，关注到本地部落和野生动物。伦敦：约翰·穆雷出版社。

Gordon Cumming，R. （1911）. *The Lion Hunter of South Africa：Five Years' Adventures in the Far Interior of South Africa，with Notices of the Native Tribes and Savage Animals.* London：John Murry.

冈瑟，M·G（1975），“杭济省农场布须曼人中，作为社会变化中介的出神舞蹈者”，博茨瓦纳笔记与记录7：第161～165页。

Guenther，M. G. （1975）. " The Trance Dancer as an Agent of Social Change among the Farm Bushmen of the Ghanzi District. " *Botswana Notes and Records* 7：161～165.

冈瑟，M·G（1999），魔神与出神状态的人：布须曼人宗教与社会。布卢明顿：印第安纳大学出版社。

Guenther，M. G. （1999）. *Tricksters and Trancers：Bushman Religion and Society.* Bloomington：Indiana University Press.

卡兹，R（1982），沸腾的能量：喀拉哈里昆人的社会治疗。剑桥，麻省：哈佛大学出版社。

Katz，R. （1982）. *Boiling Energy：Community Healing Among the Kalahari Kung.* Cambridge，Mass.：Harvard University Press.

卡比，P·R（1968），南非本土种族的乐器。约翰内斯堡：威特沃特斯兰德大学出版社。

Kirby，P. R. （1968）. *The Musical Instruments of the Native Races of South Africa.* Johannesburg：Witwatersrand University Press.

里维斯—威廉姆斯，J·D（1981），信仰与观看：南部桑人岩画的象征涵义。伦敦：学术出版社。

Lewis-Williams，J. D. （1981）. *Believing and Seeing：Symbolic Meanings in Southern San Rock Paintings.* London：Academic Press.

利文斯通，D（1858），南非的传教士旅行和研究。纽约：哈珀和兄弟出版社。

Livingstone，D. （1858）. *Missionary Travels and Resources in South Africa.* New York：Harper and Brothers.

沙佩拉，I（1965），茨瓦纳酋长的赞美诗。牛津：克莱兰顿出版社。

Schapera，I. （1965）. *Praise-Poems of Tswana Chiefs*. Oxford：Clarendon Press.

沙佩拉，I（1971），茨瓦纳部落的祈雨仪式。莱顿：非洲研究中心。

Schapera，I. （1971）. *Rainmaking Rites of Tswana Tribes*. Leiden：Afrika-Studiecentrum.

威洛比，W·C（1928），班图人的灵魂：关于非洲班图部落神奇的宗教惯例与信仰的同情研究。花园城，纽约：两日，杜兰 & 公司。

Willoughby，W. C. （1928）. *The Soul of Bantu：A Sympathetic Study of the Magico-Religious Practices and Beliefs of the Bantu Tribes of Africa*. Garden City，N. Y.：Double-day，Doran&Company.

索引 237

（索引所标页码为原书页码，见正文页边。）

关于作者 245

詹姆斯·丹博（JAMES DENBOW）是德克萨斯大学奥斯丁分校的一名人类学副教授，他经常写作关于博茨瓦纳的作品。

芬尤·C·赛博（PHENYO C. THEBE）是德克萨斯大学奥斯丁分校的一名人类学富布赖特访问学者，他同时也是博茨瓦纳国家博物馆的高级策展人。